天下文化
BELIEVE IN READING

不工作的世界

AI時代戰勝失業與不平等的新經濟解方

A WORLD WITHOUT WORK

Technology, Automation, and How We Should Respond

Daniel Susskind

牛津經濟學家・前英國國策顧問
TED百萬點閱率演說家

丹尼爾・薩斯金——著
周玉文——譯

謹呈葛瑞絲（Grace）與蘿莎（Rosa）

各界推薦

「對於新科技將如何改變工作世界，極具開創性與發人深省」

——戈登・布朗（Gordon Brown）／前英國首相

「為人工智慧（artificial intelligence, AI）時代工作的辯論，提出一套傑出、縝密的論述。本書通今博古、見多識廣，正是理解數位科技與人工智慧如何重塑經濟與勞動市場的不二之選。」

——傑佛瑞・薩克斯（Jeffrey D. Sachs）／美國哥倫比亞大學教授、聯合國永續發展中心主任

「本書參透人工智慧時代工作的未來。從經濟學角度來探討這個議題，本書內容可謂深思熟慮、見識卓越；不過本書真正的優越之處在於超越經濟學範疇。其貢獻無庸置疑。」

——勞倫斯・桑默斯（Lawrence H. Summers）／前世界銀行首席經濟學家、哈佛大學榮譽校長

「丹尼爾・薩斯金針對科技即將改變人類工作型態的趨勢提供一種值得信賴、毫不誇張的觀點。這本論點強而有力、體現人性的著作值得全世界讀者展閱，影響深遠。」

——馬丁・芮斯（Martin Rees）／英國皇家天文學家、《論未來》（*On the Future*）作者

「這本引人入勝的著作探討至關重要的主題。行文優雅、充滿原創思想，而且分外吸睛。」

——提姆・哈福特（Tim Harford）／《親愛的臥底經濟學家》（*The Undercover Economist*）、《亂，但是更好》（*Messy: The Power of Disorder to Transform Our Lives*）作者

「這是一本探討重量級議題的重要著作。薩斯金的結論是，最終我們將迎來一個有薪工作變少的世界，這股趨勢將會撼動我們的經濟和社會基礎。這將是令人望之生畏的艱難挑戰，我們必須立即開始認真思考。」

——馬丁・沃夫（Martin Wolf）／《面對轉變與衝擊的年代》（*The Shifts and the Shocks*）作者

目錄

自序

疫情後的勞動世界

本書探討當代最艱巨的一項經濟挑戰：由於驚天動地的科技變革即將到來，世界面臨再也沒有足夠的高薪工作可以分配給每個人的威脅。由於我認為我們還不夠認真看待這個威脅，因此本書所寫的內容特別具有急迫性。沒有人能預料到，就在本書英文版二〇二〇年一月出版幾個月後，一場全球流行病將我們熟悉的經濟生活推向末日，進而突顯本書的想法與關注議題遠比以往更加迫切。

當我撰寫這篇文章時，新冠肺炎（COVID-19）已經糾纏我們超過大半年。疫情剛爆發時，各界都希望這將只是一場短期危機，經濟體只需要在一小段時間內切換成休眠狀態，等到疫情平息了（原先大家都以為只要幾個星期就會平息），我們就可以迅速恢復往常的經濟生活。現在我們知道，最初的希望完全破滅，病毒將會存在很長一段時間。在危機的前幾個月，政府瘋狂的推出各種因應政策，現在已經被更長期、持久的干預措施取代。疫情蔓延導致的經濟後果也比我們大多數人最初想像的更具破壞力。例如，二〇二〇年四月至六月，美國的產出成果面臨第二次世界大戰以來最嚴重的崩壞，英國近十八年來的經濟成長則是在這短短幾個月毀於一旦。[1]

經濟崩潰的核心一向是在勞動市場。早在疫情開始之前，在全世界許多地方的工作已經處於不穩定狀態，其特徵是薪資停滯、不安感加劇、孤立的失業族群與勞動參與率日漸下降。新冠肺炎更把它推向懸崖邊緣，美國、英國等許多國家受到疫情重創，失業情形已經飆升到異常離奇的水準。換句話說，隨著疫情加重影響，我們發現自己出乎預料的進入一個職缺更少的世界，不只是因為工作已經實現自動化了，更因為我們被迫採取許多因應疫情的相關措施，好比封城、保持社交距離、自我隔離等，完全重挫許多工作的需求。

結果，我們被迫更早面對本書所關切的重大挑戰。曾競逐美國總統民主黨初選的候選人楊安澤（Andrew Yang）關注許多職缺遭到淘汰的現況，在推特上精闢的闡明這點：「顯然，我應該多談談疫情，而不是自動化。」[2]確切來說，未來科技性失業帶來的威脅並沒有減少：相反的，現在我們有理由可以認定此刻的威脅大於以往。不過這場疫情也讓我們預覽未來可能出現的駭人景象，洞察我們即將要面對的巨大挑戰。

瞥見未來

正如我們將在本書所見，擺在我們眼前的基本困難是分配障礙。科技進步可能讓我們的世界遠比以往更加繁榮，但是當支付薪資給勞工的傳統機制不如以往有效時，我們應該如何分享經濟繁榮的成果呢？當然，這正是二〇二〇年最主要的經濟問題。僅在一夕之間，世界各地有大量的勞工在醒來時突然發現，自己已經丟了工作與收入。

我們應該做些什麼？我主張，置身這樣的時刻裡，政府必須擔起更重大的角色，扮演我所謂的「大政府」，分享社會繁榮的成果。現在疫情已經證明，我們沒有什麼可靠的選擇，個別國家採取略有不同的機制，但全都與「超大政府提供收入給失業族群」有關。誠然，僅僅幾個月前，還有許多人將「基本收入」視為奇怪的想法，現在它迅速成為許多政治對話中司空見慣的話題。為了提供失業族群經濟援助，並更廣泛的支撐經濟，美國舉債金額已經比二〇〇七年至二〇〇八年金融危機高峰期間高出五倍；英國則有可能在二〇二〇年創下和平時期的舉債紀錄。[3]

在一個工作量較少的世界，除了如何平均分配經濟繁榮的成果，我們可能將會面臨其他兩個重大挑戰，但兩個挑戰都與經濟學無關。其一是少數正在茁壯成長的大型科技企業，我稱它們為科技巨頭。此刻，疫情也提供我們瞥見未來的機會：在新冠肺炎疫情導致的經濟形勢中，這些企業表現格外出色，這是一個明顯的特徵。標準普爾五百指數（S&P 500 index）涵蓋美國股市前五百大上市企業，在這場危機中的某個時刻，單單前五家科技巨頭的總市值占比就超過二〇%；[4]光是蘋果的市值就高過倫敦證券交易所（London Stock Exchange）富時一百指數（FTSE 100 index）所有成分股的市值總和。[5]

但是，我在本書關切的重點不只是科技企業的經濟實力。雖然它們的經濟實力很強大、而且不斷成長，但我更關注它們的政治實力，以及對未來的自由、民主和社會正義等議題的影響。舉例來說，自從疫情開始蔓延，數據隱私與安全的相關辯論已經悄悄從公共討論中銷聲匿跡，因此在此刻再度指出這一點便很重要。當危機剛開始發生時，人們抱持「盡一切所能」來控制病毒蔓延的心態，許多國家允許企業大規模盡全力蒐集、篩選、分類與研究即時影像，監控錄影畫面、智慧型手機位置數據與信用卡購買紀錄等資料。面臨威脅的時候，我們可能有必要出此下策。不過，我們也必須及時審慎檢查與約束我們賦予科技巨頭的新政治權力，以及隨之而來影響人們如何在社會中共同生活的強大能力。

我認為，在一個工作量變少的世界裡，我們將會面對的最終挑戰便是找出生活的意義。人們常說，工作不僅僅只是收入來源，更是目標感的來源。因此，如果就業市場慢慢枯竭，那麼人們的方向感要從哪裡來？我的觀點是，工作與意義之間的關係實際上遠比大家所想的更模糊得多，當今有許多人都沒有從工作中獲得強烈的目標感，我們與工作的關係看起來與歷史上的其他時刻都不相同，而疫情強化了這種感覺。沒錯，到處都有勞工失業的可怕新聞和毀滅性的感受，這些無法單純以失去收入來作為解釋；但是，同時也有許多說法顯示，有些人得到一股正向的解放感，因為他們終於擺脫一份薪資與勞力根本不成正比的工作。

但是，如果人們不用再為五斗米折腰，他們實際上將要做什麼？我擔心我們還沒有想到好答案。在我們原本的世界裡，工作占據生活的重心，很難想像要如何採用不同的方式過日子。我們在疫情蔓延的世界中過得很吃力，便清楚表明了這一點。在過去幾個月中，我們可以看出某些消費支出情形明顯變化：例如，為了打發空閒的時間，許多英國民眾在家烘焙、做手工藝與種植花草，使得麵粉、木材與盆栽植株等材料嚴重短缺；美國也遇到類似這種破壞性需求飆漲的情況。不過，我們也看到陌生的公共對話興起，探討更重大的議題：包括工作與生活的平衡、家庭與社區的價值、城市生活的優點、度過閒暇時光的最佳方法、如何在艱困時期維持心理健康。（疫情肆虐之初，英國成人憂鬱症患者幾乎躍增一倍；美國民眾發送簡訊到政府心理健康熱線的頻率幾乎上升一〇〇〇%。）[6]這些對話令人感到新奇，但有時這些結論看起來太臨時或無法使人滿意，這點強化了我的感覺：也就是說，到目前為止，傳統的工作生活耗盡我們所有的時間與精力，使我們無法專注於這些重大問題。

愈來愈多自動化獎勵措施

疫情讓我們預見更高度自動化的世界所必須努力應付的種種問題，像是如何分配繁榮經濟的成果、科技巨頭的強權問題，以及尋找人生的意義等，並且可能讓這樣的世界提早降臨。

造成這種情況的一個原因，是現在世界上有許多國家都淪於嚴重的衰退，過去的證據顯示，每當經濟發展減緩，自動化的腳步就會加速。舉例來說，大約在二十一世紀初，隨著新科技開始取代祕書、櫃台人員與業務員等勞工的工作，把他們從現有的職位剔除，這些工作占總就業人口的比例就漸漸萎縮。在本書中，我確切的探討為何這種「中等技能」工作逐漸流失，但高薪與低薪勞工數量占總就業人口的比例卻日益增加。不過，考慮到目前為止的狀況，至少在美國，工作被奪走的情況絕大多數是發生在經濟衰退時期。一項影響力顯著的研究顯示，一九八〇年代中期以來，這些中等技能工作流失的情況有八八%發生在經濟衰退的一年之內。[7]

更重要的是，這次的經濟下滑並不是普通的衰退。疫情也創造獨特的新理由來讓我們擔心自動化的威脅。最明顯的是，新冠肺炎增強機器取代人力的誘因，畢竟，機器不會將病毒傳染給一起工作的同事或顧客，也不會因為生病而需要請假，更不需要單獨隔離以便保護同事。

截至目前為止，政府的干預措施仍發揮一定的強度來壓抑這種激勵誘因。舉例來說，英國政府曾為九百六十萬名勞工（這個數量超過全國勞工總數的三分之一）支付八〇%薪資，保護他們免受失業所累。[8]不過許多政府沒有採取類似的方式。等到有一天，正在實施的干預措施無可避免要鬆綁時，自動化的激勵誘因將會變得更加強大。對於試著在經濟低迷期間提升生產力、或是在營收下跌時裁減勞動力成本的企業來說，針對某些特定活動祭出機器取代勞工的措施似乎愈來愈有吸引力。例如，在疫情蔓延之初，安永聯合會計師事務所（EY）針對全球企業高階主管進行一項調查，結果顯示，四一%的企業正在挹注資金加速自動化。[9]

此外，疫情可能減輕在職場導入新科技可能產生的文化阻力。畢竟，自動化的阻礙不僅僅是科技問題，像是「某項任務是否可能自動化？」也不只是經濟問題。例如「使某項任務自動化是否有利可圖？」或者是監管法規問題，好比「使某項任務自動化有被核准嗎？」它們也都屬於文化阻礙。自動化是好是壞？部分取決於人們是否覺得用機器做某件事是否令人愉快。某種程度來說，在疫情爆發以前，無論是身為企業老闆、雇主、雇員還是消費者，任何人都可能對新科技有偏見，但這場危機可能已經削弱這種偏見。舉例來說，一場民意調查顯示，在英國，現在所有年紀的族群看待科技都「覺得更正面」；此外，三分之一英國人也對「使用科技更有自信」。[10] 出於必要的理由，我們被迫採取幾個月前還無法想像的方式使用新科技，如今事實證明大獲成功。因此，未來任何特定的自動化行為，在目前看起來可能都還不像是會有空前飛躍發展的事物。

以醫學為例，在疫病傳播之前，英格蘭和威爾斯（Wales）約有八〇％醫生是面對面問診，現在這個比例已經降到只有七％左右。[11] 我們很難相信，一旦疫情結束，線上問診就會立刻停止。另一方面，我們可以很容易想像，像診斷或其他醫療行為可以透過科技採用不同做法來進行，也許之後根本就不需要醫師參與了。或者，我們也可以看看法律的例子。在許多司法管轄區，實體法庭已經關閉，日間、夜間法庭現在改為線上服務，而不是在實體場所中舉行。正和醫學一樣，我們不僅看到這種線上服務可能成為刑事司法系統中的部分常規，也可能看到科技應用在價值不高、不需要任何人審議就可以裁定的民事糾紛，這些大膽的建議做法已經不像幾個月之前看起來那麼激進。

低薪勞工面臨更大風險

可以肯定的是，當前科技主要仍是在使人們繼續工作，而非將他們淘汰出局。直到最近，許多人可以利用科技採取遠距工作，這根本是先前難以想像的事情。在疫情爆發之初，在美國與英國，大約有三分之二的上班族採行遠距工作。[12]然而，並不是人人都可以在家工作，通常只有收入較高的白領勞工才能這樣做。美國的一項調查發現，疫情期間，年薪高於十八萬美元的受薪階級中，有高達七一%可以遠距工作，但是年薪低於二萬四千美元的受薪階級，僅四一%可以享受相同待遇。另一項研究報告則顯示，擁有大學學位或更高學歷的受薪階級中，六二%可以在家工作，但是中學肄業的受薪階級僅九%享受相同待遇。[13]對許多在餐廳、門市與倉儲工作的藍領勞工來說，根本無法選擇遠距工作。

勞工應用科技、並得以適應疫情生活的能力所造成特殊的不平等現象，是一個更深層問題的表徵。當危機初來乍到時，有句話是這麼說的：「新冠肺炎面前，人人平等。」許多人宣稱，這種疾病不會依據種族或財富而有所區別，我們所有人置身風險的機率都一樣高。現在我們知道這種說法只是一種迷思。首先，在醫學統計方面，新冠病毒對每個人的影響非常不同。在英國，擁有少數民族背景的人口占總人口的一四％，占新冠肺炎重症患者的比例卻高達三四％。在美國，黑人因為這種病毒而住院的比例是白人的五倍，死亡率則將近兩倍。[14]在經濟方面，新冠病毒帶來的衝擊更是極端不平等，例如，失業現象主要集中在低薪勞工族群；一項研究顯示，疫情爆發之初，在美國收入最低的二〇％勞工，失業的可能性大約是收入最高二〇％勞工的四倍之多。[15]

這些不平等本身很明顯，對思考迫在眉睫的自動化威脅也很重要。這場疫情可能不只增加威脅風險，也清楚預示原本處於經濟弱勢的勞工往後將遭受更嚴重的打擊。

近幾十年來，大多數低薪勞工都受到自動化保護。因為他們的工作通常涉及人際互動或是體力勞動，直到最近，這些任務仍被證明很難實現自動化。不過近幾個月的情況呈現出殘酷的諷刺，正是由於這些工作的特性，這群勞工實際上是受到疫情打擊最嚴重的族群：病毒透過人際互動傳播，而且最容易在工廠、倉庫這種通風不良的室內空間橫行蔓延。結果，許多人發現自己根本無法工作。

因此，當疫情增強自動化的激勵誘因，這些勞力工作者成為風險最高的族群。他們無法輕鬆的在以往的工作場所工作，也無法把自己的家當成辦公室並在家裡工作。這也難怪最近許多新聞都在報導，科技發展似乎把槍口直接對準從事搬貨上架、準備包裹、迎接顧客、遞送貨物、清潔地板和測量體溫等工作的勞工。

可能研發出有效的疫苗，是否意味著無論目前自動化的激勵誘因看起來有多強大，最終都會以雷聲大、雨點小的方式結束？確實有這種可能。但是，從醫學的角度來看，無論疫苗的發展有多驚人，說疫苗的出現可以降低自動化的威脅，這點其實有待商榷。首先，先前提到的文化轉變可能會持續下去：如果疫情讓我們更願意擁抱科技，那麼這種新態度可能會維持不變。更重要的是，疫情也改變我們多數人過生活的基本節奏：我們減少外出用餐，以及更常在線上購物；如果可以就避免旅行，遠離劇場、電影院與各種體育活動，以及採取居家辦公模式等等。即使當疫情消退，政府也鬆綁各種禁令，這些習慣與行為改變也很難完全逆轉回去。[16]

那些說疫情帶來「辦公室末日」、「黃金商圈之死」或「市中心崩壞」的人，可能誇大了自己的觀點，儘管人們暫時不去辦公室與購物據點，但其實人潮已經慢慢開始回流了。[17]不過，我們完全有理由相信這些場所將會在很長一段時間內（也許是無限期）保持比以往小的營運規模。如果真的如此，這對依賴這些場所維生的勞工來說，絕對不是好兆頭，諸如在辦公室的保全人員、接待員、辦公室清潔人員，以及在街上的餐廳服務生、三明治廚師、咖啡師，還有在城市中心的零售門市員工、運輸業勞工、飯店員工和街頭藝人等，都會受到衝擊。當然，在這種情境下，市場對他們提供的服務需求下降，比較可能是出於疫情的衝擊，而非科技本身。不過當我們思考自動化的威脅時，這些轉變非常重要，因為以前人們被機器淘汰出局時，他們還可以轉行從事這些低薪、勞動的職務，但現在連這些職務的前景都令人懷疑。

就某種意義而言，這場疫情就像是一個實驗計畫，讓我們開始思考如何因應一個工作量更少的世界。這場實驗並未經過事先計畫，也沒有人歡迎它的到來，不過它確實具有資訊和啟發意義。我期望在未來幾個月和幾年內，我們可以反思這場龐大的社會實驗，理解在處理這場危機的過程中，哪些做法發揮效果，並誠實面對不足的地方。目前，在一個工作量變少的世界中，我們都只是短暫過客。這場疫情就和以前所有流行病一樣，總有一天會消失，今天讓我們煩惱的許多問題也終將慢慢淡去。但是，當新冠肺炎危機消退時，自動化的威脅可能才剛要開始加劇。屆時，我們曾經在疫情猖獗期間瞥見的不安挑戰即將死灰復燃，並且還會再度麻煩、測試我們。

丹尼爾・薩斯金

倫敦

二〇二〇年九月三十日

簡介

歐美在一八九〇年代出現「馬糞危機」（Great Manure Crisis）應該不值得大驚小怪。[1]曾經有一段時間，倫敦、紐約這些大城市裡最受歡迎的交通工具就是馱馬，成千上萬匹馬兒吃力的拉著出租馬車、手推車、貨車、運貨馬車和其他各種車輛穿梭大街小巷。就交通工具而言，馬不算是特別有效率的動物：牠們每拖行幾公里就得停下腳步喘口氣，等體力恢復後再上路，這種生理需求可以部分解釋為何城市裡需要這麼多匹馬。[2]舉例來說，駕馭一輛馬車需要至少三隻馬：兩隻輪流拖拉馬車，第三隻則是隨時待命，以防止途中出錯。有軌馬車（horse-drawn tram）是當時紐約人的首選交通方式，一輛車配八匹馬，在特別鋪設的軌道上輪番拖曳馬車。在倫敦，成千上萬輛雙層馬車滿街跑，馬車的大小就和當今所見的紅色巴士差不多，通常需要十二隻動物分擔運載任務。[3]

隨著馱馬大軍而來的是大量的糞肥。一匹健康的馱馬每天可排出約七至十四公斤糞便，幾乎相當於兩歲幼童的體重。[4]紐約州羅徹斯特市（Rochester）一名熱心的衛生部門官員粗估，如果將當地馬糞堆在一英畝的土地上，堆起的高度將超過五十三公尺，幾乎快要和義大利的比薩斜塔一樣高。[5]根據一些可疑的說法，當時有人推斷未來到處都將無可避免的堆滿馬糞：一名紐約評論家預測，馬糞很快就會堆到三樓窗戶那麼高；倫敦記者甚至想像到了二十世紀中，街道會被掩埋在馬糞堆底下二．七公尺。[6]但危機不僅止於馬糞堆，還有幾千具腐爛的馬屍遭棄置路面，多數是故意拖延，想等到屍身腐爛到適合處理的大小再清除。單單一八八〇年，紐約市就得清除一萬五千具馬屍。[7]

對此，當時的政策制定者不知該如何是好，[8]因為這些牲畜實在太重要，他們不能輕易禁止馬兒上街。一八七二年，一場所謂的「馬瘟」蔓延美國，馬群被有史以來最嚴重的瘟疫擊倒，全國經濟大半陷入停頓。[9]有些人甚至將那年十一月發生的波士頓大火怪到疫情頭上；當時有超過七百棟建築被大火夷為平地，他們宣稱，都是因為沒有足夠的馬匹可以載運消防設備到現場，災情才會這麼嚴重。[10]但是，故事的轉折點出現了，政策制定者不需要再擔心馬的問題：一八七〇年代，史上第一具內燃機誕生，到了一八八〇年代，內燃機首度安裝在汽車車體中。往後僅幾十年，汽車大王亨利．福特（Henry Ford）就在大眾市場推出史上留名的T型車。一九一二年時，紐約街頭的汽車已經比馬匹多；再過五年，最後一輛有軌馬車正式退役。[11]馬糞危機警報也因此解除。

美國記者伊麗莎白．寇伯特（Elizabeth Kolbert）在雜誌《紐約客》（*New Yorker*）中將這場危機比喻為「馬糞寓言」，多年來不斷被反覆傳述。[12]在大部分的故事版本中，馬匹的退場被視為樂觀正面的發展，而我們也能從這則描述科技勝出的故事中，得到一個令人寬慰的提醒：即使你發現自己身陷一個看似混沌、難以解決的問題，也要保持開放、正面的態度，這一點至關重要。不過，對一九七三年獲得諾貝爾經濟學獎的俄裔美籍經濟學家瓦西里．李昂提夫（Wassily Leontief）來說，相同事件卻歸納出讓人不安的結論。他所看到的不是內燃機這種新科技如何取代牲畜，而是幾千年來在城市、農田和牧場經濟生活中占有重要角色的馬匹，僅在短短幾十年就被踢出經濟圈外。一九八〇年代初期，李昂提夫撰寫一系列文章，提出現代經濟思想中最臭名昭彰的主張。他說，科技進步對馬匹產生的巨大影響，最終也將衝擊人類：科技會搶走我們的工作，就像汽車、農用曳引機將馬匹淘汰出局，有一天我們也會被電腦及機器人取代。[13]

時至今日，李昂提夫的擔憂再度緊咬著我們不放。在美國，現在約有三〇%的勞工相信自己的工作在有生之年很可能會被機器人和電腦取代；在英國，同樣比例的勞工認為，這樣的景況二十年內就會發生。[14]在本書中我想詳加闡釋，為何我們必須認真看待這種擔憂，而且不只著重在物質層面，更要深入精神層面來探究。在二十一世紀，是否有足夠職缺讓每個人都有工作可以做？這是我們這個時代的重大問題，在之後的章節裡，我將主張答案為「否」，並細述為何「科技性失業」（technological unemployment）的威脅是真實而且正在發生中。我還將探索這種局面為人類的現在和未來所帶來的各種問題，並且更重要的是，進一步討論我們可以如何因應這些問題。

「科技性失業」是英國偉大的經濟學家凱因斯（John Maynard Keynes）提出的，這個廣獲採用的詞彙比李昂提夫提筆寫下的擔憂早了將近五十年出現。凱因斯以簡練的用字一語道破科技可能讓我們失業的概念。在之後的章節裡，我將擷取凱因斯提出的許多經濟論點，以期更全面回顧過往，以及窺測未來即將發生的趨勢。我也會試圖跨出多數經濟學家埋首研究的狹窄知識領域，因為工作的未來引發讓人既興奮、又困擾的難題多半與經濟學無關：好比智慧的本質、不平等及其重要性、科技巨頭的政治力量、什麼是有意義的生活，以及我們如何共同生活在一個看似與經濟成長時期截然不同的世界？在我看來，任何探討工作未來的相關論述如果沒有談到這些議題就稱不上完整。

不是大爆發，而是逐漸消亡

思考工作的未來有一個重要前提，那就是過去許多人都以類似的思路擔憂未來前景，但這種認知其實是錯的。對自動化的焦慮不是到了今天才開始渲染擴散，也不是從一九三〇年代的凱因斯開始發酵。事實上，打從幾百年前現代經濟開始成長以來，人們三不五時就受到可能會被機器取代的強烈恐慌所苦。然而時間一次又一次證明，那些恐慌是錯的。儘管這些年來科技持續不斷的進步發展，但是仍然有足夠的工作需要仰賴人類來完成，沒有因為科技進步而出現大量永久失業的人口。

因此，在本書第一部分，我會從這段歷史開始著手，討論為何那些擔心被機器取代的人一直都錯了，然後再深究經濟學家如何隨著時間演進，改變他們對於科技影響職缺的看法。接下來我會轉向梳理人工智慧的歷史，過去幾年來，這項技術激發了我們的集體想像，重新讓許多人對未來感到不安。實際上，人工智慧研究始於幾十年前，初期的研究使人充滿熱情和興奮，但隨後就因為進展有限而跌入漫長的寒冬。不過最近幾年人工智慧又重獲新生，一場集結智慧與實用的革命讓許多經濟學家、電腦科學家，以及其他試圖預言機器絕對不可能完成某些活動的人士都措手不及。

在本書第二部分，我將奠基於前述的歷史，試圖避開其他人曾經犯下的思考謬誤，進一步解釋科技性失業極可能在二十一世紀開始發生。在最近的一場調查中，先進的電腦科學家宣稱，在未來四十五年內，機器執行「所有任務」的成效都勝過人類的機率，將高達五〇%。[15]不過我提出的主張並不依賴這類戲劇化的預測結果。事實上，我發現這樣的結果令人難以相信。即使到了本世紀末，許多任務仍然可能停留在難以自動化、或者是自動化無利可圖的層次，再不然就是雖然自動化有利可圖、但我們仍舊屬意由人類來完成工作。儘管英、美兩國勞工的民意測驗結果反映出對自動化的恐懼，我還是很難想像當今許多職業會在未來幾年完全消失，更不用說那些可能出現在未來的新型態工作。我預期，其中大部分工作都將涉及一些即使是效能最強大的機器也無法完成的任務。

我所要講述的是一個不一樣的故事。未來，機器不會是萬能的工具，但它們確實會做更多事。隨著它們緩慢但持續不懈的接管愈來愈多的任務，人類將會被迫撤退至逐漸縮小的活動範圍。剩下來的工作不太可能是每個人都有能力做的，而且也沒有理由去想像會有足夠的職缺，來雇用所有有能力從事這些工作的人。

換句話說，如果你翻開本書，期待看到描繪未來幾十年即將出現戲劇化的科技大爆發，一大群人一覺醒來突然發現自己失業的情節，那你可能會大失所望。這種情景不太可能發生。有些工作幾乎肯定仍會在很長的一段時間內繼續存在，不過隨著時間經過，這些工作很可能會讓愈來愈多人覺得遙不可及。接著，當我們一步步走過二十一世紀，依賴人類完成工作的需求可能會漸漸消失。最後，剩下的職缺不足以提供傳統的高薪雇用條件給所有想要求職的人。

這是什麼意思呢？我們可以用一種有效的方式來思考：現在自動化已經衝擊全世界許多地區的農業與製造業，這些產業仍然需要農夫與工廠勞工，他們的工作還沒有完全消失。但是，即使這些產業的產出成果遠多於以往任何時期，對於勞工的需求數量卻減少了，而且有時候是非常快速的減少。簡單來說，在這些經濟產業中，依賴人類完成工作的需求不足以支應相等的勞工數量。當然，正如我們所見，這種比較有其局限，不過仍能幫助我們認清實際上應該擔心的事：未來不是如同某些人預測的完全沒有工作，而是**沒有足夠的工作**可以讓每個人做。

當今有一股趨勢，將科技性失業視為經濟生活中一種根本性的中斷（radical discontinuity），是頂著蓬頭亂髮、神經兮兮的經濟學家從以太（ether）*杜撰出來的空幻想法。在探索科技性失業可能如何發生的過程中，我們會發現這種看法並不正確。今日，人們擔憂經濟不平等的程度與日俱增，同時，擔憂自動化的程度也日益升高，這一切並非巧合。不平等與科技性失業這兩個問題其實息息相關。現在勞動市場是我們分享社會經濟繁榮成果的主要途徑：也就是說多數人的工作就是他們主要的收入來源，有些人甚至身兼數職來換取收入。我們已經在勞動市場看到巨大的不平等，有些勞工付出勞力換來的薪資遠比其他人少，不平等的現象愈來愈明顯。科技性失業只是這個現象的極端版本，最終有些勞工會落得一無所有的下場。

在本書最後一部分，我將分析工作量減少的世界會面臨的各種問題，並闡述我們應該怎麼應對。首先會提到前述的經濟問題：當人們投入工作就可以得到薪資的傳統機制不再像過去一樣有效時，我們如何分享社會經濟繁榮的成果？接下來，我會轉向兩個幾乎與經濟學無關的議題：首先是科技巨頭的崛起，因為未來我們的生活可能會受少數大型科技公司宰制。在二十世紀，我們主要擔憂的是企業強大的經濟實力；在二十一世紀，我們擔憂的是企業的政治權力。其次是挑戰找到生活的意義。人們總說工作不單只是賺取薪資的手段，更是人生方向的來源。如果這點說得沒錯，那麼一個工作量變少的世界，可能會是人生目的更少的世界。這些都是我們終將面對的問題，每一個問題都需要得到回應。

我的經歷

某種程度而言，本書所提及的故事和論點出於個人動機。大約十年前，我開始認真思考科技和工作之間的關係，但是在此之前，它只是非正式的個人興趣，常在我腦海裡轉來轉去。一九八〇年代，家父理查・薩斯金（Richard Susskind）在牛津大學完成人工智慧和法律的博士學位論文，那幾年間，他隱身於電腦實驗室，試圖打造可以解決法律問題的機器。一九八八年，他開始協力打造全球第一套應用在法律界的商業化人工智慧系統。往後幾十年間，他的職涯建立在這項工作的基礎上，所以我也就在一個邊吃晚餐、邊咀嚼複雜難解科技問題的家庭中長大。

後來我離家到牛津大學攻讀經濟學。在那裡，我生平第一次接觸到經濟學家研究科技和工作的思考方式，那真是令人陶醉。對於他們撰寫散文的嚴謹度、建立模型的精準度以及發表主張的自信心，我深深感到敬佩。在我看來，他們已經找到一條消除現實生活中讓人困惑的混亂、直探問題核心的途徑。

＊編注：西方的古代物理學家認為充塞於宇宙中、傳播光熱電磁的微妙物質。

只是隨著日子一天天過去，我最初的心醉神迷漸漸轉成麻木遲鈍，最後甚至消失了。我畢業後進入政府部門，一開始是待在首相身邊的策略單位，然後轉任唐寧街十號*的政策單位。在那裡，我受到熱愛科技的同事鼓舞，開始更仔細思考未來的工作世界，以及政府是否必須提供某種方式的協助。不過，當我求助自己在大學時代鑽研的經濟學時，得到的結果卻遠比當初預期的更沒用處。基本上，許多經濟學家只想憑藉過去的證據講述自己版本的故事，正如一位著名的經濟學家所言：「儘管我們都喜歡看科幻小說，但歷史書籍通常是比較可靠的未來指南。」[16] 我無法被這種論點說服，畢竟攤在眼前的經濟局勢看起來已經和以前的經驗完全不同，這實在讓人非常不安。

於是我辭去在英國政府的職務，花了幾年轉赴美國做研究，之後再回到學術界，探索與未來工作世界有關的各種問題。我拿到經濟學博士學位、挑戰經濟學家以傳統邏輯思考科技和工作的方式，同時試圖設計出一套全新架構，用來思考勞動市場正在發生的事情。同時，我與家父合著《專業人士的未來》（*The Future of the Professions*），探討科技如何影響律師、醫生、會計師、教師等白領專業人士。十年前，當我們啟動這項計畫時，各界普遍認定自動化只會影響藍領勞工，專業人士似乎不會受到這種變革影響。我們挑戰這種想法，詳述新科技將賦予人類解決一些重要社會問題的能力，例如提供訴訟管道、讓人們維持健康、教養兒女等等，人們再也不需要像以前一樣，必須依賴傳統的專業人士才能處理這些問題。[17]

我的學術研究、以及《專業人士的未來》的一些觀點，將會重現在這本書中。經過一些閱歷和思考，這些觀點變得更加精鍊。簡單來說，本書記錄我的旅程：我在這十年，幾乎全都在思考未來工作世界這項議題。

未來的挑戰

雖然我的開場白可能暗示工作世界的前景不妙，但其實本書對未來抱持著樂觀的態度，理由很簡單：未來的幾十年間，科技進步可能解決至今仍在人類生活占有重要地位的經濟問題。假使我們效法經濟學家思考，將經濟想像成一塊大餅，傳統的挑戰是思考如何把這塊餅做到最大，好讓所有人都能分到一塊。西元一世紀初，倘若將全球經濟大餅均分

* 編注：英國首相官邸和辦公室，象徵英國政治權力中心。

給全世界，讓每個人各得一塊，每人每年大概只會收到大約今日價值幾百美元的資產，而且多數人的生活都落在貧窮線下或瀕臨貧窮邊緣。時間往後快轉一千年，情況大同小異。有些人甚至聲稱，直到一八〇〇年，一般人的物質水準其實沒有比西元前十萬年來得高。[18]

但是近幾百年來經濟成長卻是一飛沖天，背後的推動力就來自進步的科技。現在全世界的經濟大餅比過去大得多。今日，全球人均國內生產毛額（GDP）已達到每年一萬七百二十美元，也就是說每一塊大小均分的餅相當於這麼多錢，若乘上七十億五千三百萬人，總和就是八十兆七千億美元。[19]假設經濟繼續以每年二％的速度成長，下一代的財富就會是我們的兩倍；縱使只是略略成長一％，下下一代的財富也會是我們的兩倍。至少在原則上來說，我們幾乎已經解決過去困擾著先人的問題。正如經濟學家約翰・肯尼斯・高伯瑞（John Kenneth Galbraith）極富詩意的評論：「人類暫時擺脫長期以來、緊抱著他們不放的貧窮命運。」[20]

科技性失業將以一種奇怪的方式化身為這種成功的徵兆。在二十一世紀，科技進步將解決一個問題：如何把經濟大餅做到最大，好讓所有人都分到一塊。但是正如我們所見，會有其他三個問題取而代之：不平等、權力與人生目標。對於我們如何因應諸多挑戰：分享經濟繁榮的成果、限縮科技巨頭的政治力量，並試圖在一個工作量減少的世界中找到人生的意義，可能會出現各種分歧的看法。我們需要主動去思考與回答一些艱巨的難題，包括國家應該做什麼或不應該做什麼、我們對人類同胞應該負起什麼義務責任、什麼是有意義的人生等。不過，比起要解決幾百年來困擾著先人的問題、也就是如何一開始就做出可以讓每個人都分到足夠分量的大餅，思考如何克服前述那些新的難題更具吸引力。

李昂提夫曾說：「假使這些馬有資格加入民主黨投票的話，農場上發生的事情可能就完全不同了。」[21]這是一句玩笑話，但寓意深遠。馬群對自己的集體命運沒有任何控制權，但是我們有。我不是科技決定論者，我不認為未來只有一種可能。我同意奧地利哲學家卡爾・波普（Karl Popper）的觀點，他堅決與那些「相信命運的軌道早已鋪平，只等著我們緩緩駛過」的論調唱反調，相反的，他說：「未來取決於我們自己，我們不依賴任何歷史的必然性。」[22]不過我是個科技現實主義者，我確實同意我們的判斷力受到限制。在二十一世紀，我們將打造功能更強大、效能遠勝過今日的系統和機器，嶄新的科技將會持續不斷接管我們以為唯有人類才能完成的任務，我不相信人類可以逃得過這樣的事實。依我所見，我們的挑戰是將未來無可避免的事情視為恩賜，並努力打造一個讓所有人都能享受繁榮的世界。這就是本書的宗旨。

第一部分

人工智慧的脈絡

第一章

被誤解的自動化焦慮

人類社會中的經濟成長是非常晚近的時期才發生的現象。實際上，在近三十萬年的人類歷史中，絕大部分時候的經濟生活是相對停滯的，遙遠的先人僅僅憑著狩獵、採集勉強維生。[1] 但是近幾百年間，經濟停滯的局面突然迅速結束，每個人的產量提升大約十三倍，全球產出則是激增近三百倍。[2] 試想將人類歷史濃縮成一小時，經濟成長階段大約只占最後半秒鐘，巨大的變化彷彿只發生在一眨眼之間。

經濟學家往往都同意，經濟成長是科技持續進步所致，不過為何是從西歐開始（乃至於何處是發源地、始自何時並延續至十八世紀末），反倒是各持己見。[3] 原因之一可能是地理因素：某些國家擁有豐富的自然資源、宜人的氣候，以及有利貿易往來的海岸線、河川水道。再者可能是文化因素：生活在不同地區的人們受到差異極大的歷史知識、宗教

圖 1.1：西元元年以來全球產出[4]

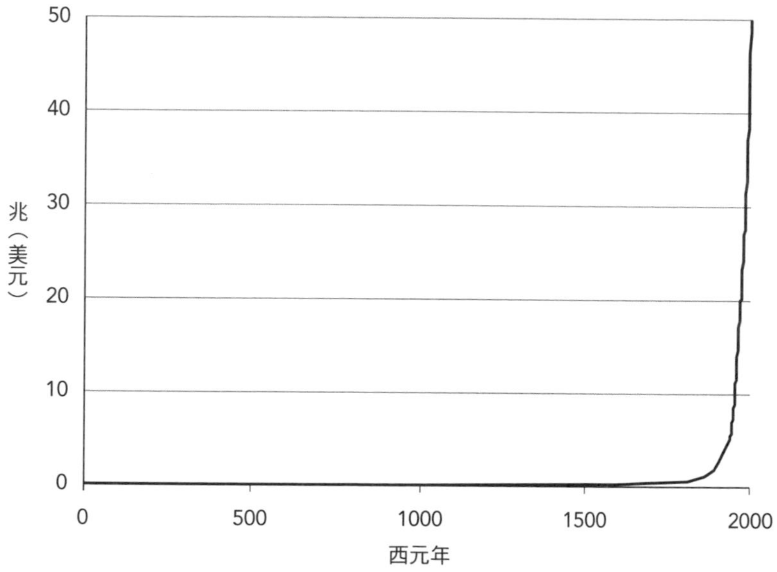

影響，對科學方法、財政、辛勤工作或其他人的態度（有人說社會的「信任」程度很重要）也有所不同。不過，最普遍的解釋則是公共制度的差異：某些國家保護財產權，並施行法治以鼓勵冒險進取、賺取財富與創新活動，但其他國家並沒有這麼做。

無論是出於什麼特定原因，可以確定的是英國主導經濟成長，在一七六〇年代開始領先其他國家。[5]往後幾十年間，新機器陸續發明並導入生產行列，大幅改善商品生產方式。諸如蒸汽機之類的機器成為經濟發展、技術創新的標準象徵。

工業革命可以說是人類歷史洪流當中最重要的時刻，「革命」一詞頗具戲劇效果，但用來形容這場變革還算是太輕描淡寫了。在此之前，任何經濟成長的規模都有限，而且總是斷斷續續或是在轉瞬間消逝。但在工業革命之後，經濟開始相對大幅而穩定的成長。到了今天，我們已經完全習慣這種既定的經濟成長趨勢。試想一下，每次只要遇到經濟成長的停頓或減緩，就會引發人們的憤怒與焦慮，沮喪與挫折的浪潮席捲整個社會，好像沒有經濟成長我們就不能生活得很好。

工業革命時代催生的新穎技術，讓製造商能夠比以往任何時候更有效率的運作，簡而言之，就是成本更低、產量更高。[6]在這場現代經濟成長的開端，我們可以察覺到「自動化焦慮」的起源。人們開始擔心，採納這些機器製造更多商品，意味著依賴人類完成工作的需求減少了。看來，經濟成長與自動化焦慮似乎從一開始就交織而生。

當然，人們一定在更早之前就對自動化感到焦慮。不管是哪一種創新發明，都不難想像或找出哪些不幸的傢伙可能會受到威脅。例如，在工業革命以前的所有技術中，印刷術可能是影響最深遠的一項技術，但它最初曾遭到想要保護傳統手藝的文人墨客大力抵制。[7]每當談到印刷版《聖經》，他們就會說，唯有惡魔才能在短時間內迅速複製出大量複本。不過，工業革命期間發生的變化具有不同於過往的特殊性，這場變革的強度、廣度與持久度，讓人們對自動化更加焦慮了。

自動化焦慮

自動化將奪走工作機會的焦慮情緒不斷蔓延，終於引發反彈和異議。看看謙虛的珍妮紡紗機（Spinning Jenny）發明者詹姆士・哈格里夫斯（James Hargreaves）的遭遇就知道了。他是一個不識字的紡織工，退隱在蘭開夏郡的偏鄉小村內靜靜打造自己的機器。他的機器使棉花團紡出紗線的速度比人工更快，當時將棉花原料轉變為紗線的需求日漸成長，因此這是非常有價值的創新發明。（事實上，截至十九世紀中葉，英國生產的布料高占全球生產量的一半。）[8]不過，當哈格里夫斯打算開始做些什麼事的風聲傳出去後，鄰居竟然破門而入拆毀機器，甚至無故搗毀他的家具。哈格里夫斯試圖到其他地方興建工廠時，他和他的生意伙伴還遭到一群暴民的襲擊。[9]

和哈格里夫斯同時代的約翰・凱伊（John Kay）在一七三〇年代發明自動飛梭機時，也面臨相同的命運。據說，他的住所遭到狂怒的織布工洗劫，「要不是兩名好友緊急把他塞進羊毛毯裡，運到安全的地方藏匿，恐怕早就命喪暴民手中。」[10]曼徹斯特市政廳（Manchester Town Hall）有一幅壁畫就是在描繪他祕密逃離險境的過程。[11]

前述實例都不是單一事件。工業革命期間，破壞科技產品的行為非常常見，這群像強盜的烏合之眾如今被稱為：盧德份子（Luddites）。這個名稱來自一名真實性有待商榷的織布工奈德·盧德（Ned Ludd），他住在東米德蘭（East Midlands），在工業革命剛開始時搗毀一整組紡織機。奈德這個人物可能是憑空杜撰出來的，不過有人率領群眾四處破壞機器卻是鐵錚錚的事實。一八一二年，英國國會被迫通過「破壞紡織機等物法案」（Destruction of Stocking Frames, etc. Act），明定破壞機器為犯罪行為，最高可判處死刑，數名罪犯很快就被起訴、處死。隔年，罰則放寬，改成放逐澳洲；但事實證明，這種程度的罰則恐怕無法達到懲戒效果，因此到了一八一七年又再度改回死刑。[12]時至今日，我們依舊稱不情願採納新科技的人為「當代盧德份子」。

工業革命開始之前，國家並非總是站在發明者這一邊。事實上，有時候這些心生不滿或不甘願的勞工會帶來不少麻煩，試圖介入或阻止他們討厭的創新發明四處傳播。想想一五八〇年代的兩則故事：其一是英國牧師威廉·李（William Lee）發明了一部不需要用雙手編織的機器。一五八九年，他啟程前往倫敦，希望向伊莉莎白女王一世（Queen

Elizabeth I）展示他的發明，並獲得專利保護，可惜她一看到機器就直截了當的拒絕，並說：「大師，您的志向高遠，但請想想您的發明會對我可憐的國民產生什麼影響。這項發明肯定會剝奪他們的就業機會，毀掉他們的一生，甚至淪落街頭行乞。」[13] 其二是發生在波蘭人安東・莫勒（Anton Möller）身上的悲劇。這個不幸的人在一五八六年發明織帶機，之所以說他不幸，是因為他的家鄉格但斯克市（Danzig）議會不但駁回他申請專利的要求，還祭出絞死令回應他的請求。這一點和現今我們總是熱情回應企業家的反應完全不同。[14]

然而，不只是勞工和國家焦慮，隨著時間流逝，經濟學家也開始認真看待自動化的威脅。正如前述，一九三〇年，凱因斯讓「科技性失業」的說法開始流行，不過，經濟學理論的其中一位奠基者大衛・李嘉圖（David Ricardo）其實比他早一百多年就開始研究這項議題。一八一七年，李嘉圖出版生平巨作《政治經濟學及賦稅原理》（*Principles of Political Economy and Taxation*），四年後發表新版，納入全新章節〈論機械〉（On Machinery）。在新版中，他做出重大的學識讓步，宣稱他改變「科技進步是否有益勞工」這項議題的看法。李嘉圖原先一直假設：對勞工而言，機器是「一般商品」，但後來他認為這項假設是一個「錯誤」。或許是見識到當時工業革命在他的家鄉英國引起嚴峻的經濟變化，他認定這些機器實際上「多半非常有害」。[15]

擔憂機器具有負面衝擊的思維貫穿整個二十世紀。近幾年來，我們看到關於自動化威脅的書籍、文章與報告傾巢而出，但其實早在一九四〇年，關於科技性失業的辯論就已經很常見，以致於《紐約時報》（*New York Times*）認為稱它為「舊論點」也很自然。[16]這些論點確實經常重複出現，二〇一六年，時任美國總統歐巴馬在告別演說中定調自動化是「下一波經濟位移」（the next wave of economic dislocation），而大約六十年前的總統約翰·甘迺迪（John F. Kennedy）也是如此，當年他採用的詞彙幾乎和歐巴馬一樣，直指自動化帶來「產業位移的黑暗威脅」（the dark menace of industrial dislocation）。[17]無獨有偶，二〇一六年，英國物理學家史帝芬·霍金（Stephen Hawking）描述自動化將如何「毀滅」藍領工作，並預言這種情況恐怕很快就會「外擴……深入中產階級。」[18]然而早在一九三一年，德國物理學家愛因斯坦就提出類似的威脅，警告世人那些原本用來幫助人類擺脫繁重勞動的「人造機器」，會泰然自若的反過來「征服」它們的創造者。[19]事實上，自一九二〇年以來，幾乎每十年就能在《紐約時報》上找到以不同方式談論科技性失業威脅的新聞報導。[20]

動盪與變革

大部分與「新科技傷害經濟」有關的焦慮其實都搞錯重點了。回顧近幾百年來的演變，幾乎沒有證據支持這股主流的恐懼：科技進步將創造大量永久失業的勞工。新科技確實不斷淘汰勞工，不過最終大多數人都會找到新的出路。人們一次又一次擔心「這次不一樣」，擔心最先進的科技將一舉淘汰勞動大軍的情勢已經迫在眉睫，但事實上每一次的結果都一樣，龐大的失業潮並未發生。

可以理解的是，對未來有所期待是大家還能保持樂觀的原因。如果說，以前那些擔憂未來的人都是庸人自擾，那麼我們也可以肯定的說，現在擔憂的人是多慮了嗎？

正如我們所見，問題沒那麼簡單。以前擔憂「這次不一樣」只是白忙一場，現在這種擔憂卻有可能是對的。更進一步來說，就算只是歷史重演，我們仍應當心，別被過度樂觀解讀過去的論述沖昏頭。沒錯，被新科技淘汰的勞工確實會試圖另謀新職，但事情絕對不會以溫和或良性的方式發生。再以教科書認定為代表科技進步關鍵時刻的工業革命為例，儘管當時充斥著盧德份子的恐懼，我們從圖1.2看到，英國的失業率依舊維持在相對低點。但是，同時間整體產業大舉衰敗，許多原本可以賺錢的編織、蠟燭等手工藝品，全都

圖1.2：1760年至1900年英國失業率[21]

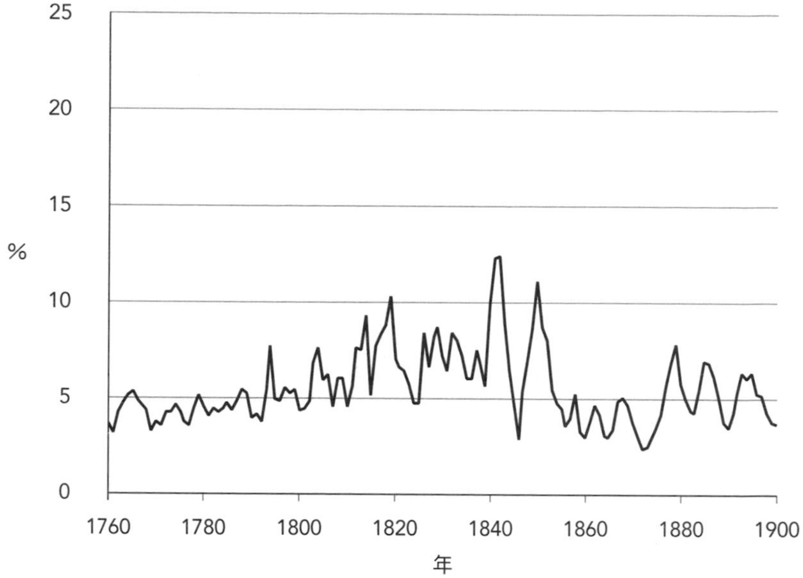

成了無利可圖的消遣玩物。社區被掏空，整座城市急遽陷入衰退，值得注意的是，英國的實質薪資水準也不再讓民眾滿意，一七六〇年至一八二〇年僅成長四%，同期間食物更貴、菜色更糟、嬰兒死亡率惡化，預期壽命也下降。[22]甚至人們還變矮了：一位歷史學家提到，在前述的負面發展下，人們的平均身高降至「有史以來最低水準」。[23]

如今，盧德份子經常被視為對科技一竅不通的愚蠢人士，但有證據顯示，他們的滿腹牢騷其實合情合理。事實上，科技變革引爆的劇變與困境最終促成福利國家

（Welfare state）的出現，或許這是二十世紀最激進的發明產物。被科技淘汰的勞工最終找到新的出路，這其實不是什麼值得慶祝的事。美國經濟學家泰勒．科文（Tyler Cowen）曾說：「或許未來和過去沒什麼兩樣。」這正是為何我們不應該對工作的未來感到樂觀。[24]

乍看之下，說擔心未來工作會變少的人完全誤判，倒也不完全正確。舉例來說，一九三〇年代的凱因斯預測，在一百年之內科技進步將帶領我們進入一個「每日工作三小時」或「每週工作十五小時」的世界。今日，批評他的人暗自竊笑這則預言將在十年內失效，而且截至目前為止，他所謂的「休閒時代」（age of leisure）根本沒有要發生的跡象。[25]這種批評其實有些說服力，不過如果稍微仔細看圖1.3的數據，可以看出細微的變化。經濟合作暨發展組織（Organization for Economic Cooperation and Development，OECD，後文簡稱經合組織）是一個集結數十個國家的富國俱樂部，在它的資料庫中，近五十年來，每年每人的平均工作時數持續下修。雖然下修的速度非常緩慢，大約十年才減少四十五個小時，但仍舊是穩定往下降的。

重點是，這種下降趨勢似乎很大程度要歸功於科技進步，以及隨之而來的產量提升。舉例來說，德國是歐洲生產力最高的國家，也是勞工每年工時最少的國家。希臘則是生產力最低的國家，更是勞工每年工時最多的國家（這一點倒是與多數人的認知背道而馳）。

圖1.3：經濟合作暨發展組織會員國每年每人工作時數統計[26]

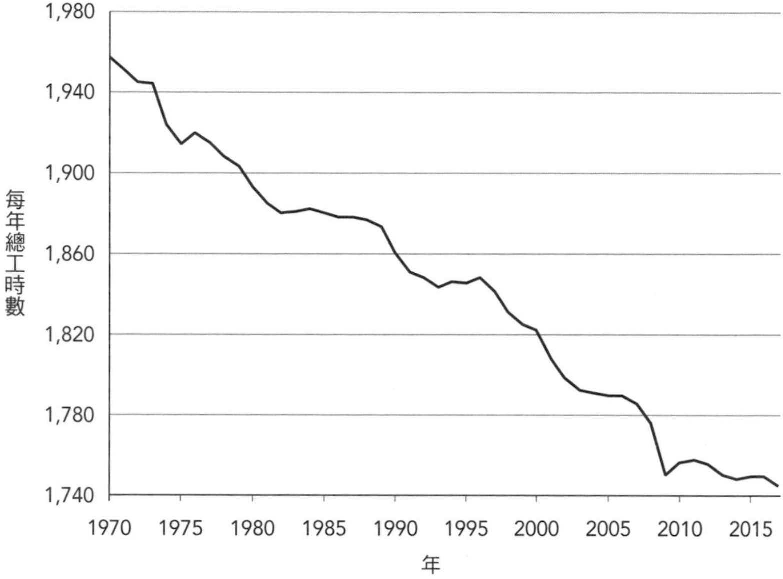

如圖1.4所示的整體趨勢：生產力愈高的國家，勞工工時愈短。我們可能還無法實現凱因斯的預言，舒服輕鬆的「每週工作十五小時」，但拜科技持續進步所賜，我們已經開始往這個方向前進。[27]

當我們思考所有可能的未來情境時，請記住這些十分管用的資訊。今日，我們花許多時間試圖算出未來將會有多少「職缺」。在悲觀主義者想像的世界中，有一大批人發現自己無所事事到處閒晃，沒有任何產能，因為工作全部交給「機器人」代勞了；對此，樂觀主義者則指出，當今許

圖1.4：2014年平均1小時的生產力[28]

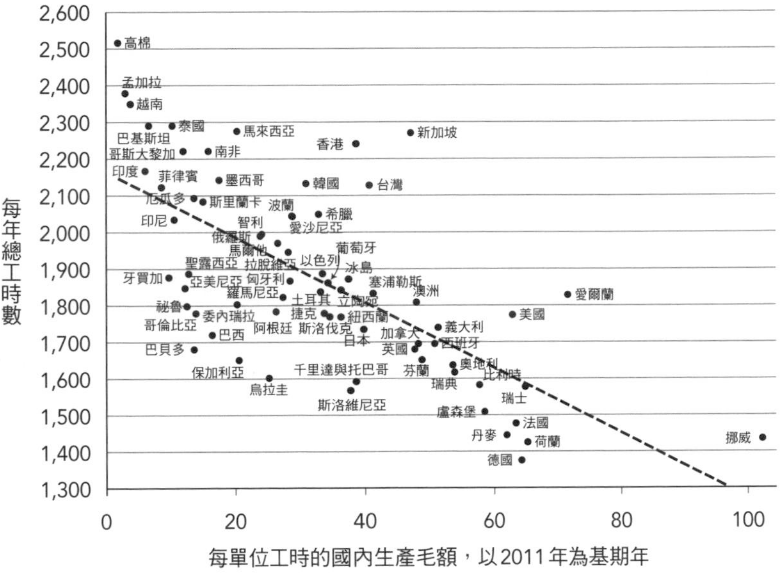

多國家或地區的失業率都創下歷史新低點，並強調害怕未來沒有工作可做實在是無稽之談。但是就這個議題而言，雙方都採取一種非常狹隘的方式思考工作的未來，好像唯一的重點就僅止於我們是否受雇而已。以史為鑑，這種單從「職缺」出發的思考角度無法掌握全貌。科技變革可能造成的衝擊不只是職缺的數量，更涉及工作的本質。一份工作該值多少錢？有多安全？工作日或工作週期有多長？工作究竟是一種什麼樣的任務：是很充實、會讓人一早就想立刻跳下床開始進行的活動，還是一種會讓人想要逃避的事情？單單只關注職缺數量的問題，不只像是古諺所說的見樹不見林，更是無視樹林裡形形色色的樹種。

現在，我要回頭繼續討論「職缺」的問題。不過我們必須記住，科技進步對整個工作世界的影響不只是職缺的數量，還會對各個層面都造成衝擊。下一章會仔細檢視這部分。

機器與人類互補的力量

記住前面的警告，現在我們可以轉向關注更廣泛的問題。過去，不計其數的人都在窮擔心，科技進步將會導致大規模失業。但是，為何終究沒有發生呢？

當我們回顧幾百年來實際發生的情況，答案是，科技變革嚴重危害工作這件困擾前人的事情，其實只是故事的一半。沒錯，機器取代人類執行某些任務，但它們不只是代替人類，在其他還沒有實現自動化的任務中與人類互補，從而提高人們從事那些工作的需求。綜觀歷史，總是有兩道截然不同的力量互相角力：替代力量危害勞工利益，但是另一股有益的互補力量卻反向發揮作用。這股常被我們忘記的有益力量以三種不同方式發揮作用。

生產力效應

或許新科技是「以互補力量幫助人類」最顯著的形式，即使它們取代部分勞工，卻同時讓其他勞工在自己的任務中發揮更強大的生產力。想想英國的織布工，他們很幸運可以在一七三〇年代操作凱伊的飛梭機，或者是在一七六〇年代使用哈格里夫斯的珍妮紡紗機。這兩部機器都可以比當時僅憑雙手的勞工紡出更多紗線。這就是生產力效應。[29]

到了今日，我們也可以在職場中看到生產力效應。例如，計程車司機遵循衛星導航系統的指示行駛於陌生的道路、建築師應用電腦輔助設計軟體打造精密的建築物，或是會計師套用稅收運算軟體處理比較困難、棘手的計算過程。結果是，所有人都有可能把工作做得更好。或者以醫師為例。二〇一六年，美國麻省理工學院（MIT）一組研究團隊開發一套系統，可以偵測乳房切片檢查結果是否為惡性腫瘤，準確率高達九二．五%，相較之下，人類病理學家檢測的準確率則是九六．六%；但如果兩者一起執行檢測，準確率直逼九九．五%，幾近完美。這門新技術讓醫師可以更準確的執行識別癌症的任務。[30]

在其他情境下，新科技可能讓某些任務自動化，因此搶走部分勞工的飯碗，但同時也讓其他保住飯碗的勞工執行任務時展現更強大的生產力。試想一位律師運用自動化文件審閱系統軟體，這套軟體可以更迅速的掃描法律文件，而且在許多情況下比人類審閱的成果更精確，這讓律師得以擺脫閱覽一大堆報告的苦差事。[31]現在，這位律師可以專注在其它更需要他的任務，好比和客戶面對面交流與提供法律建議，或是發揮解決問題的技能來處理格外棘手的法律難題。

在這些情況下，假使生產力提高的結果，是透過更低的價格或是更優質的服務來提供給客戶，那麼無論是提供哪一種商品或服務，需求都可能順勢提升，對人力的需求也會隨之增加。如此一來，透過生產力效應，科技進步以一種非常直接的方式與人類互補，讓他們在工作上表現得更出色，市場對他們的需求也就跟著水漲船高。

大餅效應

經濟史也揭示第二種以比較間接的方式幫助人類的互補力量：如果我們再次將經濟視為一塊大餅，科技進步已經把這塊餅做得更大了。如同前面的敘述，幾百年來，經濟產出突飛猛進，例如英國在一七〇〇年到二〇〇〇年的經濟成長一百一十三倍，但與當時其他開發程度較低的國家相比並不算高；同樣三百年內，日本經濟成長一百七十一倍、巴西是一千六百九十九倍、澳洲為二千三百倍、加拿大激增至八千一百三十二倍，美國的一萬五千二百四十一倍更是所向披靡。[32]

憑直覺而論，這種成長趨勢可能對勞工有幫助。當經濟體成長時，人們就會變得比較富裕，也會有比較好的收入可以花用，工作的機會也可能改善。沒錯，某些任務可能會自動化，改由機器執行，但隨著經濟發展，人類對商品與服務的需求也會水漲船高，進而刺激所有必須用來生產商品的任務增加，其中可能包括還沒自動化的活動，如此，原先被取代的勞工就可以在這些活動中找到足以勝任的工作。

勞倫斯・桑默斯（Lawrence Summers）曾任美國總統的國家經濟委員會（National Economic Council）主席，他記得自己年輕時就強調過這一點。一九七〇年代時他是麻省理工學院一名鋒芒初露的學者，他發現自己已經捲入自動化的辯論中。桑默斯的說法是，當時在校園中，「笨蛋陣營以為自動化會讓所有工作消失」，但「聰明陣營很清楚，當產出愈多，人們的收入就愈高，因此會出現更強烈的需求。」[33]麻省理工學院教授大衛・奧圖（David Autor）或許是當代最舉足輕重的勞動市場經濟學家，他也提出類似觀點，他主張「人類悲觀過頭了……當人們變得更富裕，往往會更勇於花錢，便會進一步創造需求。」[34]美國經濟學家肯尼斯・亞羅（Kenneth Arrow）是一九七二年諾貝爾經濟學獎得主，同樣也指出，從歷史上來看「機器取代人工」並未推升失業率。「經濟成長確實幫助勞工找到其他出路。當人們創造出財富之後，就會花錢買一些商品或服務。」[35]

變化中的大餅效應

最後，還有第三種互補方式在近幾百年發揮作用。全拜科技進步所賜，經濟體不只能成長，還會轉型，在各個歷史階段採用不同的方式產出不一樣的成果。如果我們再次將經濟視為一塊大餅，新科技不僅把餅做大了，更將這塊餅換成另一種口味。就以英國經濟為例，如同前述，它的產出比三個世紀前增加不只一百倍，而且這些產出成果與製造過程也完全脫胎換骨。五百年前，英國經濟主要以經營農場為主，三百年前換成工廠，如今則是由商業辦公室產出。[36]

然而，觀察這些變化如何幫助失業勞工，這種想法很直觀。在某些時候，有些任務或許會自動化，由機器全盤接手。但是經濟隨著時間日益變化，對經濟圈內其他領域的其他任務需求將會增加。而且，由於在這些熱門的新活動中，某些項目可能還沒有自動化，勞工反而可以找到需要他們的工作。

不妨想想美國，可以看到這股變化中的大餅效應正在發揮作用。在這裡，你可以看到失業員工穿梭在不斷變化的經濟中，一次又一次，轉戰不同產業和不同任務。一個世紀前，農業是構成美國經濟的重要部分：回顧一九〇〇年，每五名勞工就有兩名務農。但從那時起，農業的重要性就一路遞減，如今受雇用的人數占比不到二%。[37]其他的九八%都到哪裡了？答案是轉進製造業了。五十年前，這門產業開始凌駕農業：事實上，一九七〇年製造業雇用的勞工人數占全美總數的四分之一。不過，後來它也步向式微，至今受雇於製造業的勞工人數占全美總數不到十分之一。[38]這些失業的藍領工人又到哪裡去了？答案是服務業，如今服務業雇用的勞工人數占全美總數超過八〇％。[39]就經濟轉型而言，美國和其他國家沒有明顯區別。幾乎所有已開發國家都走上相似的道路，還有許多開發程度比較低的國家正尾隨其後。[40]一九六二年，八二％的中國勞工受雇於農業部門，至今這個比例已經降到三一％左右，比美國的下降幅度更大、更快。[41]

「大餅效應」意味著焦慮的前人眼光短淺，無法預見未來經濟必將成長；「變化中的大餅」效應則顯示，前人對未來也缺乏想像，無法想像在未來幾年經濟產出的成果及產出的方式將大幅轉型，完全超越他們的認知。在某種程度上，這種對未來的盲目是可以理解的。例如，一九〇〇年，多數英國人不是下田，就是進工廠幹活，很少人曾預料到，未來會有一個「衛生保健」組織，也就是現今的國民健康服務（National Health Service），雇員人數竟然會比當時全國在農場工作的總勞工數還多。[42]按照我們現在的認知來看，當時醫療保健產業其實並不存在，而對當時的人來說，英國政府是龐大的醫療保健雇主則是非常奇怪的事，畢竟那時候多數醫療保健都是由私人或是自願提供的。今日許多職業頭銜也有相似的情況：像是搜尋引擎優化員、雲端計算專員、數位行銷顧問以及行動App開發商等，在幾十年前根本是無法想像的事。[43]

綜觀全局

科技影響工作的效應可能取決於兩股對立的力量，即有害的替代力量和有益的互補力量相互作用，這並不是新穎的概念，但是，這兩股力量往往難以用特別清晰的方式來解釋。有關自動化的書籍、文章與新聞報導可能讓人看得一頭霧水，因為它們經常採用完全不同的術語來暗示兩者的作用。他們會說，科技既取代也增強、既汰換也強化人力，既使人力貶值也使人更有權能，既擾亂也維持、既破壞也創造需求。科技帶來的挑戰在於人類既與電腦競爭，也與電腦合作、既要與機器爭長比短，卻又要與它們亦步亦趨。也有人探討機器的崛起與人類的進步、具有威脅性的機器人與令人欣慰的協作型機器人（collaborative robot, co-bot）、機器的人工智慧與人類的擴增智能。他們還說，未來既包含過時的東西，也包含愈來愈重要的事物；科技既是威脅也是機會，既是對手也是夥伴，既是敵人也是朋友。

本章對經濟史的探討雖然很簡短，但應該有清楚闡明這兩股力量實際上是如何運作：一方面，當機器代替人類完成特定任務時，就是在發揮「替代」作用，這種情況發生時，比較容易被看見。另一方面，當機器提升人們在其他任務中的需求，就是發揮「互補」作用。正如我們所見，互補的現象可能以三種不同的方式（生產力效應、大餅效應、變化中的大餅效應）發生，而且通常比具有破壞性的替代現象更難以識別。

明確區分科技的替代與互補效應，應該有助於解釋為何過去人們一再誤解科技性失業的焦慮。在這兩股基本力量的衝撞中，前人多半挑到錯誤的獲勝者，一次又一次無視互補的力量，或是誤以為它將會被替代的力量全面性壓倒。正如大衛・奧圖所說，人們傾向於「誇大機器取代人力的程度，卻渾然無視自動化與勞力之間強大的互補作用。」[44]結果，他們一再低估人力工作的需求，以及這種需求將會繼續存在。總而言之，就業市場一直都會有足夠的職缺讓人們可以工作。

我們也可以看到各種技術在其中發揮作用。以自動櫃員機（ATM）的故事為例，它的發明設計是要取代銀行行員來處理現金，這是二十世紀中經濟生活圈廣泛流行的自助文化的一環，同時期問世的產品還有自助加油站、自助結帳櫃檯、自動甜點販賣機等不一而足。[45]第一部自動櫃員機據說是一九六〇年代中期在日本安裝設立，[46]幾年後也在歐洲蔚為風潮。某種程度來說，它解決強勢工會與銀行雇主之間日益惡化的對立問題，當時工會要求星期六停止營業，但那一天卻是許多在週間工作的客戶唯一可以去銀行的日子。在美國，二〇一〇年自動櫃員機的數量是一九八〇年代末期的四倍以上，當時全國上線的總量超過四十萬部。看到自動櫃員機的普及率，你可能會預期全國銀行雇用的行員數量會急遽下降，不過事實卻恰恰相反：同一期間，受雇行員數量也增加二〇%。[47]我們應該如何解釋這個令人困惑的現象？

我們可以利用前述兩股力量理解發生了什麼事。答案是，自動櫃員機並不只是替代銀行行員而已，它同時也與他們互補。有時候它們的效用如此直接：自動櫃員機並沒有提高銀行行員處理現金的能力，卻讓他們騰出時間與心力，聚焦在其他活動，好比提供面對面的支援或提供財務指導。這意味著他們可以為登門辦事的銀行客戶提供更周到的服務。自動櫃員機也協助降低分行機構的營運成本，讓銀行以更有競爭力的價格吸引更多客戶。

與此同時，自動櫃員機直接與銀行行員互補。從某個角度來說，這可能是一種大餅效應：隨著近幾年來自動櫃員機與不計其數的創新刺激經濟、增加收入，對銀行和銀行行員的需求也跟著提升。換個角度來看，這也有可能是變化中的大餅效應：隨著人們變得更富裕，他們的需求可能已經超越單純的存款與提款業務，轉向銀行行員現今提供的「關係銀行」（relationship-banking）服務。

這些有益的效應意味著，雖然每一家銀行分行需要的行員數量從一九八八年的二十名減少到二〇〇四年的十三名，但這段期間內的分行數量反而增加了，在都會區的成長率甚至高達四三%，以因應不斷成長的金融服務需求。也就是說，需要讓銀行行員做的工作變多了，這也是整體行員數量成長而非下跌的原因。[48]

當然，工作和科技的詳細歷史比本章敘述的更複雜、更細微。在不同時間、不同地方的脈絡下，這些故事未必是毫無疑義的，不過大致的輪廓就是如此。正如我們所見，科技進步帶來許多破壞與混亂，但是從工業革命到今天發生的事實證明，人們對機器會讓勞工永久失業的擔憂大多是錯的。直到現在，在這場有害替代力量與有益互補力量的角力中，後者獲得勝利，因為永遠都有充裕的人力職缺需求。我們可以稱之為勞動時代（Age of Labour）。

第二章

勞動時代

勞動時代可以這樣定義：一個持續不斷的科技進步浪潮廣泛嘉惠勞工、而非傷害勞工的時代。不過這種進步整體而言對勞工有利，卻不是人人都能受惠，而且這些好處也不一定會永久有益。事實證明，科技進步是三心二意的朋友，不同群體的勞工可能會在不同的時間享有科技進步帶來的好處。過去二十年來，許多經濟學家為了理解這些發展的意義，必須從根本上改變他們講述科技以及它對工作造成衝擊的故事。

我們可能不會將經濟學家視為說故事的人，但他們其實就是說故事的人。只是經濟學家的故事是以數學這種外星語言寫成，目的是傳達更精確的內容給熟悉這種語言的讀者（但是不熟悉這種語言的讀者會難以理解而感到沮喪）。經濟學家的故事不是虛構的，而是根植於事實，情節盡可能與現實相符。有些故事如史詩般，試圖用一筆英雄橫掃之勢，表現出大範圍的人類活動；其他則受到較多限制，集中聚焦在解釋非常特殊的行為模式。經濟學家傾向稱它們為「模型」，而非故事，這種稱呼與分類聽起來更有分量。不過說到底，任何模型都只是一則用方程式和圖表述說的故事，目的在於獲得真實世界運作方式的見解。

二十世紀之前的年代

二十世紀下半葉大部分的時間裡，那些看起來受惠於科技變革最多的勞工，正是接受正規學校教育時間比較長的族群。經濟學家為此撰寫一則故事解釋箇中原由，內容大致如下。[1]

這則故事的主角是數位電腦，它大約是二十世紀中葉發明的產物，隨著時間推進，電腦的功能和實用性呈爆炸式的成長。一九五〇年代末至一九六〇年代初，企業開始大量使用大型電腦（Mainframe computer）；[2]接著，個人電腦（PC）登場並開始普及；到了最近的一九八〇年，美國每一百人中擁有電腦的數量不到一部，到二十一世紀初則超

圖2.1：每秒運算值指數，1850年到2000年[5]
（手動計算＝1）

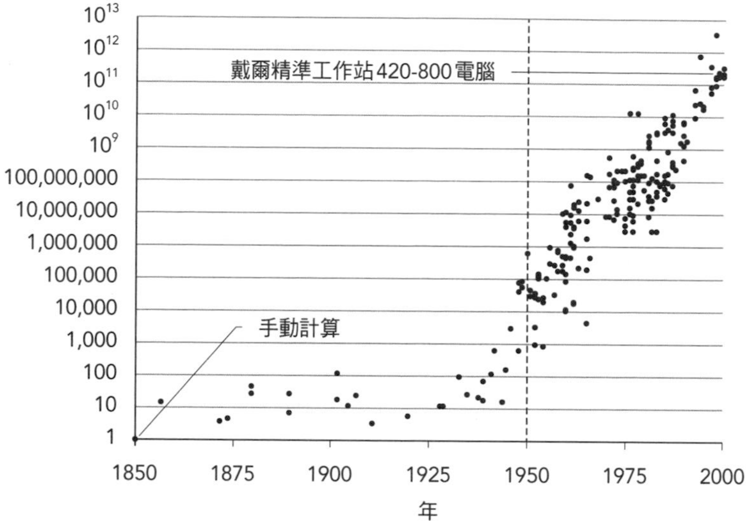

過六十部。[3]更驚人的是，這些機器的功能變得愈來愈強大。在二十世紀下半葉，一部機器在一定時間內可以運算的數值大幅提升。[4]在圖2.1中可以看到，從一八五〇年的手動計算時代起算，到二〇〇〇年戴爾（Dell）電腦推出名為精準工作站四二〇（Precision Workstation 420）的筆記型電腦為止，期間還有非常多的機型相繼問世。

這張圖的縱軸採用對數尺度，以便控制圖表大小，並表現出這些機器每秒運算速度提升得有多快。也就是說，當你沿著縱軸向上移動，每一步代表每秒的運算增加十倍，第二步是增加一百倍，第三步則是增加一千倍，依此類推。如圖所示，單從一九五〇年到二〇〇〇年，運算能力大約增加一百億倍。

不過，儘管這些功能強大的新機器可能已經能夠處理某些任務，例如執行複雜的數值計算，或以吸引人的方式編排文本，但它們並沒有完全消除對人力工作的需求。事實上，電腦引發一波更強烈的人力需求，需要高技能勞工來操作電腦並使其發揮生產力。同一時期出現的其他技術也同樣具備創造需求的效果，需要能夠有效使用這些新技術的高技能勞工。因此，在這種情況下，科技變革並未平等嘉惠所有勞工，反而是有益特定的群體。用經濟學家的說法，這就是技能偏向（skill- biased）。

（請留意，在這一則故事中，經濟學家使用一個非常特殊的定義來解釋「技能」：即一個人接受正規教育的程度。這個定義可能會讓沒有經濟學背景的讀者看得一頭霧水，畢竟專業美髮師、巧手園丁等許多我們可能認定為「具備技能」的人，在經濟學家眼中「不具備技能」，理由是他們都沒有受過大學教育。簡而言之，一般常識和「經濟學家常識」所認定的「技能」意義並不同，但這不代表任何一方的用法是錯的。為了避免混淆和冒犯，因此必須先釐清經濟學家使用「技能偏向」這種說法時，究竟指的是什麼意思。）

這一則發生在二十世紀下半葉、科技進步導致技能偏向的故事，得到證據的強力支持，這些證據也巧妙的解釋那段時期出現的經驗難題。經濟學領域中有一項基本原則，當某種物品的供給量上升時，價格理當下降。令人困惑的是，二十世紀的就業市場中，有很長一段時間出現反常的現象。在某些國家，大專院校每年產出大量的高技能勞工，但是與沒有受過教育的人相比，高技能勞工的薪資卻是升高而不是下降。這是怎麼一回事？這時候，技能偏向的故事提供了答案。高技能勞工的供給量確實增加，從而導致薪資下滑，但新科技具有技能偏向，因此對高技能勞工的需求猛烈增加。龐大的需求效應克服了供給過多的問題，所以，即使有更多受過良好教育的人在尋找工作，但因為對人才的需求非常強烈，於是人才可以得到的薪資仍然增加。

有一種普遍的做法可以用來衡量經濟學家所稱的「技能溢價」（skill premium），那就是比較大學畢業生和高中畢業生的薪資。如圖2.2所示，二〇〇八年，美國大學畢業生的平均薪資與高中畢業生的平均薪資比較值，攀升至幾十年來的新高紀錄。（此處的縱軸是薪資差距對數〔log wage gap〕，意思是兩組平均薪資比例的對數。二〇〇八年的薪資差距對數為〇・六八，意味著大學畢業生的平均收入幾乎是高中畢業生平均收入的兩倍。）[6] 其他國家在這段期間的發展模式也與美國的情況高度相似。[7]

解讀就業市場中技能偏向的另一種方法是，檢視數年間不同教育程度的勞工薪資變

圖2.2：美國技能溢價，1963年到2008年[8]

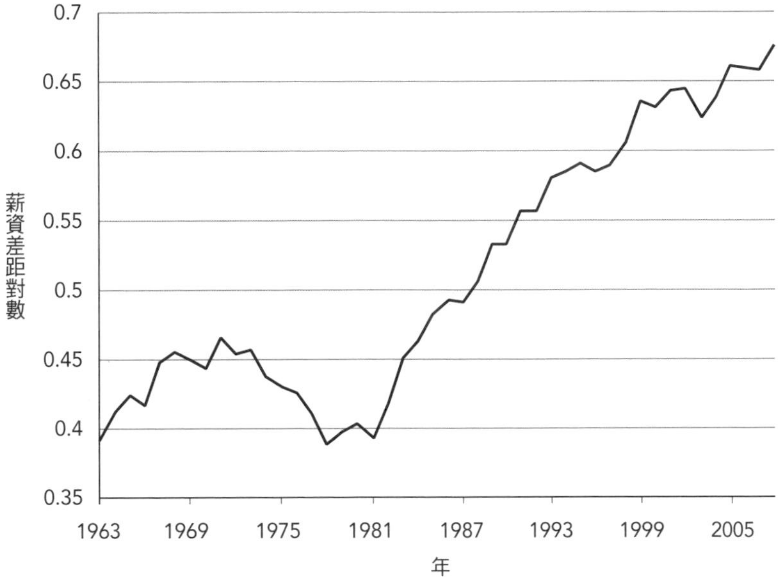

化。如圖2.3所示，在過去半世紀中，接受教育時間較長的勞工，不只是每一個時點的收入都比較高，他們與就學時間較短的族群之間的差距，也隨著時間推移而升高。（對女性而言，自一九八〇年代起，這種趨勢變得更清晰可見。）

然而，技能偏向的故事確實解釋了二十世紀下半葉全球就業市場發生什麼事，但是在此之前就業市場的情況卻完全不同。不妨看看圖2.4，它回溯至一二二〇年英國就業市場的技能溢價。（幸運的是，確實有一些數據可以追

圖2.3：美國全職勞工實質薪資，1963年到2008年[9]
（1963年＝100）

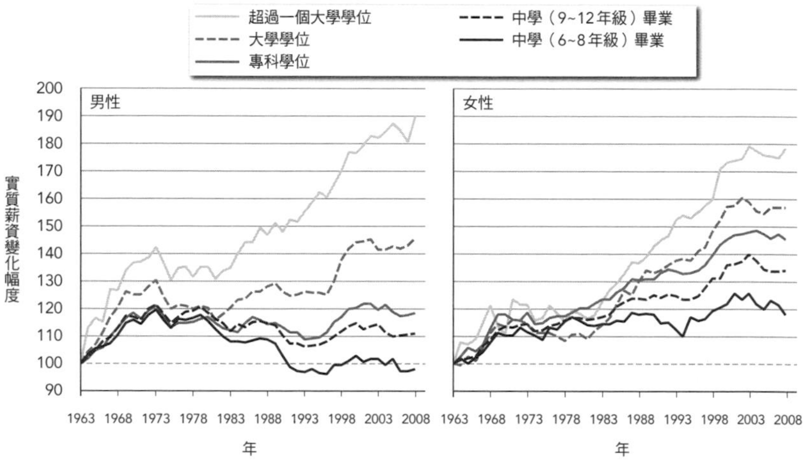

溯到很久以前；事實證明，英國機構在過去一千年中非常穩定與不餘遺力的保存紀錄。）考慮到一二二〇年當時的大學學位很罕見，此處衡量的技能溢價改為比較手工藝者與體力勞動者的薪資。正如我們所見，在這麼長的一段時間中，技能溢價並沒有依循圖2.3的上揚模式發展。

這中間發生什麼事？長遠來看，科技變革在不同歷史時期對不同領域的勞工有利，而非總是嘉惠在特定時期可能被認定為具備技能的族群。以十九世紀為例，正如我們在前一章所見，當工業革命在英國如火如荼展開，就業市場引進新機器並建立全新的生產流程，因

圖2.4：英國技能溢價，1220年到2000年[10]

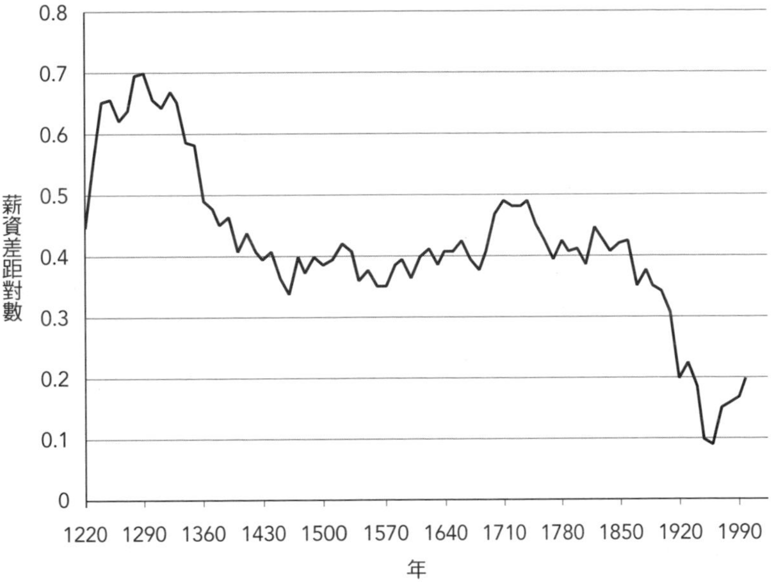

此有新的任務必須執行。但事實證明，當時那些沒有技能的勞工往往最適合執行這些任務，科技其實是「非技能偏向」(unskill-biased)，而不是技能偏向。[11]

有一幅描繪工業革命的畫作呈現了一批機器取代大量低技能勞工的畫面，這些勞工原本憑著雙手與簡易的工具紡紗、織衣來維生，卻發現自己的工作被搶走了。不過這與實際上發生的事情不同，當時備受機器威脅的其實是高技能勞工。傳說中的奈德·盧德在那個時代正是技能純熟的織布工，而不是技能生疏的勞工，卻率領眾多盧德份子起義反對自動化。如果此人真的存在，他可能是某一行的專業人士，或許是一間聲譽卓著、集合業內人士的羊毛工同業公會（Worshipful Company of Clothworkers）的活躍分子。機械織布機搶走奈德與同儕的工作，這意味著另一群技能水準較低、沒有像奈德一樣接受過專業培訓的勞工可以取而代之。這些新機器造成「去技能化」（de- skilling），讓技能水準較低的勞工可以輕易產出以前只有高技能勞工才有能力生產的優質產品。

在一五〇〇年代末到一八〇〇年代初的英國，低技能勞工的占比看似成長了一倍。[12] 這個變化絕非偶然。堪稱早期製造業管理顧問先驅的安德魯．尤爾（Andrew Ure）是非常有影響力的重要人士，曾大聲疾呼要奪走「狡詐勞工」的工作任務，改用簡單到「連小孩都有能力看管」的機器取代他們。（他的說法並不是隱喻，在當時，使用童工是社會可以接受的做法。）[13] 而如同經濟歷史學家喬爾．莫基爾（Joel Mokyr）所言，這股趨勢並不局限在棉花與布料的世界，「一開始是槍械，再來是鐘錶、抽水機、鎖具、機械收割機、打字機、縫紉機，最終甚至是引擎與自行車。可以互換零件的技術被證明是比較優越的，可以取代嫻熟使用鑿子和銼刀的手工藝匠人。」[14]

在二十一世紀初，經濟學家的傳統觀念是，科技進步有時趨近技能偏向，有時候則趨近非技能偏向。不過，無論是哪一種情況，許多經濟學家傾向認為這種進步總是廣泛嘉惠勞工。確實，在經濟領域採用的主要模型中，新科技不可能使技能純熟或低技能勞工變得更糟糕。科技進步總是會提高每個人的薪資，只是在某些時候有些人會比其他人高。這一則故事被廣泛流傳，以致於頂尖的經濟學家都將它稱為「正準模型」（canonical model）。*[15]

二十一世紀的故事是全新版本

正準模型主導經濟學家幾十年來的討論，不過近來奇怪的事情發生了。從一九八〇年代開始，新科技似乎可以同時幫助低技能與高技能勞工，但介於兩者之間的中等技能勞工卻絲毫沒有受益。在許多經濟體中，如果將所有職業依照技能分類排序，從最高排到最低，就會發現近幾十年來，勞工薪資與職業在所有就業市場中的占比，只有高低兩端成

＊譯注：當作規範、標準的模型。

圖2.5：總就業市場職業占比百分點消長，1995年到2015年[16]

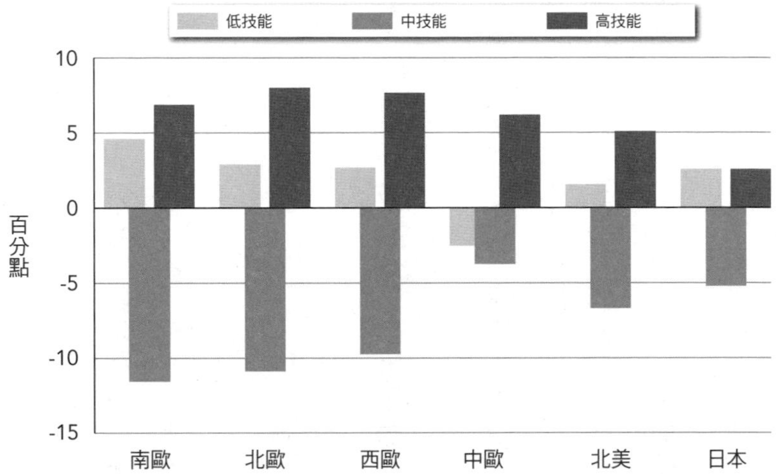

長，中間的反而萎縮。我們可以清楚的在圖2.5看到這股趨勢。

這種現象被稱為「兩極化」或「空洞化」。許多經濟體在傳統上擁有數量龐大的中產階級，過去它們能為中產階級提供薪資優渥的工作，但這種情形卻漸漸消失。如今，在許多國家，高薪的專業人士、管理階層占總體就業市場的比例變高，同時，低薪的護理人員和清潔工、教師和健康醫療助理、保全和園丁、服務生和美髮師也增加，[17]不過中等收入的祕書、行政人員、生產線員工與業務員卻減少了。[18]勞動市場逐漸分化為兩層，而且其中一層得到的利益遠多於另一層。在美國，收入排名最上層的〇・〇一％族群，包含一萬六千五百戶家庭，他們的薪資在近幾十年來飆漲，每戶年收入超過一千一百三十萬美元。[19]

（再次解釋一些術語：這種數據的呈現方式，看起來可能像是把「薪資」和「技能」歸類為同一件事，也就是說將所有職業的勞工收入從最低排到最高、等同於將勞工技能從最低排到最高的結果。和前面所談到的內容一樣，這個議題與經濟學家對技能程度的特殊定義有關。顯然，市場中還是有不少低薪但普遍認為需要具備特殊技能的職業，例如急診醫療技術人員；但也有一些高薪職業被認為不需要什麼技能也可以做，例如，二〇〇七年至二〇〇八年金融海嘯後飽受冷嘲熱諷的金融從業人員。然而，正如前述，當經濟學家談到「技能」時，他們實際上指的是「正規教育水準」，而且採用薪資當作定義技能的替代指標，確實也是一種合理的方式：正如我們所見，年輕時受過更多教育的人往往也能賺進更多錢。所以，無論是根據薪資水準或是接受正規教育的平均年限來當作職業排序的標準，其實都無關緊要，「空洞化」的模式看起來大同小異。）[20]

勞動市場空洞化是一道新難題。到了二十世紀後期，就連主導經濟思想的正準模型也無力解決這個問題。空洞化僅僅聚焦在低技能和高技能這兩大族群勞工，卻無法解釋為何中等技能的勞工所面臨的命運和落在光譜兩端的族群截然不同。這需要一種新的解釋，於是經濟學家回到繪有圖表的白板前面重新思考。近十年左右，出現一種充滿智識的論點，以完全不同的方式思考科技和工作之間的關係。提出這種論點的先驅是麻省理工學院經濟學家大衛．奧圖、法蘭克．李維（Frank Levy）與理查．莫南（Richard Murnane），他們發表的理論如今稱為「奧圖－李維－莫南假說」（Autor-Levy-Murnane hypothesis），或簡稱為「ALM假說」（ALM hypothesis）。[21]十年前，當我開始認真思考未來，這則假說幫助了我的思考。[22]

ALM假說是奠基於兩種見解。第一種見解很簡單：我們一向是從「職業」方面來檢視勞動市場，但這種做法有誤導之嫌。每當我們討論工作的未來，總是從記者與醫師、教師與護士、農夫與會計師的立場思考。我們會問：從事這些職業的人，會不會在某一天一覺醒來後發現自己被機器取代了。不過這種想法毫無幫助，因為它只會鼓勵我們將某些特定的職業想像為一種整體而不可分割的活動：像是律師只從事「律師工作」、醫師只做「醫師工作」，依此類推。不過，如果仔細檢視任何特定的職業，會發現從業人員在一整個工作天裡需要執行各式各樣的不同「任務」。因此，我們若想釐清科技與工作之間的關係，就得由下而上思考，著重在人們執行的特定「任務」；而非由上而下俯看，只關注職業的整體情況。

第二種見解比較微妙。隨著時間推移，我們可以清楚知道人類執行一項特定任務所需要的教育水準（即「技能純熟度」），但是這對判斷機器執行同一項任務的難易度來說，並不是有用的指標。相反的，重點似乎在於任務本身是否為經濟學家所稱的「例行」任務。例行任務不代表一定很無聊或很乏味，而是指人類可以很容易說明某一項任務的操作原理。換句話說，若執行任務時是依賴容易用語言表述的「外顯知識」（Explicit knowledge），那麼就算是例行任務；但若是得憑藉像手感這種無法言傳「內隱知識」（tacit knowledge），就不能定義為例行任務。[23]

奧圖和他的同事們相信，這些「例行」任務必定更容易實現自動化。原因何在？因為這幾位經濟學家在試圖判定機器可以完成哪些任務時，他們認為讓某一項任務自動化的唯一方法，就是找一名女工，請她坐下來解釋如何執行她的任務，然後根據這套解釋為機器撰寫完整的操作說明。[24]

對於機器完成某一項任務，奧圖這麼寫道：「程式設計師首先必須完全理解執行這項任務的各個步驟和順序，然後寫出一套實際上可以推動機器精確模擬步驟的程式。」要是一項任務屬於「非例行」，也就是說，人類無法好好解釋自己如何完成這項任務，那麼程式設計師就很難詳細為機器編寫一組指令。[25]

ALM假說結合這兩種想法，並指出機器可以輕易接手某個職業的「例行」任務，但是無法處理「非例行」任務。這個聰明的論點可以解釋圖2.5呈現的異常趨勢：因為，當經濟學家將各行各業的工作內容拆解成各式各樣的任務時，結果發現許多中等收入勞工的工作內容都屬於「例行」任務，但是低等與高等收入勞工所從事的工作則不然。這就是為何全世界勞動市場都被掏空，呈現上肥、下滿、中空的沙漏型態。科技變革正在吞噬匯聚中等勞力的「例行」任務，但是還無法消化光譜兩端的「非例行」任務，後者還是需要由人類來完成。[26]

高薪、高技能工作經常被認定屬於「非例行」任務範疇，這點並不奇怪，畢竟這些職業的任務涉及人類的創造力、判斷力等天賦，想要藉由一套規則來實踐非常困難，甚至是異想天開。（例如，大多數人會對「如何變得更有創造力」的明確說明感到非常懷疑。）但是為什麼低薪、低技能工作也被認定是「非例行」任務？有部分原因是，這類工作往往屬於服務經濟的一部分，從業人員在提供服務過程中應用的人際交往技巧，很難化成文字規則。不過還有一部分原因是，低薪工作多半包含難以自動化的手工技能。電腦科學家已經很熟悉這項發現：許多我們手動執行的基本事務往往是機器最難完成的任務。這項發現又被稱為「莫拉維克悖論」（Moravec's Paradox），出自未來主義者兼發明家漢斯・莫拉維克（Hans Moravec），他是最早提出這個洞見的機器人學家。[27]人類進行烹飪、修剪矮木樹叢這類任務時多半是出於本能和直覺，沒有經過謹慎的思考，因此，對人類而言執行這些任務是輕而易舉的，但如果要他們說出精確的執行步驟卻很困難，像這種類型的任務似乎就無法輕易自動化。

正如前述故事所示，科技進步與技能偏向或非技能偏向無關，而是與任務偏向（task-biased）有關：機器可以執行某些類型的任務，除此之外則英雄無用武之地。這表示可以從科技變革中受惠的勞工，是那些占有優勢、從事機器無法處理的「非例行」任務的族群。相對的，這也可以解釋為何從事某些類型工作的中等技能勞工可能無法從新科技中獲得好處，因為他們陷在大多數能輕易由機器代勞的「例行」任務。

ALM假說的深刻見解

當你聽到經濟學家竟然樂意改變立場，從科技總是嘉惠勞工的觀點轉變成任務偏向，可能會非常驚訝。不過，關於這一點倒是有一則老故事可以和各位分享：一名評論家逼迫凱因斯改變對某一項經濟議題的立場，據聞凱因斯如此回應：「一旦事實改變，我就會改變看法。斗膽請問閣下會怎麼做？」[28]這是一段經常被引用的玩笑話，也是如何承認錯誤同時又迴避錯誤的機智範例。不過請謹記經濟學家真正的治學態度：他們陳述事實，以數學寫成的故事意味著蘊含真實。所以，這正是我們期望經濟學家展現的作為：一旦事實改變就調整、更新模型，並且重新敘寫故事。這也是近幾十年來思考勞動市場的經濟學家努力的方向。這絕對不是反映知識上的矛盾，而是一種值得稱許的心態。

ALM假說也有助於揭示幾種對工作未來的誤解。舉例來說，你可能很容易聽到人們討論各種職業被自動化的機率，內容不外乎「護士很安全，但是會計師前景不妙」，或是「在美國，高達X%的職業面臨自動化風險，但是在英國僅為Y%。」英國牛津大學研究人員卡爾・傅雷（Carl Frey）與麥可・歐斯本（Michael Osborne）曾經發表一則影響力重大的研究成果，經常被許多報導引述，聲稱在未來幾十年內美國境內四七%的工作可能面臨自動化風險，其中電話行銷人員的風險最高（機率高達九九%）；娛樂治療師最安全（機率僅〇・二%）。[29]不過，正如傅雷與歐斯本的提醒，這種結論極可能造成誤解。科技進步並不會摧毀所有職業，ALM假說探討「職業」與「任務」的區別便足以說明箇中緣由。沒有任何職業的工作內容是完全固定不變、可以全部交付自動化進行；反之，每一種職業都包含許多任務，其中有些任務比其他任務更容易被自動化。也請謹記另一個重點，隨著時間拉長，某些職業原本包含的任務也很可能會改變。如果當今還有一些職業的任務與三十年前如出一轍，那應該是少數的特例。

二〇一七年，管理諮詢商麥肯錫公司（McKinsey & Company）展開一項研究，在檢視八百二十種不同職業後，將前述論點闡釋得更透徹。它們發現，只有不到五%的職業可以被現有的科技完全自動化；另一方面，超過六〇%的職業是由許多任務組成，其中至少三〇%可以自動化。[30]換句話說，極少職業可以完全由機器接管，但是多數職業至少有一定比例的環節可以交由機器代勞。

這就是為什麼宣稱「我從事X，所以我的職業不會被自動化」的人其實落入一個陷阱，因為他們所說的「X」指的是特別難以自動化的任務。再次重申，大多數職業都不是由單一任務組成：律師不僅要上法院出庭、外科醫師不僅得進開刀房動手術，新聞記者也不僅是撰寫有觀點的原創報導而已。某些特定的任務可能不容易自動化，但是，這不一定適用於這些專業人士在工作中所做的其他活動。舉例來說，律師可能會主張，沒有機器可以在法庭中發表慷慨激昂的演說來吸引陪審團的注意力。他們的主張可能沒有錯，但是現今的機器已經有能力檢索、彙編和審查各式各樣的法律文件，這些可都是多數律師工作內容中非常吃重的環節，而且對新手律師來說，這些事情幾乎就是他們全部的工作內容。

當科技樂觀主義者指出：一九五〇年美國人口普查的結果顯示，二百七十一種職業中只有電梯操作員這個職業因為自動化而消失，他們其實也犯了類似的錯誤。[31]這種結果並非他們所想像的、是一種科技無能的徵兆，反而是更進一步的證據，證明重要的變化是更深層的，是發生在基礎的任務層次，而非表面的職稱。

奧圖與同事的研究隱含了第二種見解，也就是說任務的本質才是重點，執行任務的勞工是否「技術純熟」其實不是那麼重要，這一點也是非常關鍵的見解。由於白領專業人士花費了大把時間與金錢才取得高學歷，所以他們通常會為這個見解感到吃驚，有些人甚至會覺得受到冒犯，認為將他們「精密複雜」的工作與那些粗工所做的事情相提並論，簡直是太粗魯了。不過重點是，這些白領專業人士的工作其實不如他們想像的那麼特別。一旦將多數專業人士的工作內容分解成各種小任務，其中許多都是早就可以自動化的「例行」任務。受過高等教育的專業人士執行任務時，往往是勞心多於勞力，但這項事實其實不是最重要的，問題還是任務本身是否屬於「例行」。

樂觀的思考方式

ＡＬＭ假說之所以重要，不僅是因為它成功解釋近代歷史中經濟市場的古怪之處：勞動市場空洞化以及科技進步對中階勞工的傷害，更因為它解釋為何許多預測專家對科技與未來抱持樂觀心態。

過去科技變革的「正準模型」也透露一種對工作未來的樂觀看法，只不過它是出於一個極為不現實的原因：正如我們在這套模型中所看到的，科技總是會與勞工互補（儘管只與某些勞工互補更多）。但是今天很少人會繼續堅持這項主張。相反的，那些樂觀看待工作未來的人會提出一個案例，該案例看起來更像是ＡＬＭ假說的任務偏向的故事。他們主張新科技確實會汰換勞工，但無法取代一切，而且機器會增加對人力的需求來操作無法自動化的任務。奧圖以一句簡潔有力的說法精確表現這種樂觀心態：「無法被自動化取代的任務通常就會獲得自動化與人力的互補力量。」[32]

這種論點有賴以下的假設：有些任務機器就是做不來，因此有害的替代力量會受到嚴格限制。當然，有些人可能會說這個主張顯然過於直覺，不過ＡＬＭ假說提供支持這種直覺的嚴謹推論：機器無法學會執行「非例行」任務，是因為人類無法清楚解釋自己究竟如何做好這件事。正如奧圖所說：「替代力量的影響範圍是有限的，因為有許多任務是人們透過難以言說的默契經驗輕鬆完成，但是電腦程式設計師或任何人都無法明確敘述其中的「規則」或「流程」。[33]所以，儘管未來的科技可能會繼續在「例行」任務方面取代人類，但也將會永遠在其他的「非例行」任務中與人類互補。

如今，「例行」任務和「非例行」任務之間的區別遠遠超出經濟學論文的範疇。從國際貨幣基金（IMF）到世界銀行（World Bank）、從經濟合作暨發展組織到國際勞工組織（International Labour Organization）等全世界最具影響力的機構與智庫，都依賴這種區別來判定哪些人類活動面臨自動化風險。[34]英國中央銀行前任總裁馬克・卡尼（Mark Carney）曾回應這個觀點，警告這將會是一場「呆伯特大屠殺」（massacre of the Dilberts）*：他相信，新科技威脅「例行性的認知型職業」（routine cognitive jobs），像連環漫畫中那種坐在辦公室小隔間的雇員呆伯特特別危險。[35]美國前總統歐巴馬也同樣出言示警，有些「高重複性」的職場角色特別容易蒙受自動化風險。[36]大企業也一直根據這種概念構思他們的想法：投資銀行瑞士銀行（UBS）宣稱，新科技將會「讓人類擺脫例行任務，並使人們專注在發揮創造力、提供更高附加價值的服務。」專業服務供應商資誠聯合會計師事務所（PwC）說：「機器接管員工例行性、按部就班的任務，可以放大員工的相對優勢，諸如解決問題、領導才能、情緒商數、同理心和創造力等技能。勤業眾信聯合會計師事務所（Deloitte Touche Tohmatsu Limited）則是對外報告，在英國，「具有高自動化風險的例行任務已經減少，改由更多低風險的非例行任務來滿足職場需求。」[37]

雜誌作家、評論專家也使這個概念普及化。例如，英國媒體《經濟學人》（*The Economist*）的解釋：「專家說，決定職業受自動化影響的脆弱程度，主因並不在於工作內容牽涉到的是勞力還是腦力，而是在於它是否為例行任務。」同時，美國文化生活刊物《紐約客》則是要我們「想像一個由縱橫軸劃分出四個象限的矩陣，一邊是勞力對比腦力，一邊是例行任務對比非例行任務」。每一項任務都可以歸類在某一個象限裡。[38]我們也能在其他地方看到，人們在描述自動化時會怎麼區分「例行」任務和「非例行」任務：他們說機器只能完成「重複」或「可預測」、「基於規則」或「定義明確」的事務，換句話說就是「例行」任務；但是它們無法處理「難以具體說明」或「複雜」的事務，也就是「非例行」任務。

實際上，在現代經濟思想領域中，很少思想能與ALM假說具有相同的影響力。這

＊譯注：呆伯特是一部職場漫畫的主角，身分是單身工程師。

套思想默默的從一位經濟學家的研究開始流傳到全世界，形塑許多人思考未來的方式。[39]

ＡＬＭ假說鼓勵我們相信，職場中仍有各式各樣無法實現自動化的任務，永遠會有一處能提供人類足夠職缺的避難所。我們早已習慣的勞動時代將會永遠生生不息。

按照我的觀點，這種樂觀假設可能是錯誤的。如果想理解為何如此，首先必須看看在科技與人工智慧世界中已經發生的種種變革。

第三章

實用主義者的革命

長久以來，人們一直在傳唱機器發揮驚人運作效能的事跡。三千年前，古希臘吟遊詩人荷馬講述了一則由神打造的「無人操控」三腳凳傳奇，它一聽到主人的指令就會自動滑向主人。[1]哲學家柏拉圖描寫一位天才雕塑家戴德勒斯（Daedalus）的故事，他的雕塑作品太活靈活現，必須綑綁起來以免讓它們逃走。[2]這一則看起來荒謬的故事讓柏拉圖的學生亞里斯多德苦惱不已，他想著如果「我們使用的每一項工具都能自動完成任務，無論是遵從人類的指令，或是它們自己察覺人類的需求」，那麼工作的世界會發生什麼事？[3]古猶太聖人曾經寫過一種叫作活體泥人（golem）的神祕生物，它們是用泥漿和黏土製成的，可以低聲幫助主人念出正確的咒語。據說，有一具名為尤瑟夫（Yosef）的泥人至今仍隱藏在布拉格大猶太教堂的閣樓裡，在流傳幾世紀的傳說中，有一位猶太教的拉比猶大羅伍（Judah Loew）曾經讓它復活，以保護社區中的猶太人免遭迫害。[4]

這類傳說都是透過古代文字傳播，但是在近代的歷史中也流傳著各種奇妙怪誕的機器寓言，這些機器看起來都是在沒有人類參與的情況下動作。今天，我們稱它們為「機器人」，但是在一九二〇年這個名詞發明之前，它們被稱作「自動機」（automata），並且廣受歡迎。十五世紀時，義大利博學家達文西繪製了一部自動推車和一個穿戴盔甲的人形機器人，還為法國國王設計一隻機械獅，每當國王鞭打它三下，它就會坦露胸膛展示法國的象徵圖形。[5]十八世紀，法國人雅克．德沃康松（Jacques de Vaucanson）因為發明的機器而一舉成名：其中一部機器會吹奏長笛、另一部可以配合節拍擊打鈴鼓，但他最知名的發明是一隻機械鴨，既會吃、喝、拍打翅膀，還會排便。但令人失望的是，這隻被稱為「消化鴨」（canard digérateur）的產物其實名不符實，因為它只是在身體內部藏了一個隔間，好釋放出一種讓人信以為真的替代品（染成綠色的麵包屑）。[6]像這樣的騙局多半很有趣。大約在同一時期，匈牙利人沃夫岡．馮坎培倫（Wolfgang von Kempelen）打造出一部會下棋的機器，並依據它的東方臉孔取名為「土耳其人」（The Turk）。此後幾十年它周遊世界，打敗法國皇帝拿破崙與美國博學家班傑明．富蘭克林（Benjamin Franklin）等聲譽卓著的對手。但是他們幾乎都不知道，在這部理當是自動機器的機體裡，其實偷偷躲了一位棋藝高超的人類棋士。[7]

為什麼人們對這些機器如此心醉神迷？部分原因是，機器本身就是一種奇觀：有些機器的功能新鮮有趣，有些像消化鴨一樣令人反感。那麼下棋機器人又怎麼說？為什麼它會讓每個人激動興奮？不是因為它的手部動作靈巧：十八世紀時，世界上有各式各樣必須具備身體功能才能完成任務的技術，許多技術都比移動一顆棋子更令人印象深刻。相反的，「土耳其人」明顯具備需要認知能力才能完成任務的技能，這往往需要動用人的腦力而非手動能力，因此特別使人欽佩。大家可能會認為這種活動不是任何機器都可以做到的，然而這套下棋設備不只是在棋盤上漫無目的移動棋子，而是思考每一種可能勝過人類玩家的方式，每一步棋似乎都出自深思熟慮的結果。對人類來說，我們認定這些功能需要發揮「智慧」，這一點正是「土耳其人」震驚觀眾的原因，這些機器的表現實在過於聰明了。

結果，幾乎大部分與自動機有關的故事都是假的。許多發明家潦草將就的設計其實並不實用，而且從未完工問世，其他真正做出成品的機器則有賴各種高明的騙術。尚－尤金・羅伯特－胡迪（Jean-Eugène Robert-Houdin）是「現代魔術之父」（幾十年後舉世聞名的美國魔術師哈利・胡迪尼〔Harry Houdini〕用他的名字作為自己的藝名，以表致敬）[8]，同時也是製作自動機的專家，曾經在知名的消化鴨折翼時被徵召去修復機關，而他既是魔術師又是自動機專家並非只是巧合。但是進入二十世紀以後一切都改變了。史上第一次，研究人員開始認真起來，意圖打造一具真正能與人類抗衡的機器，一項真實、複雜的智慧建構計畫正在進行中。他們的志向嚴肅遠大，不再局限於虛構或是仰賴欺騙的手段。

第一波人工智慧

一九四七年，英國數學科學家艾倫・圖靈（Alan Turing）在倫敦數學學會（London Mathematical Society）中告訴在場成員，他已經構想出一部具有運算能力、而且足以表現聰明才智的機器。[9]圖靈的發言值得認真看待：他或許是第二次世界大戰期間英國首屈一指破解密碼的專家，更稱得上是有史以來最偉大的電腦科學家之一。然而，他在這場演說提出的點子卻招來強烈敵意，以致於他被迫在一年內發表與這個主題相關的全新論文，語帶激憤的詳細回應各種駁斥他宣稱機器「可以展現智慧行為」的異議。他一開場就大聲疾呼：「通常我們都未經論證就假設這是不可能發生的事。」圖靈認為，反對聲浪往往只是

「純粹的情緒反應」，例如：「不樂意承認人類的智慧可能會遭逢任何競爭對手。」或是「就宗教信仰而言，任何企圖打造這類機器的行為都有如普羅米修斯的逆天之舉。」[10]

不到十年間，四位美國學者約翰・麥卡錫（John McCarthy）、馬文・明斯基（Marvin Minsky）、納瑟尼爾・羅徹斯特（Nathaniel Rochester）與克勞德・薛能（Claude Shannon）組成的團隊寄送一份提案給洛克菲勒基金會（Rockefeller Foundation），請求撥款協助達特茅斯學院（Dartmouth College）開發一項為時兩個月、共十名專家投入的人工智慧研究計畫。「人工智慧」正是麥卡錫發明的專有名詞。[11]他們的提案野心勃勃、積極樂觀，因而廣獲關注。他們聲稱：「機器可以模擬人類學習行為的每一個面向或任何智慧特徵。」他們也相信，「如果精心挑選一支科學家團隊，並肩合作一個夏天」，就能取得「重大進展」。[12]

正如最終結果所示，一九五六年夏天，達特茅斯學院並未繳出讓人舉杯慶賀的成績。儘管如此，仍有一個研究社群就此成立，並且確立了研究方向，集結一批絕頂聰明的人才開始協力合作。最後，各式各樣不同類型的議題都被納入人工智慧研究的大旗之下：諸如人類語音辨識、圖像和物件分析、翻譯和解釋書寫文本、下西洋跳棋和西洋棋等遊戲，以及解決問題等等。[13]

一開始，絕大多數人工智慧研究人員相信，打造一部足以完成交辦任務的機器，是要觀察人類怎麼做，然後讓機器依樣畫葫蘆。當時這種想法看起來肯定完全合情合理。畢竟，人類一直是現有能力最高強的設備，何不試圖以他們為藍本打造新機器就好呢？

這種「模仿人類」的思路發展成好幾種研究方向。有些研究人員試圖複製人腦的實體結構，企圖創建人工神經元網絡，前述撰文遊說洛克菲勒出資贊助研究的學者馬文・明斯基就將這一套論述當作博士論文的研究主旨。[14] 其他人則是嘗試比較偏向心理學的方法，企圖複製人腦如何涉入思考和推理的過程，從事這方面研究的有達特茅斯研究團隊成員赫伯特・賽門（Herbert Simon）、艾倫・紐威爾（Allen Newell），他們意圖建構一套「通用問題解方」（General Problem Solver），這套早期的系統被譽為「模擬人類思考的計畫」。[15] 不過，還有第三種方向，那就是劃定人類可能會遵循的規則，並據此為機器編寫指令。研究人員建構一套專門的子領域投入這項工作，他們的成品被稱為「專家系統」，因為它們有賴人類專家提供可用的規則。

在上述所有努力中，人類提供機器各種行為樣板。舉例來說，設計一部會下棋的機器，意味著要與大師們圍桌而坐，聽他們解釋如何對弈。要編寫一套轉譯不同語言的方程式，就得觀察精通多國語言的專家如何理解文本的上下文意涵。辨識物件則代表仿效人類的視覺如何呈現、處理某一樣物體。[16]

這套方法論體現在好幾位人工智慧先驅的說法。艾倫・圖靈宣稱：「一部幾乎能真實模擬人類思想行為的機器是可以被製造出來的。」[17]達特茅斯研究團隊成員尼爾斯・尼森（Nils Nilsson）指出，當時團隊裡絕大多數學者都「躍躍欲試模擬人類更高層次的思想。他們的成就受益於人類如何解決問題的內省程度。[18]美國哲學家約翰・霍格蘭（John Haugeland）曾寫過人工智慧領域的內容，尋求「貨真價實的真品：從整體和字面的意義上來說，真正具備思想心智的機器。」[19]

在霍格蘭與其他人提出的某些主張背後，其實隱含一種更深層次的理論信念：他們相信，人類說到底就只是一具複雜型態的電腦，這就是「心智運算理論」（computational theory of the mind）。從實際的角度來看，這種論述可能是十分吸引人工智慧研究人員的點子，如果人類只是一部複雜的電腦，打造人工智慧的障礙就不再難以克服：研究人員只需要讓簡易的電腦變得更複雜就好。[20]美國電腦科學家道格拉斯・侯世達（Douglas Hofstadter）在他的巨作《哥德爾、艾舍爾、巴赫：集異璧之大成》（*Gödel, Escher, Bach*）中指出：「有這麼一種信念，」對許多研究人員來說，「所有智慧都只是某種單一主題的變體；如果想創造真正的智慧，耕耘人工智慧的眾人必須繼續努力……如果他們希望自己的機器可以獲取我們擁有的能力，就得愈來愈貼近大腦的運作機制。」[21]

當然，並非人人都有興趣複製人類，不過那個年代大多數人工智慧專家都朝著複製人類的方向發展，就連最初對此興趣缺缺的人士最終也加入這個行列。以赫伯特·賽門與艾倫·紐威爾為例，在他們打造出奠基於人類推理能力的「通用問題解方」之前，他們實際上已經創建一套完全不同的系統，稱為「邏輯理論家」（Logic Theorist）。這套系統比所有同類產品更勝一籌；不像最初達特茅斯團隊打造的其他機器，它是真的可以運作。然而，儘管賽門與紐威爾大獲全勝，最終還是放棄它，為什麼？部分原因是它的表現不像人類。[22]

最終，以人類形象為藍本來打造機器的做法全都功敗垂成。儘管一開始所有人都帶著樂觀和熱情的態度投入研發，卻沒有在人工智慧領域取得重大進展。每當遇到重大挑戰，像是打造一部有頭腦、有意識，或是可以像人類一樣思考和推理的機器，失敗的反撲力道總是強大無比。他們完全無法向前推進，對於讓機器執行特定任務的平凡野心也淪於相同下場。儘管用盡全力，機器就是無法打敗棋藝高超的頂尖對手。它們只能翻譯少數的句子，也只能辨識最簡單的物件。其他許多任務的情況也是如此。

隨著研究工程前進三步、退後兩步，研究人員發現自己陷入僵局，進退不得。一九八〇年代後期進入「人工智慧寒冬」：金源枯竭、研究停滯，而且各方熱情冷卻。第一波人工智慧曾經點燃許多希望的火苗，最後卻以失敗告終。

第二波人工智慧

一九九七年，人工智慧領域重現生機。當時，電腦大廠ＩＢＭ開發出一套名為深藍（Deep Blue）的系統，打敗世界西洋棋棋王加里・卡斯帕洛夫（Garry Kasparov）。這是一項驚人的成就，但更讓人大開眼界的是深藍的運作方式。深藍並沒有試圖複製加里・卡斯帕洛夫的創造力、直覺或天才，也沒有重現他的思考過程或模仿他的推理；相反的，它採用大量的處理效能與數據儲存技術，每秒處理高達三億三千萬種落子的可能性。卡斯帕洛夫是史上最出類拔萃的棋士之一，或許在任何時刻裡，他的頭腦都有可能想出多達一百種落子的可能性。[23]

深藍的成功是實至名歸的勝利，同時也是意識形態上的勝利。我們可以將多數人工智慧研究人員視為純粹主義者（purists），他們密切觀察人類的智慧運作方式，並試圖製造與人類相似的機器。但是深藍的設計原理並非如此，它的創造者根本不打算分析、模仿人類棋士的身體結構或他們推理的方式，也不依循的特定策略；相反的，這群研發人員是實用主義者（pragmatists），他們承接一項「由人類執行時必須使用智慧」的任務，然後打造出一部全新的機器，以和人類完全不同的方式執行這項任務。這就是帶領人工智慧熬過寒冬的關鍵一步，我稱它為實用主義者的革命。

深藍旗開得勝以後，幾十年間各方本著務實精神打造新世代的機器，雕琢出與人類南轅北轍的運作功能；對於機器的判斷基準已經不再著眼於它們如何執行任務，而是依據它們執行任務的成果。舉例來說，機器翻譯水準的進步，不是來自打造模仿天才翻譯家的機器，而是讓電腦掃描幾百萬份人工翻譯的文本，讓它自行找出兩種語言之間的對應關係與模式。同理，機器已經學會對圖像進行分類，但做法不是模仿人類的視覺，而是通過回顧幾百萬張事先標記好的圖像，並尋找這些圖片與特定照片的相似點。全球著名的圖像辨識資料庫ImageNet*計畫每年舉辦一次競賽，功力超群的電腦科學家競相開發可以比對手更準確辨識圖像的系統。二〇一五年，獲勝的系統首度打敗人類，正確辨識九六%的圖像；二〇一七年，獲勝者的準確度提升到九八%。

許多新機器都像深藍一樣，依賴近來進步非常多的處理效能與數據儲存技術。從

圖3.1：歷年ImageNet競賽中獲勝系統的出錯率[24]

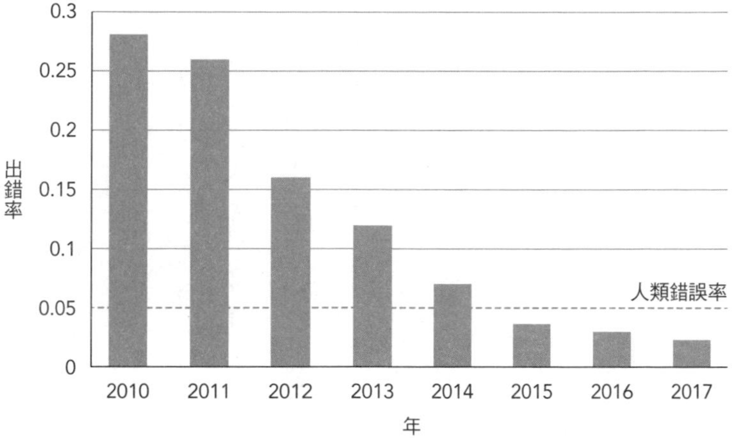

一九五六年達特茅斯團隊的研究開始，到二十世紀末為止，一部普通電腦的效能大約增加一百億倍。至於數據量，網路搜尋龍頭Google前執行董事長艾力克・施密特（Eric Schmidt）預估，現在我們每兩天創造出來的資訊量，和文明誕生至二〇〇三年為止的資訊量一樣多。[25]

在第一波人工智慧浪潮中，威力超強的處理效能與海量數據資料儲存功能尚未問世，人們必須自己完成許多困難的運算工作。研究人員希望，透過自己的獨創性、洞察力和內省力，發現人類思考與推理的方式，或是親手找出影響人類行為的潛規則，並將這些規則化為一組明確的指令，當作機

＊譯注：二〇〇七年史丹佛與普林斯頓大學聯合發起的專案。

器遵循的法則。不過，在第二波人工智慧浪潮中，機器不再依賴這種由上而下的人類智慧應用方法；相反的，機器開始使用大量的處理效能和日益精密繁複的演算法來搜尋龐大數據資料，挖掘人類的經驗和範例，由下往上的找出自己該怎麼做的方法。[26]

演算法（algorithm）這個名詞出自十九世紀數學家穆罕默德．伊本．穆薩－花剌子模（Muḥammad ibn Mūsā al-Khwārizmī），當時只是單純指涉一組按部就班的指令。機器學習演算法推動當今人工智慧的長足進步，主要的目標是讓系統從自身經驗學習，無須再遵循明確規則行事。他們當中許多人都借用人工智慧研究初期的想法，雖然這些想法早就出現了，但是當時欠缺足夠的處理效能，可用的數據也付之闕如，因此無法將它們從有趣的理論可能性轉化成更具體可用的工具。事實上，當代實用主義者的輝煌勝利，其實源自於早期的純粹主義者試圖複製人類的嘗試。舉例來說，當今許多能力最高強的機器都依賴所謂的「人工類神經網路」（artificial neural networks），它首次建構於數十年前，當時的企圖是要模擬人腦的運作原理。[27]不過，現在根據人工類神經網路對人體解剖結構的模仿有多麼接近來判斷它們已經沒有什麼意義；相反的，我們根據它們執行任務的成效有多完善來進行全面而務實的評估。[28]

近年來，這些系統已經比深藍更精密繁複。試舉一套專門為中國圍棋開發的系統

AlphaGo為例。二〇一六年，它在一場五局的比賽中，打敗全世界最厲害的人類對手李世乭。這是一項關鍵成就，因為多數專家都認為，這應該是至少十年以後才會發生的事。中國圍棋是一種非常複雜的棋賽，不只是因為規則難解，更是因為圍棋的「搜索空間」（search space）龐大無比，棋士落子時必須細究所有可能的走位方式。西洋棋局裡，先出手的棋士在開局的回合中有二十種可能的棋步，換成圍棋的話有三百六十一種棋步；等對手也落子後，西洋棋可能的棋步變成四百種，圍棋會暴增至十二萬九千九百六十種；兩回落子後，西洋棋可能的棋步躍至七萬一千八百五十二種，圍棋則高達一百七十億種；第三回落子後，西洋棋可能的棋步上看至九百三十萬種，圍棋卻已經飆到二・一乘以十的十五次方種，也就是二後面接十五個零這麼多種。在賽局的開盤布局階段，圍棋棋步的可能性就已經是西洋棋的二億三千萬倍了。[29]

在西洋棋賽局中，深藍獲勝的部分原因是它採用蠻力（brute-force）處理效能，可以比卡斯帕洛夫早一步計算棋步。不過，因為圍棋非常複雜，這一套策略不適合用在AlphaGo。相反的，它採取非常不同的做法。首先，AlphaGo檢視最頂尖的人類專業棋士所下的三千萬種棋步，然後從和自己的反覆對弈中學習，運算幾千盤棋局，並從中汲取洞見。通過這種方式，AlphaGo比深藍當年在賽局中評估更少的棋步就贏得勝利。

二〇一七年，一套名為AlphaGo Zero的進階版本發布，它如此不同凡響的原因是它已經完全排除任何人類智慧殘留的影子。深藍的程式碼中還事先藏了一些西洋棋冠軍曾經在賽局中使出的聰明策略以供遵循。[30]就某種意義上來說，AlphaGo的高難度運算是來自於大量研究以往頂尖人類棋士比賽的結果。不過，AlphaGo Zero完全擺脫舊習，不需要了解人類專家的行為，也根本不需要嘗試模仿人類的智慧，它唯一需要知道的只有遊戲規則，與自己對戰三天之後產出數據資料，再回頭把AlphaGo打得落花流水。[31]

其他系統正在採用相似技術，以追求更貼近真實人生中混亂的狀態。舉例來說，西洋棋與圍棋就是「完美資訊」（perfect information）類型的遊戲：這兩類棋士玩家都能看到整張棋盤和所有棋子。但是正如傳奇的美籍猶太數學家約翰・馮紐曼（John von Neumann）所說：「真實人生並非如此。真實人生包括虛張聲勢、小小的欺騙手段，並且自問對方可能怎麼猜想我的下一步怎麼走。」這就是為什麼研究人員醉心於撲克牌，因為事實證明撲克牌遊戲很難自動化。不過，二〇一七年，加拿大與捷克共和國團隊合力開發的系統深籌（DeepStack）在一系列超過四萬四千場一對一單挑（即兩名玩家參賽）的牌局中，成功擊敗職業撲克玩家。深籌不像AlphaGo Zero，它並沒有從回顧人類專家以前玩過的遊戲歸納出自己的戰術，也不依賴、遵循人類撲克牌玩家制定一套預先決定好明智策略的「領域知識」（Domain knowledge）。相反的，深籌只是藉由探索幾百萬場隨機生成的牌局，學習找出致勝之道。[32]二〇一九年，社群媒體龍頭臉書（facebook）與美國卡內基美隆大學（Carnegie Mellon University）則是攜手更進一步：宣布打造Pluribus系統，可以在多人遊戲中擊敗最優秀的職業撲克玩家團隊。這套系統也是機器「從零經驗值開始」學習撲克牌，不需要輸入任何真人的經驗值，只要花幾天時間一次又一次與自身的副本對戰就好。[33]

優先順序大洗牌

如果以為研究人員只不過是在一九九〇年代初期某個恍然大悟的時刻，赫然「發現」這條實用主義者的道路，那麼就大錯特錯了。嘗試讓機器採取任何可能的方式解決問題，我稱之為「實用主義」；讓它們專門複製人類的做法，則為「純粹主義」。在這兩者之間做選擇其實不是特別新奇的事情。回溯到一九六一年，正是純粹主義的鼎盛時期，艾倫．紐威爾與赫伯特．賽門曾經記錄，研究人員正在規畫「一條謹慎的路線……試圖讓機器完成人類執行的任務，並試圖模擬人類實際用來完成這些任務的過程。」[34]一九七九年，人工智慧哲學家赫伯特．德雷福斯（Hubert Dreyfus）同樣也將研究者區分為「人工智慧工程師」與「人工智慧理論家」，前者是指「沒有興趣創造普通智慧型機器的實務派」，後者則是從事自己認定為學術上崇高的職業。[35]早期的研究人員意識到，他們如果不是專注在打造機器來執行歷史上需要人類智慧才能完成的任務，就是試圖理解人類自身的智慧。[36]對他們來說，後者才是真正引起關注的焦點。

正如我們所見，部分原因在於，如果要打造功能強大的機器，複製人類最初看起來是阻力最小的途徑。人類具備非凡的能力，既然在設計機器時就有現成的人類可以模仿，為什麼還要從零開始做起呢？不過，他們傾向純粹主義還有第二個原因。對許多研究人員來說，為了自己而理解人類智慧這項專案，遠比只是為打造功能強大的機器有趣得多。他們的著作提及許多古典思想家，好比德國哲學家兼數學家哥佛萊德．威廉．萊布尼茲（Gottfried Wilhelm Leibniz）、英國哲學家湯瑪斯．霍布斯（Thomas Hobbes）、法國哲學家兼數學家瑞尼．笛卡兒（René Descartes）與英國哲學家大衛．休謨（David Hume），以及他們對人類心智的反思，通篇滿溢著興奮之情。人工智慧研究人員都希望自己能夠追隨大師的腳步前進。他們都漠視機器的問題，但一遇到有關人類的問題就激動不已，例如何謂

「心智思想」？「意識」如何運作？「思考」或「理解」的真正意涵是什麼？

對人工智慧領域中的許多先驅來說，它只是實現人類目的的機械化手段。正如影響力卓著的美國語言哲學家約翰・瑟爾（John Searle）所說，人工智慧的唯一目的就是一套「研究人類心智的強力工具」；另一位地位崇高的哲學家希拉蕊・普特南（Hilary Putnam）則是思考，人工智慧領域應該單從它是否「教會我們任何重要的事……關乎我們如何思考」來當作判斷依據。[37]這是為何當時許多人工智慧的研究人員都自許為認知科學家，而不是電腦科學家。[38]他們認為自己正埋首在一項更大型專案的子領域中：理解人類的大腦。[39]

但是，今日優先順序正在大洗牌。隨著科技進步一再加速，很明顯的，人類智慧已經不再是提高機器性能的唯一途徑。現在，許多研究人員對理解人類智慧的興趣遠不如打造功能完備的機器。甚至，追求理解人類智慧興致高昂的研究人員也發現，自己正被推向更務實的目標。實用主義者打造的機器效能引起Google、亞馬遜、蘋果與微軟等科技公司的興趣，它們挾著存取龐大數據資料與強大處理效能的優勢，加上擁有無數以超高年薪換來的頂尖研究人才，已經在人工智慧開發研究取得領先地位，進而影響這個領域並改變研究的優先順序。對它們來說，追求理解人類智慧必定是日益深奧的活動，唯有少數愛做白日夢的學者才能領略。為了保持相關性，包括傾向純粹主義者在內的許多研究人員，不得不與這些大企業及它們的商業抱負更緊密的站在同一陣線。

以深智數位（DeepMind）為例。這家總部設在英國的人工智慧企業就是AlphaGo的開發商。二〇一四年Google斥資六億美元收購這家公司，端出會讓頂尖學術部門慚愧不已的天價薪資挖角天才好手，現在公司內部集結這門領域的頂尖人才，平均每一名員工的年薪是三十四萬五千美元。[40]這家公司的使命宣言是試圖「解決智慧問題」，乍聽之下會以為它們可能對釐清人類大腦之謎感興趣，但是，仔細檢視它們的實際成就時，會發現他們在實踐過程中的重點根本是反其道而行。它們開發功能強大的「智慧」機器（例如AlphaGo），在某些情況下的確是絕頂出色，但是它們不會像人類一樣思考或推理。

同理，試想類似亞馬遜的Alexa、蘋果的Siri和微軟的Cortana這些人工智慧助理系統，我們可以像是對人類提問一樣，向這些機器拋出簡單的問題，而它們將以相對迷人的嗓音應答。（二〇一八年，Google播放自家開發的人工智慧助理系統Duplex預錄影片，它可以打電話到美髮院預約時段，而且對方渾然不覺自己正在與機器對談，因為Duplex的語調非常逼真，甚至會發出嗯、喔的語助詞。）[41]然而，無論這種令人印象深刻的系統有多像人類，但是它們完全沒有表現出和人類相似的智慧。它們內在的運作方式不同於與人類的心智思想，它們沒有意識，也不會像人一樣思考、感受或推理。

那麼，就任何意義而言，用「智慧」來描述這些機器是否適當？好像不太正確。在大多數情況下，我們最終只能沿用這個詞或類似的說法，因為實在找不出其他更貼切的用語。不過，因為我們多半將這個詞用來形容人類，用同樣的詞來描述機器好像是誤用了。哲學家會稱這種情形為「範疇錯誤」（category mistake），意思是，用某個詞彙指涉另一種類別的事物，就好比我們不會期待紅蘿蔔開口說話或手機會生氣一樣，我們其實不應該期待機器「有智慧」或「很聰明」。如此一來，我們可以怎樣形容它們呢？人工智慧領域剛起步但還沒有正式命名之前，有一種想法是將這個研究領域稱為「運算的理性能力」（computational rationality），這聽起來或許不像「人工智慧」那麼響亮或帶有挑釁的意味，但可能是比較相配的稱呼。畢竟這就是這些機器正在做的事：運用計算能力搜尋海量範圍的可能行動，以便找出並選用最合乎理性的選擇。

由下而上，而非由上往下

過去一百五十年間發生過許多場智慧革命，從許多方面來看，當前人工智慧領域中的實用主義者革命是另一場類似的行動，但是它卻影響我們對另一種機器（人類）的智慧能力的看法。

試想，到目前為止，天生擁有智慧的人類一向是現存能力最強的機器。長久以來，關於這種強大能力起源的主要解釋都源於宗教說法：人們來自神，來自比我們更有智慧的事物，並以祂的形象來塑造我們。畢竟，如果比我們更有智慧的神沒有以這種方式設計出像人類這樣精密繁複的機器，人類又怎麼會存在呢？十八世紀神學家威廉．裴利（William Paley）要我們想像自己正穿越一片田野，他說，假設我們偶然在草叢中瞥見一塊岩石，可能會認定打從洪荒時代以來它就已經躺在那裡了；但是，如果我們看到的是一只手錶，那麼我們絕對不會這樣想。他說，像手錶這樣複雜的物件不可能在盤古開天時就已經出現，它必定是由某個才華洋溢的鐘錶匠在某個歷史時間點設計、製造而成。裴利認為，我們在自然界發現的所有複雜事物都像這只手錶一樣：唯一可以解釋它們存在的說法，就是有一位看不見的創造者、像隱身幕後的鐘錶匠一樣，默默制定計畫並付諸實踐。

宗教學者和人工智慧純粹主義者之間的相同點著實驚人，兩者都對探究機器效能的起源極度感興趣，只是前者在乎的是人類機器，後者則是關注人造機器；兩者也都相信這些機器必然是由一種與他們相似的智慧、也就是智慧設計師（intelligent designer）有意創造出來的。對宗教學者來說，這位設計師是神；對人工智慧純粹主義者來說，設計師就是人類自己。兩者都深信，這些心血結晶應該要像它們的創造者一樣，正如《舊約聖經》中的上帝是依據祂的形象造人，人工智慧研究人員則是試圖依據自身的形象打造機器。42

總之，神學家和人工智慧科學家都相信，卓越出眾的能力只能從類似人類智慧的事物中萌芽。用一句美國哲學家丹尼爾．丹尼特（Daniel Dennett）的話來說，他們兩者都認為能力只能來自理解力，唯有淬鍊智慧的過程才能打創造具備超凡能力的機器。43

不過，現在我們都知道宗教學者說錯了，人類與他們具備的能力並不是由一股比我們更聰明的力量由上而下傾注，然後再把我們鑄造成與祂相像的模樣。一八五九年，英國生物學家查爾斯．達爾文（Charles Darwin）證明，事實恰好相反：創造力是一種不帶意識、由下而上的設計過程，他稱為物競天擇的演化論（evolution by natural selection），最簡單的解釋只需要你接受三件事：第一、生物之間存在細微變異；第二、有些變異可能有利它們生存；第三、這些變異會傳給其他人。單憑這三項事實便足以解釋自然界中所有設計的外觀，根本不需要智慧設計師來形塑事物。這些變異可能很細小幽微，優勢也微不足道，但假使讓世界自行運轉很長一段時間，這些任何時候都可以忽略不計的變異，經過數十億年的累積後，就會創造出令人眼花撩亂的複雜性。正如達爾文所說，即使是最「複雜的器官和本能」，都「絕對不是透過優於人類的理性手段（雖然看起來很像是這樣），而是通過無數微小的變異積累起來的。每一種變異都對個別擁有者有益。」[44]

物競天擇與智慧設計的想法可謂天差地遠。「真正的鐘錶匠具有遠見，」達爾文演化論最重要的研究學者理查・道金斯（Richard Dawkins）曾寫道：「他總是帶著放眼未來的目的設計齒輪和彈簧，並規畫它們之間的互相連接。達爾文發現的物競天擇、盲目無意識與自動過程……心中漫無目標。除了沒有心智，也毫無心智的眼光。不懂得規畫未來。沒有願景、沒有遠見，一點見識也沒有。如果你說，這就是在自然界中扮演鐘錶匠的角色，那它便是盲眼鐘錶匠。」[45]

裴利故事中的鐘錶匠擁有完美的願景與遠見，達爾文的物競天擇過程卻不具備這些元素。物競天擇渾然不覺自己的作用，在無意間跨過無數個世紀累積的複雜性，而非有意識的在一剎那間創造生成。

人工智慧實用主義者革命力促我們進行類似的逆轉，重新思考人造機器的能力源於何處。今日，功能最強大的系統不是由智慧的人類採行由上而下的方式設計出來的作品，事實上，正如達爾文在一百多年前的發現，卓越出眾的能力可以從盲目、不經思考而且由下而上的過程逐漸出現，而且它們和人類的智慧毫無相似之處。[46]

第四章

低估機器能力

一九六六年，在第一波人工智慧浪潮中，研究人員約瑟夫・維森班（Joseph Weizenbaum）宣布，成功開發全球第一具聊天機器人艾萊莎（ELIZA），也就是一套可以「在人類與電腦之間以某種自然的語言進行交談」的系統。[1] 一開始，艾萊莎被設定為一位心理治療師，讓「患者」對它講話，系統會根據患者所說的內容給予回應，接著讓對話來回進行。不過，維森班原本不打算認真對待這個系統，部分原因是，他似乎只是想取笑心理治療的談話內容完全可以預測，心理治療師往往都只是裝出一副高深莫測的樣子，像鸚鵡似的換個版本模仿病患陳述的內容。他曾寫道，它不過只是一種「滑稽的模仿」。

不過，當艾萊莎上線運作時，發生了始料未及的大逆轉。這套系統在用戶心中留下的強烈印象，遠遠超乎維森班的預期。有些檢視過這套系統的執業精神科醫師認為，只要經過些微的精密調校，它可能「已經準備好應用在臨床上」。維森班的祕書十分清楚艾萊莎是如何創建的，當維森班邀請她親身試驗時，她先和系統短暫交流幾句，然後轉向維森班請他離開房間，因為她想要和這部機器獨處一會兒。維森班非常震驚。幾年後他曾經寫道，這段經驗「感染」了他：「我恐怕永遠擺脫不了……有關人類在宇宙定位的基本性問題」。[2]

維森班並未對艾萊莎寄予太高期望，因為他知道，雖然艾萊莎表面上看起來很有智慧，但其實它不會思考，也完全不像人類治療師一樣有感覺。「我想，某甲或許可以幫助某乙學會處理自身的情緒問題，但這有一個先決條件，就是這位幫手可以參與對方遭遇這些問題時的經驗。這一點非常重要。」[3]不過，維森班基於這些理由摒棄自己發明的系統，其實是低估了系統所具備的能耐。

當幾十年後實用主義者的革命開始風起雲湧，研究人員有系統的陸續打造出與人類工作方式完全不同的機器時，維森班的錯誤更加頻繁的出現，而且造成更嚴重的後果。新機器的強大效能將會一次又一次讓人工智慧研究人員、經濟學家以及許多人措手不及，因為它們誕生的目的再也不是複製人類智慧中某些不可或缺的功能。

失望之情

對人工智慧社群有影響力的評論家來說，這場實用主義者革命，與其說是歡慶的理由，毋寧說是失望的源頭。以ＩＢＭ「深藍」電腦在西洋棋賽局打敗加里．卡斯帕洛夫為例，電腦科學家兼作家道格拉斯．侯世達稱呼第一場勝利是「分水嶺事件」，但拒絕接受「電腦與智慧化無關」的說法；[4]他認為ＩＢＭ的機器「缺乏智慧」，因為「蠻力下棋法與真正的人類思考毫無相似之處」。[5]哲學家約翰．瑟爾則因為「揚棄人工智慧」而否定深藍。[6]卡斯帕洛夫本人則是同意將這部機器視為「價值一千萬美元的鬧鐘」。[7]

或者我們再來看看ＩＢＭ的另一套電腦系統華生（Watson）。二〇一一年，它參加美國機智問答節目《危險邊緣！》（*Jeopardy!*），擊退兩位頂尖人類冠軍，從此聲名大噪。事後，侯世達再度同意，這套系統的表現「令人印象深刻」，但也強調它「完全空洞無知」。[8]瑟爾投書《華爾街日報》（*Wall Street Journal*）的社論文章則是挖苦：「華生根本不知道自己在《危險邊緣！》中獲勝。」[9]這部機器也不會想要打電話告訴父母親自己的表現有多優異，或是邀請一群朋友到夜店大肆慶祝。

正如我們在前一章所看到的，侯世達、卡斯帕洛夫、瑟爾與所有抱持類似觀察的人士全都說對了。儘管企業和媒體一再討論「人工智慧」或「機器智慧」，但這種新興現象並非真正的智慧。瑟爾與侯世達這一派純粹主義者希望採用人工智慧研究成果來解決人類智慧之謎，揭露人類意識的奧祕並透析思想，但是現今多數性能強大的機器對人類運作方法的理解依舊是瞎子摸象。因此，可以很容易理解為什麼他們感到失望。

他們的失望並沒有不合理。我們經常可以看到，一旦貶抑聲四起，麻煩就來了。有些評論家傾向認為，由於最新穎的機器不會像聰明的人類一樣思考，它們只是平庸無奇或膚淺無能的東西。這種想法導致他們有系統的低估機器的能力。

這種思維方式可以解釋，為何評論家往往會發現自己陷入一種談到智慧就逃避、推諉的惡性循環。當某些他們以前認定只能交由人類執行的任務竟然自動化了，就會改口說這種類型的任務完全無法適切的反映人類智慧的程度，並轉而舉出另一些完全不同、而且多半還沒開始自動化的任務，辯稱這些才是人類智慧的展現。宗教領袖時常遭到批評的理由是他們定義「上帝」是當今一切科學無法解釋的奇蹟，也就是所謂「填補空缺的上帝」（God of the gaps）：上帝就是那一股創造日與夜的力量，直到天文學破解日夜交替法則；上帝就是那一股創造所有生物的力量，直到演化論出現解釋了物種的起源。當我們在為「填補空缺的智慧」（intelligence of the gaps）下定義時，同樣也面臨這種善變的風格，其中智慧被定義為目前機器仍辦不到的任何事情。意識到這種陷阱未必可以保護你免於陷入其中。以侯世達為例，他很清楚這種現象，機智的將它視為這個領域的「定理」：「人工智慧就是任何尚未實現的事。」[10]描述完自己的謬論後，他便對此信以為真了。

回到一九七九年，侯世達曾自問，未來會不會出現一種「有能力擊敗任何人」的下棋軟體？他直言不諱的回答：「不，也許有一些軟體可以在棋賽中擊敗任何人，但它們不僅僅是棋士，它們還是一般智慧的軟體，並且會有和人類一樣的性情。『你想下棋嗎？』『不，我覺得下棋很無聊。不如來聊聊詩好了。』你可能會和一套可以擊敗任何人的軟體展開前述的對話。」[11]換句話說，侯世達認為，一套成功的下棋系統必將具備人類智慧。為何如此？因為他是一位純粹主義者。他相信，「下棋遊戲從本質上借鏡了人類生存狀態的核心面向」，諸如「一眼就能將小麥從麥穀中挑出來的直覺，以及進行細微類比、聯想回憶的能力。」[12]

但是，正如我們所見，深藍的成就顯示這種想法是錯誤的：轟動世界的棋賽不需要使用人類的魔術伎倆，也不需要將小麥從麥穀中挑出來的直覺。但是，侯世達不願認錯，反而選擇遁入「填補空缺的智慧」。在深藍第一回打敗卡斯帕洛夫的時候，他寫道，這些機器「只是在某些我們認為需要發揮智慧的活動中超越人類」，「神哪，我曾經以為下棋需要思考，現在，我明白事實並非如此。但這不代表卡斯帕洛夫是個不擅長深思熟慮的人，而是下棋根本就不需要深層思考，就好像你不需要用力展翅就能高飛。」[13]侯世達改變主意，否認下棋需要的能力只是人類智慧的「基本要素」而已。[14]

或者我們可以改以故事中那位和下棋機器對弈的主人公——卡斯帕洛夫本人為例。他在著作《深度思考》（*Deep Thinking*）中詳述和深藍對戰的系列棋局，也指出其中的陷阱：「只要我們想出一種方法，讓電腦可以完成某些需要智慧的任務，例如參加世界西洋棋錦標賽，我們就會判定它不是真正的智慧。」[15]不過這正是他自己做過的事。在卡斯帕洛夫正面對決深藍的七年前，曾經大膽宣告，機器永遠無法擊敗像他這樣的人，因為它永遠不可能成為像他一樣的人類：「要是一部電腦可以擊敗世界冠軍，（那麼）它就有能力閱讀全世界最精彩的書籍、編寫最出色的劇本，還可以巨細靡遺的掌握歷史、文學和人物的點點滴滴。但那是不可能的。」[16]對當時的卡斯帕洛夫來說，所有養成我們今日模樣的一切事物都與贏得棋賽這件事密不可分。但是棋賽落幕後，他改口宣稱：「深藍……的智慧只不過像是你那可以設定程式碼的智慧鬧鐘罷了。」[17]他和侯世達一樣改變自己的心意，認為贏得棋賽終究不能算是人類智慧的象徵。

這種擅改規則的習慣無濟於事，因為下場往往是導致評論家低估尚未問世的機器將會具備何等效能。甚至，你可能會懷疑這種輕蔑的語調是否誤解了什麼？究竟人類的智慧有什麼獨特的地方？為什麼我們要將人類思考的能力，抬舉到其他能夠創造超凡機器效能的方法之上呢？當然，我們應當敬畏人類大腦的力量與奧祕，長久以來我們都無法完全參透大腦的運作之道。不過，在那些既不像人類、也不會模仿人類、但卻能超越人類的機器設計中，難道不存在另一種令人驚訝、同樣使人感到不安和激動的感覺嗎？卡斯帕洛夫或許可以將深藍輕視為一只昂貴的鬧鐘，但這只鬧鐘卻在棋盤上給他一記迎頭痛擊。即使深藍的內在運作原理不像人類擁有不可思議的解剖結構與生理機能，但難道它的內在運作方式不足以讓我們驚奇嗎？

畢竟，當達爾文意識到人類這部機器的能力，並非源自類似人類智慧的某種事物時，他的感覺就是如此。[18]他不是一個尖刻的人，試圖用物競天擇的無創造者理論，來消滅世界上最後一絲魔法或神祕感。恰恰相反。想想他的巨著《物種起源》（*On the Origin of Species*）最後幾句話：「這種生命觀具有壯麗的美感，它的力量曾進入幾種或一種生命形式之中。當地球依循萬有引力定律轉動的同時，也使一種簡單的開端演化成無數最美麗、最奇妙的形態。」[19]

《物種起源》不是令人掃興的純哲學作品，達爾文看待生命不帶有創造者的視角，因此增添一股「莊嚴宏偉」之感，並以一種近乎宗教的敬畏之情表達出來。有一天，我們可能也會對非人類的機器產生這種感覺。

強人工智慧

古希臘詩人亞基羅古斯（Archilochus）曾經寫道：「狐狸知道天下事，刺蝟只知一件事。」英國思想家以薩．柏林（Isaiah Berlin）在亞基羅古斯的斷簡殘編中發現這行神祕詩句，便據此發揚光大，用來比喻兩種人物類型：無所不知的人（即狐狸）與只知一二的人（即刺蝟）。[20]在當前的環境背景中，我們可以重新套用這個比喻來思考人類和機器。目前，機器是典型的刺猬，每一種設計都強調個別的強大功能，足以勝任某些非常具體、定義簡要的任務，卻完全無法執行一系列不同的任務指令。想想深藍和西洋棋、或是AlphaGo和圍棋就知道了。另一方面，人類是驕傲的狐狸，雖然在某些領域中發現自己被機器打敗，但在其他更多領域則是凌駕其上。

對許多人工智慧研究人員來說，智慧的聖杯*是要將機器打造成狐狸而非刺蝟。用他們的術語來說，他們想要構建功能強大廣泛的「強人工智慧」（artificial general intelligence），而非只能處理非常特殊任務的「弱人工智慧」（artificial narrow intelligence）。[21]這就是吸引未來學家雷・庫茲威爾（Ray Kurzweil）與尼克・伯斯特隆姆（Nick Bostrom）的主因。不過這方面的努力卻很少收到成效，而且評論家經常指出強人工智慧難以實現，這是他們懷疑機器能力的另一個原因。純粹主義者有一種共識：唯有強人工智慧才是「如假包換」的人工智慧，這些機器若不具備萬用能力，就永遠無法在人類所做的工作中成為「真正的競爭對手」。[22]

據說，強人工智慧將代表人類歷史的轉折點。好吧，我們姑且就同意是轉折點好了。這個想法是指，一旦機器具備「萬用」的功能，就能執行包山包海的任務，而且成效遠優於人類所能做到的。這樣一來，設計更強大功能機器的任務就會落在它們手上，這一步只是時間早晚的問題而已。在這一點上，人們認為將會發生「智慧爆炸」（intelligence explosion）：機器會不斷改進之前的機器，它們的效能會在自我重複改善的過程中一再加速成長。據說，這個過程會導致機器生成「超智慧」（superintelligence）；有些人將這一步稱為奇點（singularity）**。這些機器將成為「人類需要完成的最後一項發明，」牛津大學數學家厄文・約翰・古德（Irving John Good）介紹智慧爆炸的可能性時曾寫道：「任何人類可能發明的產物，都能由它們持續改進。」[23]

如此強大的強人工智慧效能前景，讓史蒂芬．霍金擔憂人工智慧可能毀滅人類；電動車龍頭特斯拉（Tesla）創辦人伊隆．馬斯克（Elon Musk）警告，人工智慧的威脅將遠勝於北韓；軟體大廠微軟創辦人比爾．蓋茲則是不明白，為什麼有些人認為完全不用擔心。儘管他們擔心的面向不盡然相同，[24]但普遍有種恐懼是，人類的效能受限於與蝸牛一樣慢的進化速度，很難與機器並駕齊驅。另一種恐懼則是，這些機器可能在不知不覺中走偏了，轉而追求與人類設定方向不一致的其他目標，從而在分歧的過程中摧毀我們。試舉一個思想實驗為例，它假設一套強人工智慧被賦予盡可能高效率製造迴紋針的任務，這則故事的結局是，「首先是鎖定全世界，再來是擴增空間以容納更多生產迴紋針的設備」，在無情追逐達成設定目標的發展過程中，它們踐踏了全人類。[25]

我們實際上需要多久時間才會走到那一步，專家眾說紛紜。有些人說距離強人工智慧的實現僅剩幾十年，但其他人認為大概還需要幾百年。最近則有一項調查帶著不可思議的

---

* 編注：傳說耶穌在晚餐上使用的聖杯，喻為難以尋找的事物。

** 譯注：指人工智慧可以自行創造能力超越自己的產物。

精確度，直指實現強人工智慧的日子是二〇四七年。[26]今日，我們確實看到人工智慧以小碎步朝「萬用」能力的方向邁進，不過這些實驗案例都還處於非常早期和原始的階段。例如，深智數位開發一套機器，可以在美國電子遊戲雅達利（Atari）旗下四十九套不同的影音遊戲中與人類專家競賽，當作創新產品組合的一部分。這套機器唯一的數據來源是電腦螢幕上的畫素圖案，以及它在遊戲中贏得的分數。儘管如此，它還是可以學到如何熟悉每一套獨特的遊戲，而且往往達到足以和最頂尖的人類玩家匹敵的水準。[27]這就是熱情擁護強人工智慧這一派所追求的萬用能力。

有關「智慧爆炸」、「超智慧」的討論可能讓人害怕。不過，在考慮工作的未來時，與弱人工智慧相比，強人工智慧的重要性其實遭到過度渲染了。對人工智慧研究人員來說，強人工智慧的發展仍處在瓶頸中，而從經濟學層面來看，這種情況對自動化的妨礙比一般人想像的要弱得多。舉例來說，假設有一個工作涵蓋十項任務，人工智慧的進展有可能依循兩種方式讓這個工作消失。其一是創建一套可以自行完成十項任務的強人工智慧，其二是發明十套各自擁有一種能力的弱人工智慧，每一套都只專注解決一項任務。我們對於像人類一樣具有萬用能力的強人工智慧的迷戀，會使我們陷入無法創造強大功能機器的風險。依據人類形象打造一具可以馬上汰換勞工的單一機器，其實並無必要；反之，打造一系列功能範圍較小但效能令人印象深刻的非人類機器，然後逐步累積，反而足以蠶食鯨吞人類執行的各項任務。簡言之，當我們思考工作的未來，應該要謹慎提防的對象不是全能的狐狸，而是勤勞的刺猬大軍。

重溫經濟學家論點

人工智慧的實用主義者革命也為經濟學家帶來嚴重後果。近幾年來，它讓「ALM假說」失效。

回顧二〇〇三年，大衛．奧圖和同事首次提出「ALM假說」，附帶定義一系列「非例行」任務。這群作者自信滿滿的認為，前述任務無法輕鬆實現自動化，但今日多數任務都可以自動化了。其中一項是「駕駛卡車」，但是隔年Google前副總裁塞巴斯蒂安．特龍（Sebastian Thrun）就開發出第一款無人駕駛車。另一項是「法律文書寫作」，但文件自動化在許多實際業務中早已是司空見慣。一般人也相信「醫療診斷」是安全的，現在機器已經可以偵測眼部毛病、辨識癌症等。[28]

十年後，奧圖和另一名同事定義「點餐」是「非例行」任務，不過同一年，美式連鎖餐廳奇利斯（Chili's）、蘋果蜂（Applebee's）便宣布，它們正在安裝十萬台平板電腦，從此不需要服務生親臨桌邊，客人就可以輕鬆點餐、付款。速食龍頭麥當勞與其他連鎖速食餐廳也隨之跟進。甚至有些少數內行人才擅長的「非例行」任務也已經向機器投降。僅僅幾年前，「短暫一瞥就能識別鳥類」還被視為一種難以實現自動化的技術，不過現在已經有一套系統可以精準辨識鳥類。這套鳥種鑑定軟體名為Merlin，由美國康乃爾大學鳥類學實驗室（Cornell Laboratory of Ornithology）的電腦科學家開發而成。

當然，我們有充分的理由可以懷疑這些任務是否已經完全自動化，目前，仍有一些疾病無法藉由診斷系統來解釋與判別，也還有一些鳥種是Merlin無法辨識的。今日的「自動駕駛」車輛系統依舊需要人類操控。不過重要的是，我們仍需留意這股趨勢推進的方向：許多「非例行」任務現在已經落入機器的掌握中，原本人們無法想像的情境，現在都已經實現了。[29]

究竟大師的預測出了什麼問題？癥結在於「ＡＬＭ假說」沒有看見這場實用主義者革命。經濟學家曾經認為，如果電腦要完成一項任務，必須遵循一套人類可以清楚表述的明確規則，也就是說，機器的運作必須由上而下的應用人類的智慧。在第一波人工智慧浪潮中，情況可能確實如此，但是正如我們所見，情況早已今非昔比。現在機器可以自行學習如何執行任務、由下而上推演出自己的規則。人類是否可以輕易闡述自己如何駕駛汽車或認出一張桌子已經不重要了，因為機器再也不需要人類的說明。這意味著，機器能夠自己執行許多以往被視為沒有能力做到的「非例行」任務。

眼下的的意涵很明顯：經濟學家必須更新他們講述科技和工作的故事。人類要做的任務已經縮小到超乎它們曾經想像的範圍。走在研究尖端的經濟學家已經開始慢慢修正最近的研究工作。有一種愈來愈明顯的共識就是，機器效能的傳統假設已經不再適用，因為「例行」任務和「非例行」任務之間的區別已經不再那麼涇渭分明。只不過，對策依舊是保持原始的區別，僅僅加以調整、更新，而非完全摒棄「ALM假說」。

目前，許多經濟學家認為，他們的錯誤在於沒有看到那些能將「非例行」任務轉化成「例行」任務的新科技。請謹記，「非例行」任務被定義為需要運用人類難以言傳與解釋的「隱性」知識。經濟學家辯稱，眼前的情況只是新科技明白揭示這些人類賴以為生的隱性知識。他們認為，「例行」任務與「非例行」任務之間的區別依然成立。經濟學家原本認定，兩者之間的界線恆定不變，但現在他們坦然認錯，新科技輕易的就能轉移這條界線了。他們採用這套說法試圖挽回「ALM假說」。舉例來說，大衛・奧圖辯稱，今日的電腦科學家正在「推論我們一向默默適用，但未能明確理解的規則」，好讓「非例行」任務實現自動化。美國北卡羅來納大學法律系教授黛娜・蕾穆斯（Dana Remus）、法蘭克・李維則說，新科技「讓心照不宣的協議變得明確」。[30]

我們若想探究這種思維如何化為行動，不妨想想二〇一七年史丹佛大學研究團隊開發一套用於檢測皮膚癌的系統。假設提供它一張雀斑的照片，它就會給出雀斑是否癌變的檢測結論，其精確程度有如集結一支二十一位皮膚科醫師的團隊進行會診。它如何運作？它動用一座儲存十二萬九千四百五十筆臨床病例的數據庫，從中尋找所有病例與討論中、與這個特定病變之間的相似處。更新版本的「ALM假說」顯示，這具雀斑分析機器之所以有效，是因為它有能力辨識，並從過去的病例中擷取皮膚科醫師歷來遵循、但難以用語言表達的規則。這具機器正在將這些內隱的規則外顯化，將「非例行」任務轉化成「例行」任務。

但是，這套解釋史丹佛大學雀斑分析機器的工作原理其實並不正確。這類機器正在揭示至今仍隱藏的人類規則，深入了解人類世界裡的隱性知識，這種想法依舊假設人類智慧足以為機器效能奠定基礎。但是，這誤解了第二波人工智慧系統的運作方式。當然，有些機器確實偶爾會需要這些難以言說的人類規則，進而將「非例行」任務轉化成「例行」任務。不過更重要的是，現在許多機器也衍生出與人類遵循的規則毫無關係的全新規則。這種說法不是在玩模稜兩可的文字遊戲，而是千真萬確的轉變。機器再也不需要依賴人類智慧了。

再舉史丹佛大學的雀斑分析機器為例。它搜遍過去十二萬九千四百五十筆臨床病例之後，並未試圖揭示皮膚科醫師遵循的「內隱」規則，而是採用超大量的處理效能，辨識數據庫中的關鍵模式。它所儲存的病例總量遠多於醫師終其一生希望能夠診驗的數目。當然，它可能會從這項練習中揭示某些類似人類遵循的規則，但真實情況未必如此：機器可能也會發現完全不同的規則，而且是人類根本不會遵循的類型。

另一個適切的例子，就是擊敗世界冠軍李世乭的圍棋遊戲機器AlphaGo。在第二場棋局中，AlphaGo在第三十七手做出一項特殊舉動，讓觀賽群眾大開眼界，幾乎就和它取得全面勝利一樣引人注目。在場評論家都十分震驚，因為他們從未看過這一步棋。李世乭自己似乎也深感不安。幾千年來，人類棋士的玩法已經形塑出一套初學者都銘記在心的經驗法則：開局後絕對要避免將棋子落在邊線數過來第五行的位置，這一步稱為「五路肩沖」。然而，這恰恰是AlphaGo的走法。[31]這套系統並未發現至今仍有無法說清楚的人類規則存在，事實上，AlphaGo根據可用的數據計算出，人類專家下在這一步的機率僅為萬分之一。[32]正如一位觀賽專家所指出，這步棋根本「不是人類會走的路數」。[33]這一步棋既新鮮又驚人。一位圍棋冠軍連連稱道「太美了」，另一位則說這讓他「渾身不舒服」。[34]這套系統完全重寫了人類遵循的規則。

對經濟學家而言，如果說最重要的事就是體認到「非例行」任務現在也都可以自動化了，可能會讓人想要漠視它與「例行」任務的區別。不過，探討為何經濟學家的認知會出錯，這一點也很重要。事實上，當這些系統不遵循與人類相同的規則時，反而為它們自己創造了機會，就像AlphaGo不僅大出李世乭的意料之外，同時也引發一些問題。試想第一波人工智慧浪潮中開發的系統，它們擁有許多優點，其一是非常「透明」。因為它們傾向於遵循人類制定的明確規則，因此無論是下棋或醫療診斷，人類可以很容易理解為什麼系統會做出任何特定的決定。但是第二波人工智慧浪潮的情況再也不是如此。這些系統現在更加「不透明」。例如，為何AlphaGo的第三十七步會選擇前所未有的棋步，一開始大家都無法理解，因此系統開發人員必須仔細檢視它所做的複雜計算，最終才能真的理解這項決定。

這種全新的不透明性激發人類投入於專門的研究，協助人工智慧系統「自我解釋」，[35]而且也引起試驗性的公共政策回應。例如，在歐盟，保護個人資料的「一般資料保護規則」（General Data Protection Regulation）第十五條款已經將「關於自動決策邏輯的有意義資訊」視為一項合法權利。[36]目前，歐洲決策者的共識是，這種資訊還找不到。

人工智慧謬論

在前述各種情況下，電腦科學家和經濟學家都犯下家父與我同稱的「人工智慧謬論」：誤以為開發一種完成工作的能力與人類相當的機器，就是複製人類完成工作的方法。[37]這種謬論至今仍相當盛行，影響許多人思考科技與工作的方式。

舉例來說，醫師傾向於抵制機器終將學會診斷疾病、而且兩者能力不相上下的說法。他們說，一台機器永遠無法履行「判斷」之責。判斷需要本能和直覺，這種用眼睛看病人的能力，是透過豐富的經驗凝煉出個人的問診風格，這些都不能寫成一套專供機器參考的指令。英國皇家全科醫師學會（The Royal College of General Practitioners）是英國的醫師專業組織，宣稱「沒有任何App或演算法有足夠能力履行全科醫師的職責……研究顯示，全科醫師具備一種『天生直覺』，可以查覺到病患哪裡不對勁。」[38]或許確實如此。不過這不意味著機器不可能履行醫師的職責：它們或許可以採取截然不同的方式完成工作。史丹佛大學開發的雀斑分析機器並未複製醫師的「判斷」訓練，也沒有試圖複製他們的「直覺」。誠然，有人可能會辯稱，機器本身根本就不懂皮膚病學的任何知識，但是它依然有能力判斷雀斑是否會致癌。

同時，建築師可能會說，機器永遠難以設計出一幢創新或令人印象深刻的建築物，因為電腦本身其實「零創造力」。不過，想想德國漢堡嶄新的易北愛樂廳（Elbphilharmonie），它涵蓋一座由一萬片環環相扣的隔音板交織而成的美輪美奐大禮堂，這偌大的空間正是那種會讓我們出於本能認定，唯有天賦優異創造力的人類才有能耐設計出如此令人印象深刻的作品。但是，實際上這座禮堂是一套名為「參數設計」（parametric design）的演算法所創造的產物。建築師提供一組評估準則給這套系統，例如，空間必須具有一定的聲學特性，或者是任何觀眾接觸範圍內的隔音板都必須具備特殊的觸感，然後它就產出一系列足供建築師挑選的可能設計方案。類似的軟體曾用在設計輕便的自行車結構和更堅固耐用的椅子。[39]這些系統的表現都像是「具有創造性」嗎？當然沒有。它們就只是發揮強大的處理效能，盲目的產出各種可能的設計方案。它們的工作方式與人類完全背道而馳。

或者我們再舉一例說明。一九九七年，深藍打敗棋王卡斯帕洛夫僅幾個月後，人工智慧第二度拿下世人輕忽的勝利。在美國奧勒岡大學（University of Oregon），滿屋子聽眾正在欣賞一段鋼琴演奏。他們異口同聲的判定，這是德國音樂家巴哈（Bach）的真跡作品。但事實上這首樂曲出自作曲家大衛・柯普（David Cope）發明的作曲軟體「音樂智慧體驗」（Experiments in Musical Intelligence，EMI）。這部機器在完成這支曲子時是否「具有創造性」？一位奧勒岡大學音樂理論教授發現，這整件事都讓人「惴惴不安」。[40]籌組這場音樂實驗的道格拉斯・侯世達稱呼EMI是「畢生所見最發人深省的人工智慧計畫」，直言它讓他「深感困惑與困擾」。[41]倘若這首曲子出自人類之手，我們就會毫不遲疑的讚譽「有創意」，但無論作品本身多麼精緻完美，套用「有創意」形容作曲軟體的表現就會讓人彆扭不安。正如侯世達曾如此描述作曲這件事：「EMI沒有必要獨自在世界遊蕩，一面奮力撥開人生的迷霧，一面感受每一個瞬間，」然後才得以坐下來將這些感觸化為曲調。[42]謹以此再次聲明，機器本來就是採用完全不同的做法來執行任務。

我們會忍不住想這麼說，機器無法像我們一樣推理，所以它們永遠都不會下判斷；它們無法像我們一樣思考，所以它們永遠都不會發揮創造力；它們無法像我們一樣感受，所以它們永遠都不會表現同理心。這些說法可能都說對了，但是我們就是不願承認，機器或許依舊有能力執行需要人類發揮同理心、判斷力或創造力來完成的任務，只不過它們是通過一條和我們完全不同的途徑。

智慧下降

在《希臘神話》中，古代神祇住在奧林帕斯山最高處。祂們擁有非凡的能力，常坐在山頂俯瞰塵世中的凡夫俗子。然而，要是世間凡人表現得異常英勇或傑出，也有機會成為神。在這段希臘人稱為神化的過程中，他們將會攀上高山，在山頂找到自己的位置並入座。例如，希臘英雄海格力斯（Heracles）就有如此的經歷。當他走到生命盡頭，就被帶往奧林帕斯山與古希臘諸神並肩而坐，從此過著一種「不會受傷、青春永駐的人生」。[43]

時至今日，我們許多人似乎幻想人類就穩坐在自己的山頂上。我們雖然並不自命為神，但確實看待自己比任何現存的生物更強大有力。許多人都假設，如果一部原本好好待在山腳下的機器想要登上山頂與我們同坐，必然也得經歷神化的過程，不只是變得更像神，還要更像人。這就是人工智慧純粹主義者的觀點。一旦機器獲得「人類智慧」，就有資格坐上峰頂，攻頂的考驗也就隨之告終。

但是，正如實用主義者革命向我們展示的那樣，這種假設存在兩個問題。首先，攻上能力高峰（Capability Mountains）其實還有其他途徑，未必得要踩著人類走過的特定道路前進不可。純粹主義者的路線只不過是實現這個目標的其中一種方式，科技進步已經明白顯示條條大路通羅馬。第二，在一片山脈群中，不只是有這座人類自豪高踞的山峰，其實還有其他好幾座山峰。許多人從山頂俯瞰下方時其實分心了：我們老是花時間俯瞰能力較弱的機器，或是人類彼此互相凝望，連連驚嘆我們自己的卓越能力。但是如果我們抬頭眺望，而不是俯瞰或掃視，就會看到其他座山脈巍峨聳立在眼前。

目前人類可能是現存能力最強大的機器，但是機器還有其他很多可能的設計。試想一座儲存所有不同組合和迭代的宇宙倉庫：它將是龐大無比，或許可說是浩瀚無垠。物競天擇已經在這個廣袤無垠的區域找到一處小角落，花時間瀏覽一道綿延千里的通道，然後就此決定人類的設計。然而，擁有新科技的人類現在正在四處探索其他地方。演化得花時間，我們便改用運算效能。未來我們將會看到，自己如何在偶然間發現不一樣的設計，並以全新的手法打造機器，這種方式會讓機器登上能力高峰，甚至達到當代能力最卓越出眾的人類也無法企及的地步。[44]

當今科學理解智慧的程度仍存在著巨大的鴻溝，如果機器無須複製人類智慧就可以擁有強大能力，這道鴻溝也就不如人們一般認知的那麼重要。我們無須解決大腦和心智究竟是如何運作，才得以打造出足以超越人類的機器之謎。倘若機器不用複製人類智慧就可以擁有強大能力，那我們也就沒有理由認定，現今人類有能力完成的工作會限制未來機器可能實現的任務。人們普遍認為，人類智慧的能力是機器所能達到的極限，[45]但是，這在極端情況下是令人難以置信的。

第二部分

科技進步的威脅

第五章

任務侵占

我們應當對人工智慧的進步如何影響人類的就業市場報以何種期待？儘管現在機器可以執行的任務比過去多，但不代表它們什麼都能做。有害的替代力量依然受到限制，問題在於限制的界線含糊不清，而且不斷在改變。

最近探討機器效能極限的書籍、文章、評論和報告有如雨後春筍般湧出，各自採用不同的研究取向，其中一種是試圖找出哪些特定的人類能力難以自動化。舉例來說，有一種普遍的發現是，新科技在執行需要社交能力（即面對面互動或發揮同理心）的任務時顯得十分吃力。從一九八〇年至二〇一二年，需要高度人際互動的職業占美國勞動人口的比例成長了一二%。[1]二〇一四年，美國皮尤研究中心（Pew Research Center）發布的調查結果指出，儘管實用主義革命取得長足進步，許多專家依舊相信，諸如「同理心、創造力、判斷力或批判性思維等獨特的人類特徵」，仍將「永遠不會」自動化。[2]

另一個研究取向是，與其檢視人類的能力並追問它們能否被機器複製，不如思考任務的本質，追問任務具備的特徵究竟更容易還是更難交給機器處理。舉例來說，如果你接手一項容易定義目標的任務，可以簡單說明究竟這項目標如何達成，而且還能提供大量數據給機器學習，代表這項任務可能很適合自動化。[3]辨識貓的照片是一個很好的例子。[4]首先，目標很簡單：只需要問：「這是一隻貓嗎？」我們可以很容易判斷這套系統是否成功——只要它回答：「對，這確實是一隻貓。」而且網路上有非常多貓的照片（有項統計粗估有六十五億張，幾乎多到讓人有些厭煩）可以提供給機器學習。[5]相比之下，目標含混不清或可用數據不足的任務，可能就會落在機器能力所及的範圍之外。美國聯邦準備理事會（Federal Reserve）的經濟學家也曾經建議，「任務複雜性」可能是一項可以預測機器能做什麼事情的有效指標。[6]同樣的，史丹佛大學人工智慧實驗室（AI Lab）前主任吳恩達（Andrew Ng）也試圖找出「普通人可以做……不需要花一秒鐘思考」的任務。[7]

然而，前述各種標示機器極限的方法都有一個明顯的問題，那就是，無論你做出什麼結論，很快就會過時了。試圖找出明確界線的人，就像十年前彩繪蘇格蘭福斯鐵路大橋（Forth Rail Bridge）的油漆工一樣：這座橋實在太長了，以致於他們才剛漆完橋尾，就得馬上回頭從橋頭漆起，因為另一端已經開始掉漆了。就算花時間思考當今機器可以做什麼，等到想出結論後，可能就得重新思考和調整。

有一種更好的方法可以用來思考機器的功能，那就是停止嘗試找出特定的限制條件。我們必須壓抑分類的誘惑、按捺劃分「哪些特定的人類能力很難複製、哪些特定任務很棘手」的本能，改為找出總體的趨勢。這樣做的話，就會發現我們現在只看見表面上進步的漣漪，但在下方其實還有更深的潮流在湧動。[8]雖然很難確切說明未來的機器將具備何等能力，但肯定的是，它們可以勝任的工作會比當前能做的更多。隨著時間拉長，機器將會持續不斷的深入原本需要由人類完成任務的領域。就以當今任何一種現存的科技為例，無論是拿起智慧型手機或是打開筆電，你都能很有信心的說，以後它絕對不會是最先進的技術。

當機器接手愈來愈多原本由人類一手包辦的任務，我們可以將這種總體趨勢視為「任務侵占」（task encroachment）。[9]觀察機器如何在行動的過程中發揮作用，最佳方式就是檢視人類在工作時會使用的三大主要能力：手作、認知與情感能力。今日，每一種能力都受到與日俱增的挑戰。

二十世紀最偉大的美國社會學家之一丹尼爾・貝爾（Daniel Bell）曾被迫提出對自動

化的反思，他打趣道，我們應該牢記古老的猶太諺語：「單單舉例不能算是證明。」（for example is no proof）[10]不過，考慮到大量的實例蜂擁而出，我希望即使是貝爾也能承認這股趨勢正在發生。

手作能力

首先，我們來看看人類與實體世界交涉的各種能力，諸如需要動手實作的勞力，以及如何回應周遭所見的情景。傳統上，身體和心理運作的能力被應用在農業的經濟用途，但是近幾百年來，農業已經愈來愈自動化了。現在農地上有無人駕駛的曳引機與擠乳機、無人的牧牛機和棉花自動採收機。[11]果園裡有採摘橘子的搖樹機器人（tree-shaking robots）、採收葡萄的葡萄藤修剪機（vine-pruning robots），以及利用真空管將蘋果從樹上吸下來的機器人。[12]畜牧業有健康追蹤器來監控家畜的健康狀況，有攝影系統偵測不良產品，還有自動噴灑器可以為農作物澆灌施肥、施放殺蟲劑除草。[13]舉例來說，在日本，無人機包辦九〇％的農作物噴灑工程。[14]有一處英國農地完全不派人力種植、施肥和採收大麥。[15]美國農業巨頭嘉吉（Cargill）導入臉部辨識軟體監控乳牛。[16]中國科技集團企業阿里巴巴正在開發類似的技術以便追蹤仔豬，同時也計畫採用語音辨識軟體監聽牠們的尖叫聲，防止牠們不小心被母豬壓死。一般認為，這種做法可以使每年的仔豬死亡率降低三%。[17]

今日，現實世界中有關自動化任務的討論焦點都集中在無人駕駛汽車和卡車上。過去，人們相信電腦駕馭車輛的唯一做法是複製駕駛人的行動、模仿他在方向盤後方的思維歷程。秉持實用主義者革命的精神來看，這種信念已被證明是錯的：現在我們知道，自駕車不必遵循人類制定的固定、按部就班的道路規則，而是利用幾百萬次真實和模擬試駕累積的感測器數據，由下而上的學會如何自行導航。[18]美國車廠福特已經承諾，二〇二一年將推出自駕車，[19]其他車廠也隨後跟進。特斯拉宣稱旗下車款的硬體早已經就定位，不僅可以自行駕駛，而且行車安全水準「遠高於真人駕駛」。[20]有鑑於全世界平均每秒就有一人因交通事故受傷、每二十五秒就有一人因此不治死亡，自駕車的前景看起來頗受期待。[21]

最直接受到自駕車衝擊的可能是貨物運輸業而非私人運輸，部分原因是貨物相對重要。二〇一六年，一支半自動卡車車隊完成歐洲首航：它們一輛接著一輛排成一支隊伍，前排車輛掌控車速，尾隨的車輛則自動隨行（不過，目前的情況是每輛車上都還是配有一名真人駕駛）。[22]未來，或許運送貨物根本不必經由陸路。亞馬遜已經為「無人機巢」（drone nests）與「空中物流中心」（airborne fulfilment centres）申請專利；前者是一種類似蜂巢的大型建築物，可以容納自動飛行的送貨機器人大軍，後者則是一種裝滿貨物的飛船，可以巡航在四萬五千英尺的高空，等待無人送貨機前來取貨，並將貨物交付給顧客。[23]

空中運輸機聽起來可能是幻想成分居多，亞馬遜申請專利似乎也只是想要引起各界關注。不過值得一提的是，亞馬遜是採納最先進機器人技術的大企業之一，它們的倉儲據點內擁有超過十萬部在各樓面工作的機器人。[24]有些機器人能夠執行高超的身體動作，像是開門與攀牆、爬樓梯與落地後空翻、在崎嶇地面運輸電纜，並在半空中打繩結。[25]與此同時，全球工業機器人的數量正穩步成長：產業公會國際機器人協會（International Federation of Robotics）估計，二〇二〇年，將有超過三百萬部機器人站上生產線，這個數量是二〇一四年的兩倍。[26]

汽車製造業提供一則好的案例，體現工業世界中的任務侵占情況。從前生產一輛汽車是一項必須事先預定的活動，因為車體上每一樣零組件都得由工匠從頭打磨起。一九一三年，亨利·福特將產線自動化，推出標準化的機械零組件來取代手作零組件。這讓他可以導入舉世聞名的裝配線，也就是由輸送帶組成的網絡，讓生產線上的車體依序移動到每

圖 5.1：全球工業機器人總量[27]

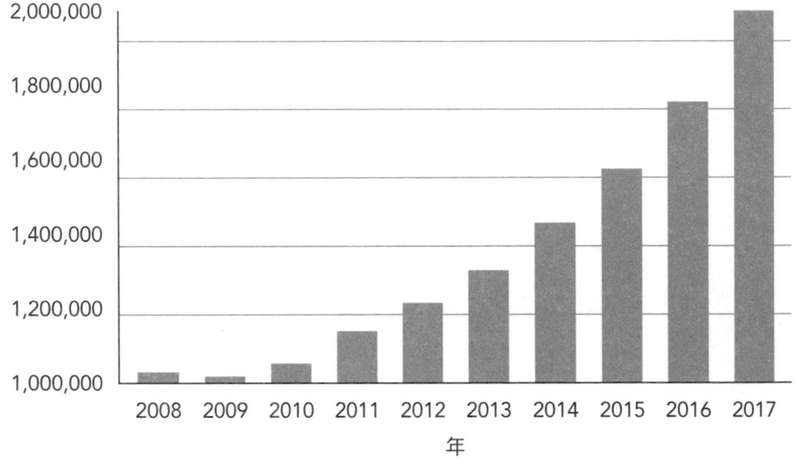

一個環節的工人手中。時間快轉到今天，現在機器人已經包辦八〇%的汽車製造流程。[28]這種故事不只發生在汽車製造業，麥肯錫公司預估，截至二〇一五年，製造業各領域中有六四%工時都是花在可以被現存科技自動化的任務，未來就更不用說了。[29]（這些活動即使技術上可行、但至今尚未自動化。我們將在本章稍後詳加探究這道議題。）

在人類的經濟生活中，建築業是另一個在傳統上依賴人類手作能力的領域，現在機器似乎也逐漸侵占這個領域的任務。若以一班八小時計算，在這段工時中真人建築工可能搬運三百至六百塊磚塊，但是一款簡稱為山姆一〇〇（Semi-Automated

Mason 100，Sam100）的運磚機器人，可以在相同的工時中搬運超過三千塊磚塊。[30]還有另一款機器人，配備一種使用雷射光感測系統的光學雷達（light detection and ranging，簡稱光達〔lidar〕），可以漫遊在建築工地周圍，掃描已經完成的工作，並檢查所有物件是否在正確的時間安裝在正確的位置上。但就目前來說，這項任務仍是由人類執行，他們必須一邊在寫字夾板上記錄，一邊拿捲尺丈量。在這個產業裡，高達九八%的大型建案最終都因此超出預算，而且進度遠遠落後時程表。[31]英國大型建築商保富集團（Balfour Beatty）希望到了二〇五〇年，旗下所有建築工地裡「都沒有人類」。[32]不過，最讓人興奮的建築用機器，或許是新加坡南洋理工大學（Nanyang Technological University）研究人員的新發明：可以在二十分鐘內完成組裝宜家家居（IKEA）的椅子。[33]

建築商也已經開始導入3D列印技術，也就是逐層「列印」物件的技術，以便打造出一整幢房舍（儘管目前從外觀上來看還不盡如人意）。這類3D列印技術並不限於住宅建築，目前也已經使用在列印摩托車、可食肉類、比基尼泳衣與猶太圓頂小帽（kippah）、航機零組件與人體部分器官、基本型武器與十六世紀的雕塑複製品。[34]美國工業集團奇異（General Electric）公司採用3D列印技術生產引擎燃料噴嘴，比前一代產品減輕二五%的重量，耐用度則提升了五倍。國際醫療人道救援組織無國界醫師（Médecins

Sans Frontières）也應用這項成本僅傳統產品五分之一的技術，為上千名在戰爭中失去四肢的敘利亞難民列印義肢。[35]

認知能力

現在，機器不只在實體世界遊刃有餘，也逐步侵占至今仍需要人類思考和推理能力才能勝任的任務。

舉例來說，美國銀行摩根大通（JP Morgan）開發出一套審查商業貸款合約的系統，他們估計，只需要幾秒鐘就能處理人類律師大約得花三十六萬小時才能完成的工作。[36]同樣的，安理律師事務所（Allen & Overy）也打造一套軟體，可以起草「場外交易（OTC）衍生性商品」所需的文件。他們還說，一名律師將花費三小時編譯相關文件，但他們的系統僅需三分鐘就能完成同樣的工作。[37]一支美國研究團隊開發出一套可以預測美國最高法院判決結果的系統，做出正確預測的機率大約為七〇%，反觀人類專家發揮法律推理能力的準確率大約只有六〇%。[38]一組英國研究團隊也針對歐洲人權法院（European Court of

Human Rights）研發出一套類似系統，預測準確率達高達七九％。[39]由於在訴訟事件中客戶最想知道的事情包括打贏官司的機率，因此這類系統格外使人感興趣。

在醫學界，許多令人印象深刻的科技進展是在診斷業務方面。[40]深智數位創建一套可以診斷五十多種眼疾的軟體，錯誤率僅五．五％。若與八位眼科專家一同評比，這套軟體可以和成績最出色的兩位專家並駕齊驅，勝過其他六位專家。[41]牛津大學的一組團隊設計出一套宣稱可以在預測心臟病問題方面勝過人類專家的系統。[42]在中國，數據資料的政策限制不如英國或美國嚴格，因此這類系統可以收到的回饋資料多到讓人瞠目結舌。舉例來說，史丹佛的雀斑分析機器可以處理十二萬九千四百五十件歷史病例，中國科技龍頭騰訊公司攜手廣州市第二人民醫院開發出一套診斷系統，可以從全國各地醫院存取超過三億筆醫療紀錄。[43]這類系統或許稱不上精準無誤，但是人類也無法保證萬無一失，據說現在人類的誤診率仍高達一〇％至二〇％。[44]人類這個選項其實並不完美，應該當作判斷這些診斷機器實用性的比較基準。

在教育界，單一年度報名參加哈佛大學線上課程的人數，已經超越整所大學實體課程的就學人數。[45]我在牛津大學主要的教學領域是經濟學和數學，我經常引導學生造訪線上習題與影音教學平台可汗學院（Khan Academy），這個學院集結十萬道練習題、解答二十億次，也蒐羅包含五千五百支影片，觀賞次數達四億五千萬。每月約有一千萬名獨立用戶造訪可汗學院，有效出勤紀錄優於英格蘭所有中、小學人口總數。[46]誠然，線上習題和影片非常適合用來製作更容易對外傳播的優質教育內容，算是相當簡單的技術。不過這類數位平台也愈來愈常應用在支援比較繁複的需求，好比「適性化」（adaptive）或「個人化」學習系統。這些量身打造的教學法，從內容、方法到步調都符合每一名學生的特定需求，力求複製牛津大學這類學府提供的一對一個人授課學程。一般來說，多數教學環境負擔不起這種做法。現在有超過七十家企業正在開發這類系統，美國也有九七%的學區採用某種形式投資這種新的學習系統。[47]

接下來的清單非常長。在金融界，電腦化交易已經相當普遍，約占股市總交易量一半。[48]在保險業，日本富國生命保險（Fukoku Mutual Life Insurance）已經啟用一套人工智慧系統計算投保人的支出，並在導入系統的過程中陸續汰換三十四名員工。[49]在植物學領域，一套演算法接受訓練、掃描二十五萬種乾燥植物後，已經有能力在新一輪的掃描中以高達八〇%的準確度辨識品種；一位古植物學家檢視成果後，認同這套系統「表現可能優於真人生物分類學家」。[50]在新聞界，美國通訊社美聯社（Associated Press）已經開始應用演算法編寫體育和財經報導，現在產出的文章數量已經達到原本依賴真人記者的十五倍。

彭博新聞社（Bloomberg News）刊登的內容中約有三分之一採取類似的方式生成。[51]在人力資源領域，七二％的應徵履歷「從未送到真人眼前審閱」。[52]

我們已經知道，現在機器可以創作繁複精緻的音樂，以致於聽眾誤以為自己聽到的音樂是出自巴哈之手。現今也出現可以指導拍片、剪接預告片，甚至編寫簡要版政治講稿的系統。正如我那身兼律師與作家的弟弟傑米．薩斯金（Jamie Susskind）所說：「政客說話本來就常常像是沒有靈魂的機器人，這已經夠糟了，但現在我們又有一種說話像政客、而且真的沒有靈魂的機器人。」[53]達特茅斯學院是人工智慧發源地，曾舉辦「文學創作圖靈測試」（Literary Creative Turing Tests）：研究人員分別呈交一部多才多藝、可以編寫十四行詩、打油詩、短詩或兒童故事的軟體系統，生成作品最像真人手筆的系統便可獲獎。[54]這類系統聽起來可能帶著趣味或投機，有些系統的確如此，不過，投身「運算創作力」領域的研究人員其實都以非常嚴肅認真的心態看待這套計畫，傾盡全力打造可以執行這類任務的機器人。[55]

有時候，機器侵占「需要人類使用認知能力」的任務時會引起爭議。試想一幅軍事場景：現在眼前正好有一批武器，無需聽從人類思考就能自行選擇並摧毀目標——這個假設促使聯合國召開一連串會議商討「殺手機器人」的崛起。[56]或者，想像一下讓人不安的「合成媒體」（synthetic media），它將影像處理軟體Photoshop修飾影像的概念提升到全新的層次，現在有些系統可以自行產出讓人信以為真、但實際上從未發生過的活動影音畫面，包括參與者從未入鏡卻像是真人演出的露骨情色戲碼，或是某些公眾人物從未發表，卻像是實際發布的煽情演說內容。當我們的政治生活愈來愈容易受到假新聞干擾的時候，這類軟體的濫用更令人感到苦惱。[57]

在其他時候，機器侵占「需要人類使用認知能力」的任務的方式，看起來非常奇怪。例如，近年來在北京的天壇公園中，公共廁所衛生紙失竊的情況相當嚴重，不過公園管理單位並未雇用保全加強巡守，而是安裝內嵌臉部辨識技術的自動衛生紙機，九分鐘內只能提供同一名使用者長度不超過六十公分的衛生紙。負責這項服務的行銷總監解釋，公園管理單位曾考慮許多技術方案，但最終「選定臉部辨識，因為這是最乾淨衛生的做法」。[58]另外，我們也可以參考天主教會的例子，在二〇一一年，有一位主教簽發第一紙「出版許可令」（教會官方單位授予宗教文本的正式許可證），這紙許可證已經發布到行動App裡。這個App的主要目的是要幫助用戶準備告解，它內建許多功能，包括提供追蹤罪行的工具，而且在下拉式選單中包含各種悔罪行為的選項。這個App引發軒然大波，以致於梵蒂岡認為必須出面緩頰，指出雖然人們獲准採用這個App來準備告解，但並不能真正代替實際的行動。[59]

情感能力

在實體世界與認知領域之外，機器現在更侵占那些需要我們動用情感能力（包括感知與情緒）的任務。事實上，有一門名為「情感運算」（affective computing）的電腦科學領域正致力打造可以實現這個目標的系統。

舉例來說，有一些系統有能力檢視某人的臉部，判斷他們當下覺得快樂、困惑、驚訝還是開心。[60]中國四川大學教授魏驍勇應用這類軟體，判斷他的學生在課堂上是不是覺得很無聊。[61]有些系統的分辨能力遠超過真人，可以認出對方是發自內心的真誠笑容，還是出於禮貌客套的假笑，也能從臉部的表情發現對方是真的痛苦還是假裝出來的。還有一些機器的能力不僅僅是讀取人們的臉部表情，它們可以在聽取一段女性與兒童的對話後判定他們是否有親子關係，也可以從某人走進房內的步態判斷對方是不是打算做什麼壞事。[62]另一種機器則是可以聽出來某人在法庭中是不是在說謊，準確率高達九〇%；相反的，真人猜中的機率僅五四%，只比隨機亂猜的機率高一點而已。[63]中國的平安保險公司導入一套類似的系統，判斷申請貸款的對象是否不誠實：申請人在回答收入與還款意向之類的問題時會被錄成影片，交由電腦評估對方是否說實話。[64]

接下來談談與「社交機器人」有關的領域。包含本章提到的工業用機器人在內，現今全球機器人總數約達一千萬部，花費在機器人技術的總支出，預計將從二〇一〇年的一百五十億美元增加至二〇二五年的六百七十億美元。[65]社交機器人屬於機器人學的子領域，具備辨識、回應人類情感的能力，因此與它們的機械同伴有所區別。在所有社交機器人產品中，最引人注目的應用是在醫療保健領域。用於治療的機器小海豹帕羅（Paro）療癒效果十足，能夠安撫患有失智症（dementia）和阿茲海默症（Alzheimer's disease）等有認知障礙的病人；幾家比利時醫院指派人形機器人（humanoid robot）Pepper招呼病人，並引導病人走到正確科別就診。[66]但是，不是人人都和機器處得來，舉例來說，二〇一五年Pepper就遇到一件倒楣的事，當時有一名姓石川的醉漢進入日本一家手機門市，動手攻擊向他打招呼的機器人，只因為「他看不慣它的態度」（這傢伙很快就被逮捕了）。[67]

前述幾部機器都有能力偵測並回應人類感情，令人震驚。然而，過度聚焦在這件事情上反而會誤導我們。為什麼？因為Pepper、帕羅與其他類似系統全都採用各種方式試圖模仿人類的情感能力，不過，我們從實用主義者革命中學到的教訓是，它們大可不必這麼做：機器不用複製人類就能比人類更出色的完成任務。

以教育為例，對於當今教育學子的方式來說，教師和學生之間的實際交流很重要，不過這並不妨礙可汗學院這類線上教育平台每個月為幾百萬名學生提供優質的教學素材。[68]同理，目前醫師與病患之間的人際互動是醫療保健系統的核心，但電腦系統根本不需要直視病患的雙眼，照樣可以做出準確的醫療診斷結果。在零售業，人事廣告要求求職者必須具備出色的「社交技巧」，不僅要能與顧客互動，還能說服對方眉開眼笑的打開皮夾購買商品。但是，沒有社交技巧的自動化結帳櫃台漸漸取代友善的收銀員，而且線上零售根本不講究人際互動，這些變革正無情的威脅商業大街上的實體門市。機器人專家經常談論「恐怖谷理論」（uncanny valley）*，指的是當機器人的外觀和人相差無幾（但不完美），人們與它們交流時突然感到極度不自在。[69]我們可能永遠都不必跨越這個低谷，除非機器

*編注：這是關於人型機器人發展的假說：一般人對機器人的好感度會和它們與真人的相似度成正比，但到了某個程度時會突然感到恐怖、詭異或不自然，使好感度急遽下降，直到發現機器人和人類的相似度提高才會再度上揚。呈現這個假說的曲線圖表中出現了一個看起來像低谷的反轉區域，因此稱為恐怖谷。

人的外觀設計能完全與真人一模一樣，才會成為真正的問題。但是對大多數的任務來說，即使是需要動用情感能力的類型，也沒有必要讓機器人模仿人類才能勝任。

在此，我們學到一堂放諸四海皆準的教訓。經濟學家經常根據人類執行任務的特定能力來分類任務的性質。舉例來說，他們會探討「手作任務」、「認知任務」與「人際交往任務」，而非「**交由人類執行時**，需要手作、認知或人際交往能力的任務」。這種思考方式可能會導致人們低估機器侵占這些任務的程度。正如我們屢次所見，機器不需要試圖複製人類執行任務時使用的特定能力，一樣可以完成愈來愈多的任務。根據人類自己的能力運作方式來分類，反而會促使我們想像機器只能採用和人類同樣的方式完成任務。

合理的懷疑論

前述幾段說明還不夠詳盡，可能遺漏一些令人印象深刻的例子，不過再過幾年，那些例子肯定也將顯得陳舊過時。至於各家企業宣稱要採用新技術也未必是福音，因為我們很難分辨那究竟是企業的雄心壯志與成果，還是行銷人員為了生存而編出的挑釁、誇大話

圖5.2：財報電話會議中提及「人工智慧」與「機器學習」的次數[70]

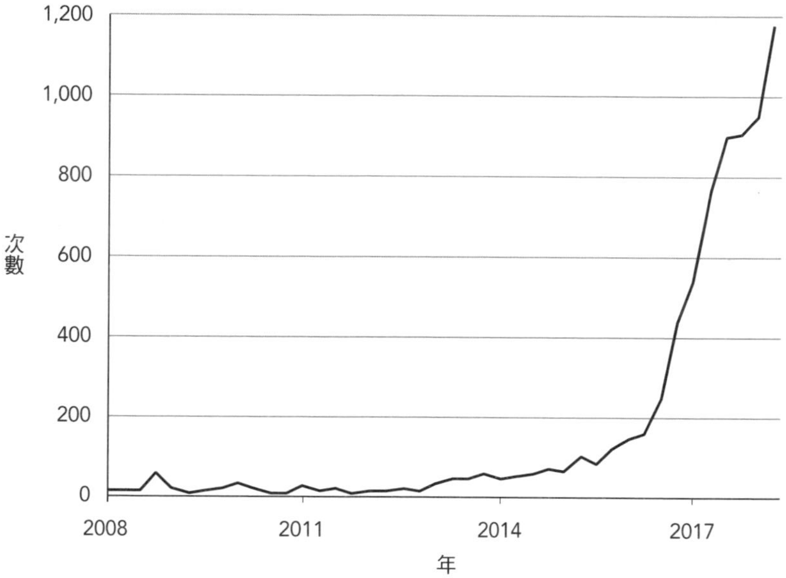

術。如圖5.2所示，二〇一八年中，公開上市企業在季度財報電話會議中提到「人工智慧」與「機器學習」的次數是三年前的十四倍。某種程度來說，這種成長可能是真正的技術進步所推動，但也有可能是被炒作起來的，因為有些企業只是急就章的美化舊技術，再貼上人工智慧的標籤而已。

在某些情況下，有些企業兜售「偽人工智慧」（pseudo- AI），讓真人假扮成機器，提供聊天機器人與語音轉錄成文字的服務。這和十八世紀的下棋機器「土耳其人」做的事情差不多。[71]二〇一九年的一項研究發現，歐洲境內所有的人工智慧新創企業中，四〇%根本「未曾在產品中使用任何人工智慧軟體」。[72]雖然這不像下棋機器人那麼戲劇化，但是精神上是相似的。我們也看到一些企業領導人被自動化牽著走的知名案例。二〇一七年，特斯拉執行長伊隆・馬斯克表示，他希望未來汽車製造業能實現高度自動化，以致於只有「空氣摩擦」能成為限制機器人的重要因素。[73]僅僅幾個月後，在特斯拉無法達成交貨目標的壓力下，馬斯克窘迫的在推特上發文：「沒錯，特斯拉過度追求自動化是個錯誤。」[74]

然而，太看重那些特定的疏漏或誇張的情況，就會錯過更大的前景：機器逐漸侵占愈來愈多過去需要各種人類能力才能操作的任務。當然，這並不是一個完全穩定的過程，多年來，當任務侵占現象遇到新的障礙時就會進入蟄伏期；當它克服自動化的限制後，又會像雨後春筍般蓬勃湧現。這種消長起落的循環在未來也會持續發生。由於今日人們對新科技愈發狂熱的熱情與實際的限制互相衝突，新一輪的人工智慧寒冬可能即將來襲。不過，和過去的情形一樣，許多限制會隨著新的解決方案與變通做法出現而消失。經濟學家小心翼翼的將所有以經驗為依據的規律分類為「規則」或「法則」，而事實證明，任務侵占就像所有歷史現象一樣具有某種法則。或許，除了核武戰爭或大規模環境崩壞等毀滅性的災難降臨，任務侵占的現象似乎肯定會繼續發生。

英國科學家牛頓曾寫下萬古千秋的名言：「如果我比別人看得遠，那是因為我站在巨人的肩膀上。」這個見解同樣適用於機器效能。當今的科技立足在前代人的研究基礎上，從過去所有發現與突破中累積的智慧汲取力量。除非我們封印創造本能、拋棄創新的衝動；除非我們高喊「大功告成」，並且從此停止研發人工智慧，否則未來我們打造的機器只會比今日更強大有力。

我希望，即使是最保守的經濟學家在思考未來時，也不會否認我們正踏上「機器逐漸侵占愈來愈多任務，能力也不斷與日俱增」的旅途。例如強烈質疑科技的美國經濟史學家羅伯特・高登（Robert Gordon），近幾年來，他的巨作《美國成長的興衰》（*The Rise and Fall of American Growth*）引起各方激辯，因為他在書中主張，我們最美好的科技時代已經過去了。或者如同另一位經濟學家保羅・克魯曼（Paul Krugman）所說：「未來再也不是過去的樣子。」[75]高登深信，在經濟成長樹上低垂的果實已經被採摘一空；然而，即使他強烈懷疑今日的科技主張，卻也不認為這棵樹現在已經枯萎了。在二〇一七年出版的一篇後記中，他寫道：「人工智慧正在以緩慢、穩定、日益進化的方式取代人類的工作，而非突然發起革命。」[76]換句話說，他的質疑似乎不是針對我們預測的發展方向，反而是對發展的速度有意見。他預測，未來幾十年，美國的人均國內生產毛額每年只會微幅成長〇・

八%(相較之下,一九二〇年至一九七〇年間的年均成長率猛衝至二·四一%),但即使他說對了,仍意味著八十七年後美國人的財富將成長為今天的兩倍。[77]爭論的重點在於哪一個世代的人將享有這些財富,而不是未來的人是否會變得更窮。

儘管如此,我還是懷疑高登對進步速度的保守論點是錯的。但考量他對未來的看法廣受歡迎,因此仍值得深入討論。高登的中心主張是,一八七〇年到一九七〇年是美國經濟成長力道強勁的「特殊世紀」,但「未來再也不會出現」,因為「許多偉大發明只會發生一次」。[78]當然,未來的經濟收益不會再經由電力、汙水下水道或任何其他往日的偉大發明所驅動。就像樹上的同一顆水果不可能採摘兩次的道理一樣。不過,這不代表我們的未來不會再出現其他偉大的發明。毫無疑問的,這棵樹未來幾年仍會繼續結出新的果實。《美國成長的興衰》確實有其權威分量,但就某種意義而言,他的論述也自相矛盾。他萬分謹慎的主張過去的成長並非一段「穩定的歷程」,然而結論卻說,穩定的歷程恰好是我們未來要面對的情況:過去曾推動我們經濟不斷發展的意外創新與科技突破愈來愈少,因此進入經濟成長**衰退**的穩定歷程。考慮到當今科技產業的投資規模,許多絕頂聰明的人才都投身蓬勃發展的科技產業,如果說未來幾年不會再出現這樣的情景,似乎是完全不可能的事。

在不同地區，自動化步調不同

即使機器效能愈來愈強大，但不代表世界各地接受它們的程度一樣高。主要原因包括以下三點。

任務不同

第一個原因最直接：不同的經濟體是由差異極大的職業類型組成，而有些職業的任務比較難被機器取代。因此，某些科技在一些地區必定會比在其他地區更有用。這就是促使經合組織繪製分析圖5.3的原因。

依據經合組織的定義，此處的「自動化風險」是指經濟體中所有被自動化取代的機率超過七〇％的職業占整體的比例。我們在第二章曾討論道，「X職業的自動化風險機率為Y％」的說法非常容易產生誤導，不過，這種分析其實還是有用的，因為它揭示不同國家的任務類型組合，其間差異可以大到什麼地步。基於經合組織對機器效能的判斷，東歐國家斯洛伐克的職業被自動化的風險是北歐國家挪威的六倍。為何如此？因為這兩個地區的職業工作涉及非常不同的任務組合。[79]圖5.3同樣也顯示，人均國內生產毛額比較低

圖 5.3：「自動化風險」對比人均國內生產毛額[80]

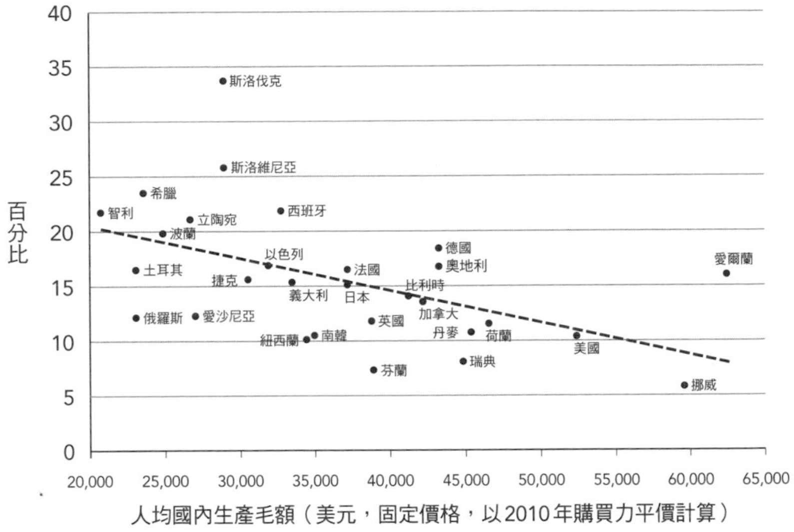

的窮國，往往會面臨比較高的「自動化風險」，因為經合組織認定，在這些國家裡最容易實現自動化的任務種類高得不成比例。其他明確針對開發中國家進行的研究也歸納出相同的結論。[81]

這也不只是全球性的現象。即使是單看一個國家，自動化風險也可能存在巨大的地域性差異。舉例來說，經合組織發現，在加拿大自動化風險最高與最低的兩個區域僅差一個百分點；但是在西班牙卻相差了十二個百分點。比較各地區的差異可能會使全球的差距顯得更極端。舉例來說，在西斯洛伐克的西部，據說三九%的職業面臨自動化風險，但是在挪威的奧斯陸與阿克斯胡斯（Akershus）則僅有四％。兩者之間相差超過九倍。[82]

成本不同

不同地區導入機器的速度不同第二個原因是成本。試想一下：如果你經過摩洛哥的露天市場，可能會看到工匠席地而坐，雙腿夾著車床刨削木片。這不單純只是表演，而是因為他們的勞力十分低廉，所以延續傳統手工藝而非積極求助現代木工技術、繼續使用自己的腳趾而非採用任何自動化工具，就經濟層面而言這種情況是合乎常理的。[83]我們在此得到的一般教訓是，考慮使用機器來讓某一項任務自動化是否更有效率時，真正重要的不只是機器的生產力是不是比人類高，也要考慮它的成本是不是比人工昂貴。如果在某個特定地區的勞力非常便宜，那麼即使機器的生產力很高，採用相對昂貴的機器似乎就不符合經濟效益。

這種推理足以解釋，為何會有人會認為像清潔工、美髮師和桌邊服務生等低薪職業的自動化風險較低。不只是他們的工作多半被歸類為「非例行」任務，更因為這類工作的薪資往往較低，所以特地打造機器取代人力的誘因遠低於其他工作。這也是為何英國頂尖智庫財政研究所（Institute for Fiscal Studies）擔憂一旦提高最低工資，反而可能會提高自動化風險。[84]以前購買機器取代低薪勞工是不划算的事，但如果勞工的薪資提高了，購買機器反而變得合乎財務考量。對收銀員、服務生這些執行「例行性」任務的低薪勞工來說，情況尤其如此。

相對成本也有助於解釋為何有一些科技遭到棄置的奇怪狀況。試舉英國機械式洗車場的式微情形為例，從二〇〇〇年至二〇一五年，設置在路邊車庫的洗車場數量減少超過一半，從九千座下滑到四千二百座。到了今天，全國各地多數洗車場都是由工人手洗。為什麼自動化趨勢在洗車業這一行會倒退發展？在諸多因素中，洗車協會（Car Wash Association）首先怪罪到移民身上。二〇〇四年，東歐十國加入歐盟，這些國家的移民工湧入英國，甘願領取微薄薪資、削價競爭求取工作，讓生產力較高但成本更貴的洗車機器失去競爭力。在這種情況下，比較便宜的工人實際上可以取代機器。[85]

或許最有趣的是，相對成本涉及到國際因素。某種程度來說，各國之間的成本差異足以解釋為什麼以前世界各國採用新科技的速度落差這麼大。舉例來說，經濟史上的一大謎題：為何工業革命在英國發軔，而非法國或德國。美國經濟史學家羅伯特・艾倫（Robert Allen）認為，原因就在於相對成本。在當時，英國勞工的薪資遠高於其他國家，能源價格卻非常低廉。花錢安裝新機器可以省去勞力成本，又可以運用容易取得的便宜燃料，的確是合乎經濟效益的安排，但在其他國家則不然。[86]

更重要的是，相對成本也可以解釋為什麼未來世界各國採用新科技的程度會非常不平均。以日本為例：護理型機器人發展異常神速並不是巧合的事，因為日本的老年人口比例高居全球之冠，六十五歲以上人口占整體超過二五%，而且工作年齡人口每年萎縮一%，再加上日本排斥為當地人提供公共服務的外國移工，結果使護理師與照護工供不應求（預計到二〇二五年將短缺三十八萬人），因此提供企業實現照護員自動化的強烈誘因。[87]這就是為何前述的療癒型機器小海豹帕羅、可以將不良於行的病患從浴室扛到床上的機器熊（Robear），以及可以開課進行舞蹈教學的人型機器人（Palro）在日本得以開發並獲得採用的原因，但是其他國家對此卻感到漠然或困惑，而且普遍不贊成。[88]事實上，這個真相再普通不過了：老齡化愈快速的國家投資自動化的力道往往也更強大。一項研究發現，超過五十六歲的勞工族群與二十六歲至五十五歲的勞工族群相比，人口老化率每提高一〇%，每一千名勞工就要增加〇．九個機械人。例如二〇一四年，美國製造業每一千名工人中只有九．一四部工業機器人，遠低於德國每千名工人中有十六．九五台的水準。但是，研究結果表示，如果美國的人口統計資料與德國相同，差異會縮小二五%。[89]

儘管國家、地區以及經濟特定環節中的相對成本可能不一致，但它們都往同一個方向發展。新科技現在不僅在各種環境中都變得更強大，在許多情況下也讓使用者更有能力購買或租用。試想運算功能的成本，如圖5.4所示：到了二十世紀下半葉，運算成本急遽下降，反映出這段時期內運算能力爆炸式的成長。（再次提醒，此圖縱軸採用對數尺度，往下調降一個單位就代表成本降為十分之一，兩個單位則是百分之一。依此類推。）

諾貝爾經濟學獎得主麥克・史賓賽（Michael Spence）預估，二十世紀下半葉，處理效能成本大約下降一百億倍。[90]無論相對成本差異有多麼巨大，如此強大、持久的趨勢終究會幾乎席捲全世界和部分的經濟生活。

監管法規與文化差異

最後一個關於「不同地區採納機器的速度不同」的原因與經濟無關，而是取決於應用新技術的法規和文化環境。監管法規是一直在修改變化中的，舉例來說，近幾年來，幾乎所有已開發國家都公布了某種形式的「人工智慧策略」，說明它們有多麼期待影響這個領域的發展。中國發布一套計畫，宣示「二〇三〇年將成為人工智慧領導者」，要求「隨時隨地」都要做研究。俄羅斯總統普丁（Vladimir Putin）公開聲稱：「誰能成為人工智慧領

圖5.4：每百萬運算次的成本，1850年至2006年（2006年為標準）[91]

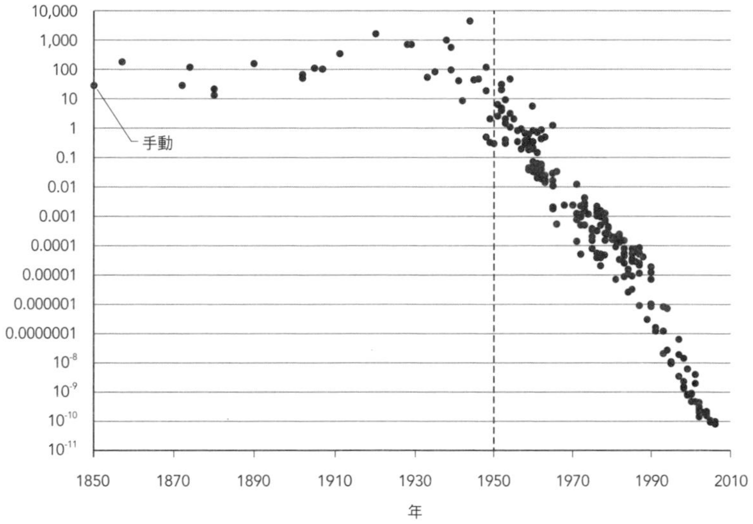

域的領袖，最後就會成為全世界的統治者。」[92]這等雄心壯志意味著孕育並採用這些新科技的正式監管環境正獲得愈來愈多關注。

但是，與國家願景同樣重要的是，個人如何回應新科技，以及隨著這些反應所產生的文化。舉例來說，一項二〇一八年的調查研究發現，絕大多數的美國人認為使用演算法來判定受刑者能否假釋、篩選求職者簡歷、分析求職者的面試畫面，或是根據消費者的數據資料訂定個人理財分數，都是「不可接受」的做法。[93]同年，大約四千名Google員工簽署一份請願書，抗議公司計畫與五角大廈

（Pentagon，指美國國防部）合作，使用人工智慧系統解讀無人機拍攝到的影像，且在抗議期間內有許多員工辭職。在英國，二〇一六年深智數位被揭發取得三家醫院同意，自由存取院中一百六十萬名患者的病歷，引發大眾不安，促使資訊專員辦公室（Information Commissioner's Office）正式介入調查。[94]在任何一種情況中，民眾的抵制可能出於不同的顧慮，但造成的後果都一樣：採納新科技的速度減慢了。雖然在此列舉的美國與英國的例子都很敏感，但有一點很重要，請謹記在心：即使是最無害的科技同樣會招引文化保守主義者（Cultural conservatism）的反彈而導致類似的結果。例如，一八一六年聽診器已經發明問世，但是前後花了二十年才成為醫生問診時例行使用的工具。據說，當時的醫務人員並不樂見這種器械「擋在他們的雙手與病人之間」。[95]

中國的故事

如果想一眼看清任務、成本、法規與文化因素對某一地實現自動化程度的影響，不妨想想中國。近幾十年來，中國經濟飛躍成長的驅動力，很大程度是來自一支以往曾經是農工的廉價勞力大軍。他們多數都抱著想多賺一點錢的念頭，被吸引到日漸繁榮的城市、進入燈火通明的工廠。雇用這批勞工，而非導入機器，曾經有一度是相當具有經濟效益的做法，因為這些工人的薪資非常低。但是，變化已經出現了。首先，中國經濟似乎都是由特別容易實現自動化的任務所構成，研究人員宣稱，有七七%的職業「面臨風險」。[96]其次，相對成本水漲船高：二〇〇五年至二〇一六年工人的薪資翻了兩倍。[97]這意味著現在導入機器取代勞力才是更合理的財務措施。第三，監管法規與文化環境都支持這種做法。早在二〇一四年，中國國家主席習近平就發起一場「機器人革命」，任何想要抵制這股野心的公民社會力量都不太可能像在西方國家那樣順理成章的實現。[98]

總而言之，這些因素解釋為什麼二〇一六年中國境內安裝的機器人總量遠多於全球其他國家，而且幾乎占了全球三分之一，比第二名的南韓遙遙領先兩倍。[99]中國也在人工智慧研究方面取得長足進步。一九八〇年，人工智慧促進協會（Association for the Advancement of Artificial Intelligence）舉辦的開幕會議，在這個領域中是非常重要的會議，當時還不見任何一篇中國研究人員發表的報告，絕大多數報告都來自美國；一九八八年，中國開始提交報告，但美國仍執牛耳；但是到了二〇一八年，中國呈交大會的論文數量比美國多出二五%，而且只有三篇不被接受。[100]今天，如果我們查看在數學、電腦科學領域中被引用次數最多的前一%論文，會發現生產這些論文數量最多的兩間大學都在中國，領先美國的史丹佛與麻省理工學院。[101]

儘管如此，在此仍要重申，不同地區導入機器人的步調不同，這件事情的影響力遠比總體趨勢來得小。在世界各地的機器效能幾乎都愈來愈強大，逐漸蠶食鯨吞以往僅由人類執行的任務。套用一句老生常談：在這個世界上，沒有什麼事情是肯定的，除了死亡與繳稅；現在還要再加上一句：機器無情侵占任務的歷程也是肯定的。

第六章

摩擦型科技性失業

大約九十年前，凱因斯讓「科技性失業」這個詞流行起來，並預言我們在「往後的日子裡將會經常聽到這個詞」。[1] 儘管他堅信這股威脅即將到來，也清楚預知隨之而來的焦慮，卻未曾明確解釋科技性失業將會如何發生。凱因斯描述：「由於我們發現節省勞力方法的速度，超越為勞力找到新用途的速度，」因此會加速科技性失業的發生，不過他並未對此再進一步詳加闡述。相反的，他僅以一句「革命性科技變革」來襲，試圖說服讀者同意他的觀點。讀者可能會點頭同意，因為凱因斯動筆寫作的背景是咆哮的一九二〇年代（Roaring Twenties），這段時間裡，人們在飛航、抗生素與「有聲電影」等所有事物中都看到驚人的科技進展。但事後證明，這些創新技術的本質與規模並不是未來發展的可靠指南。凱因斯對科技性失業的定義也沒有特別發人深省，只留給後世一個最關鍵的問題：在未來，**為什麼**我們可能找不到勞力的新用途？

正如我們前面討論的內容，工作的未來取決於兩股力量：有害的替代力量和有益的互補力量。在許多傳說中，都會設定一名英雄與一名惡棍為了爭奪主導權而纏鬥不休；但是在人類與科技發展的故事中，科技同時扮演兩個角色，一方面淘汰勞工，另一方面同步提升其他經濟領域對人類勞力的需求。這種交互作用有助於解釋為何過去人們總是誤會自動化焦慮的重點：我們的前人錯判那場角力中的贏家，不是低估了終被證明為無比強大的互補力量，就是完全忽視那股力量。這也可以解釋為什麼傳統的經濟學家對科技性失業的想法不屑一顧：替代力量似乎受到嚴格的限制，留下大量機器無法完成的任務，並且使執行這些任務的人力需求日益成長。

但是，經濟學家對科技性失業的輕視實在是判斷錯誤。實用主義者的革命顯示，那些對機器效能有絕對局限性的想像已經破滅；替代力量正在蓄積能量，新科技不會有禮貌的遵循某些預測專家事先標示出來「哪些任務是機器能做、哪些不行」的界線。當然，這未必會是問題。經濟史已經證明，只要互補的力量夠強大，機器是否在廣泛的任務中取代人力就不重要了，因為還會有其他領域的活動需要人力。從工業革命開始到現在，我們都還是生活在這樣的勞動時代中。

那麼，對於同意凱因斯的我們來說，面臨的挑戰便是：如果不像前人一樣忽略有益的互補力量，我們應該如何解釋科技性失業可能會怎麼發生？

工作，遙不可及

《希臘神話》裡有位名為坦塔洛斯（Tantalus）的人物犯下不道德的重罪：親手弒子，並將親骨肉送上餐桌宴請天神。他做了一個完全錯誤的決定，因為他的晚宴賓客是全知的神，在東窗事發後，諸神懲罰他永遠站在水位高及下巴的池水中，池水四周有果實累累的樹叢。但是，每當他想要低頭喝水，水就會從他的唇邊湧退；當他想要伸手摘取果實，樹枝就會擺向旁側。[2]坦塔洛斯的故事引申出「吊胃口」（tantalize）的詞彙，而這個詞彙可以表現出「摩擦型」科技性失業（frictional technological unemployment）的樣貌：當發生這種狀況時，仍有工作需要由人類完成，但問題在於，不是所有勞工都有能力得到這些工作。[3]

摩擦型科技性失業未必表示人類可以做的工作將會減少。未來十年左右，在幾乎所有經濟體中，其他工作領域日漸提升人力需求的互補力量，可能會全面壓倒汰換勞工的替代力量。儘管近幾十年來我們目睹科技的輝煌成就，但仍有大量人類活動領域至今無法實現自動化，任務侵占的情況依舊受到限制。延續過往的歷史發展趨勢，許多領域對人力的強烈需求可能還會持續一段時期，但是隨著時間流逝，只有一批人數愈來愈少的族群還能高枕無憂。沒錯，目前可能仍有許多任務超過機器的能力範圍，而科技進步也總是會提升這類任務對人力的需求，然而，正如坦塔洛斯的傳說，許多人雖然想要伸出手捧住這些仍有人力需求的工作飯碗，卻只能痛苦的一再落空。

勞動市場中的「摩擦」妨礙勞工自由選擇任何可能適任的職業。且讓我們將經濟想像為一部龐大的機器，當沙子或石礫卡在車輪縫隙時，機器就無法順暢行駛。今日，許多地方已經發生這種情況。以美國年屆就業年齡的男性為例，從二戰以來，他們參與勞動市場的比例崩跌：六分之一的男性失業，是一九四〇年男性失業人口的兩倍多。[4]他們發生什麼事？最有說服力的答案是，這些人成為摩擦型科技性失業的受害者。以前，他們多數人都在製造業找到高薪的工作，然而科技進步意味著這個產業無法再提供足夠的職缺給這群人；一九五〇年，製造業雇用約三分之一的美國人，今日卻已經少於十分之一。[5]隨著美國經濟改變與成長，其他產業創造大量的新職缺，從一九五〇年以來，新職缺的數量已經擴增四倍，但是許多失業的男性沒有能力轉任這些新職缺。出於各式各樣的原因，這些工作遠遠超出他們的能力範圍。[6]

在未來十年，這種情形可能會發生在其他類型的勞工身上。他們也會像這些失業的製造業勞工，被困在勞動市場的特定角落，無法在其他產業找到適合的工作。導致這種情況的主要原因有三：「技能錯配」（mismatch of skills）、「身分錯配」（mismatch of identity）與「地點錯配」（mismatch of place），這三種不同的摩擦力在工作世界中發揮作用。

技能錯配

正如我們所見，近年來在許多已開發國家中，勞動市場變得愈來愈兩極化。在頂端，高薪、高技能的工作比以前多，在底端，也存在大量低薪、低技能的工作，但是介於這兩者之間、傳統上能為許多人提供優渥薪資的中產階級工作，如今卻日益萎縮。如果美國是最典型的代表，那麼它證明了當今空洞化的趨勢可能還會持續上演。[7]隨著這種情況而來的是預期會出現摩擦型科技性失業的第一個原因：攀向金字塔頂端的階梯愈來愈難爬。

在過去，人們還有可能克服在勞動市場中接連不斷的科技進步浪潮。幾百年前，當機器驅使人類脫離田野上的傳統生活，他們相對容易過渡到製造業的工作中。從農田轉進工廠，雖然意味著工作內容改變了，但勞工需具備的新技能卻很容易上手，畢竟那仍屬於人力操作的型態。隨著工業革命加快步伐，機器變得更繁複、生產流程更精密，工廠也更為龐大，勞力市場對工程師、機械師傅、電氣工等受過良好教育的藍領勞工的需求增加，同時也需要更多管理營運、提供專業服務的白領勞工。對於想要提高社會地位的勞工來說，從勞力工作轉向從事認知型工作的挑戰也變得更高了。正如《經濟學人》資深編輯萊恩·艾文（Ryan Avent）所言，十九世紀初期，「多數人都目不識丁、不會算數」，很少人為此做好充分準備。[8]然而，許多人仍有學習正確技能的可能性，因此在十九世紀末至二十世紀初期，興起一股追求大眾教育的狂熱，也順勢淘汰一些與潮流不符的勞工。

進入二十世紀以後，隨著人們努力爭取高薪工作，全世界的技能水準也不斷往上提升。經濟學家談論勞工與科技之間充滿隱喻的競賽時，暗示人們只需要學習正確技能就可以跟上科技的腳步。[9]但到了今天，想要參加這場競賽似乎是非常艱苦的任務。

一方面，許多參賽者正傾盡全力向前跑。放眼全世界，受過良好教育的人口比例已經停止成長。正如艾文所指，想要讓超過九成的人口完成中學教育、超過五成的人口完成大學教育，其實是非常困難的。[10] 經合組織的一項研究發現，勞工的技能水準已經上升到類似的穩定水準；「全世界多數國家都在努力提升國內人民的教育與技能水準，」報告中指出，「然而，過去二十年來，經合組織成員國的成人技能數據資料並未顯示，隨著教育水準的提高，具有較高技能的勞工占總人口的比例有顯著成長。」[11]

與此同時，人類可能也發現，因為科技進步神速，這場與科技的競賽愈來愈困難。二十世紀初，勞工第一次從工廠轉進辦公室，原有的識字率與算術能力根本不敷所需，需要更高的資格才能從事辦公室工作。值得注意的是，正如圖2.3所示，雖然大學畢業勞工的薪資表現一向優於只受過中學教育的族群，但是具有碩士學位的族群，薪資成長的幅度更大。[12]

某個程度來說，這場競賽的加速，正好解釋為什麼矽谷科技圈會集體高聲反對時任美國總統川普（Donald Trump）的移民管制政策。原本美國政府每年以**H-1B**簽證放行大約八萬五千名外國人進入美國境內工作，得到簽證的「專業人士」多半都是進入高科技企業，而川普承諾，將限制發放**H-1B**簽證納入「美國優先」政策。矽谷一向對高技能勞工求才若渴，十分依賴這類簽證引進外國勞工來滿足企業的需求。這些企業抱持的想法是，美國人不一定總是可以勝任這些工作，他們也表示，企業唯有在國內就業市場中找不到合格人選的情況下才會申請簽證。[13]我們可能會懷疑這種聲明；評論家指出，企業實際上是利用這些簽證雇用低薪的外國勞工。[14]儘管如此，根據估計，全球只有兩萬兩千名取得博士學位的研究人才足以勝任最頂尖的人工智慧工作，其中只有一半的人才待在美國。這樣的人才比例算是很高了，但考慮到這個產業的重要性，有資格的勞工數量仍相對太少。[15]

身分錯配

對於沒有能力從事高薪、高技能工作的勞工族群，無可避免的替代選擇就是妥協投入低技能或低薪的工作。這似乎已經成為美國教育程度較低的勞工的宿命：用大衛・奧圖的話來說，在勞動市場中，他們「愈來愈難向上移動」。[16]

然而，讓人驚訝的是，近十五年來，許多具高等教育程度的人才立志攀上勞動市場的頂端，最後卻與高薪、高技能的工作失之交臂，被迫從事無法發揮專業的職業。舉例來說，一九五〇年代至一九六〇年代，速食業的職缺很大一部分是由「青少年暑期打工」來填補；但今日在美國僅三分之一速食店員工是青少年、四〇％是二十五歲以上年輕人，

圖6.1：大專院校畢業生從事的職業的認知任務強度

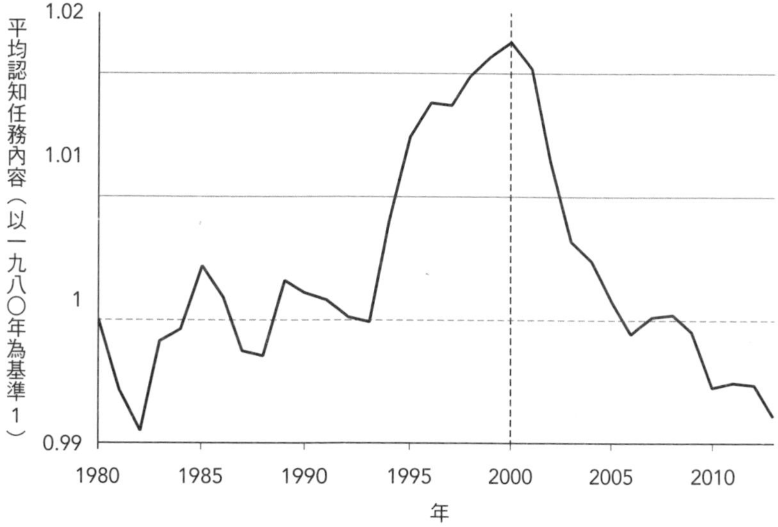

還有三分之一的員工具備大專院校學歷。[17]把範圍放寬一些，擁有科學、科技、工程和數學（STEM）學位的美國人，有三分之一都在從事不需要這些專業的工作。[18]當經濟學家蒐集所有美國大專院校畢業生從事的工作任務，發現從二〇〇〇年起，高「認知任務強度」的職業逐漸崩解，呈現出「技能需求大逆轉」。[19]正如圖6.1所示，畢業生逐漸發現，他們所從事的職業，對認知和技能的要求標準都遠低於以往。

但是，不是所有人都接受這種妥協做法，許多人拒絕低就，不願意從事低薪或低技能的工作，而是選擇失業。這是我們預期未來會出現摩擦型科技性失業的第二個原因。人們可能不只是愈來愈缺乏現有工作要求的技能，同時也無法接受現有的低技能工作。

在韓國，這種情況已經司空見慣。這個國家素以濃厚的學術文化聞名，大約七〇％的年輕人擁有大學學位，不過大專院校畢業生也占了總失業人口的一半。[20]部分原因是這些優質人力不願屈就眼前能做的工作：錢少、保障少，地位又低下，完全不符合他們當年接受培訓時所想像的未來職涯。[21]

勞工對這種職業避之唯恐不及的事實格外重要，因為我們沒有理由認定科技進步必然會在未來創造出有強大吸引力的工作。科技進步製造出一種普遍假象，以為它會讓工作更有趣，人類只要完成有意義的事物，其他無法讓人感到充實愉悅、無聊又乏味的任務全都可以轉嫁給機器。大家總說機器會解放人類，讓人可以「做真正使我們成為人類的事」。我們經常會用這種老套的想法來談論自動化帶來的影響；機器人這個字彙源自捷克語robota，意思是賤役或苦工。不過這是一種誤解。我們已經看到，當今進步的科技將許多「非例行」任務留給人類處理，它們多半屬於勞動市場底端的低薪職位，與許多我們認定難以實現自動化、令人充實愉悅的活動幾乎沒有相似的地方。我們沒有理由認為未來會有任何不同。

圖6.2：美國產出最多新職業的領域，2014年至2024年[22]

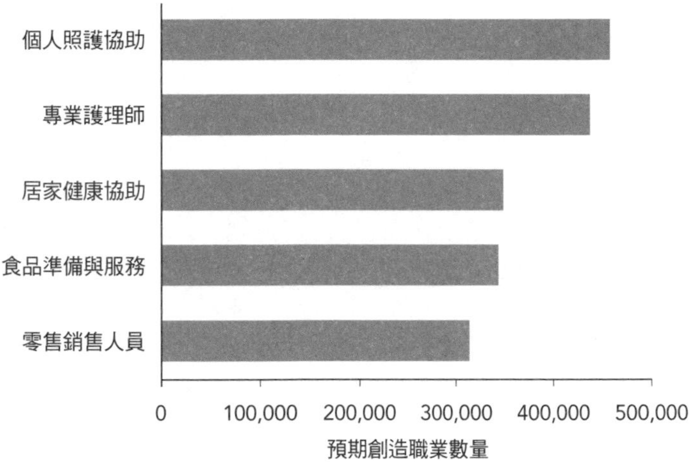

對美國成年男性來說，類似的戲碼也正在上演，儘管原因可能各不相同，但有些勞工似乎別無選擇，只能被迫非自願離開勞動市場。這些美國男性被新科技踢出製造業後，寧可不工作，也不願意做「粉領族」（pink-collar）的差事。粉領族是個不幸的詞彙，它暗指出某項對男性不利的事實：許多機器仍無法企及的職業多半由女性擔綱，而且比例高得出奇，例如教師這一行，有九七・七％的幼兒園與學前班教師是女性；護理師的女性占比為九二・二％；美髮師為九二・六％；家政服務人員為八八％；社工為八二・五％；餐廳服務生則為六九・九％。[23]正如圖6.2顯示，美國勞工部（US Bureau of Labor）預測，在生產事業中，男性占居主導角色的比例正在下降，女性居於主導角色的比例卻在上揚，而且預期在未來幾年會創造最多就業機會。[24]

為何人們不願意從事自己有能力做的現成工作？大部分屬於「粉領族」的差事，薪資明顯低於全國平均水準，[25]因此無助人們轉業。不過更重要的是，許多男性勞工似乎因為某些職業角色根深柢固的形象，好比社會地位、工作性質，特定身分階級的人才會做某類工作等，導致他們寧可失業也要保護自己的身分形象。[26]

地點錯配

造成摩擦型科技性失業的第三個原因，可能只是因為工作出現在錯的地點。即使求職人士具備技能，也有意爭取工作，但因為他們無法搬遷而錯失機會。他們不可能搬遷的理由有很多種，有些是勞工完全拿不出搬家費、有些則是不想離開對自己而言意義重大的社區或住處。無論是哪一種情況，結果都是一樣的：科技變革可能激發工作對人力的需求，但這些工作並不是出現在適任勞工所在的地方。

回顧網際網路發展初期，一度讓人們認為可能再也不需要擔憂工作地點的問題。任何人只要準備好一台可以連上網路的機器，就可以在任何地方工作。只要花一點錢或犧牲一點方便，人們就能從自家舒適的客廳駛上「資訊高速公路」。不過這種觀點很快就被證明是錯的，正如研究這些現象的傑出經濟學者恩里科．莫雷蒂（Enrico Moretti）所說，今日「不管『距離之死』與『世界是平的』相關論述如何炒作，你住在哪裡比以往任何時候都更重要。」[27]

從許多方面來看，這是一種很直觀的想法。科技進步的故事多半與區域興衰的傳說息息相關，試想一下「鐵鏽帶」（Rust Belt）與矽谷，從二〇〇〇年至二〇一〇年，如果不計二〇〇五年卡崔娜颶風（Hurricane Katrina）重創的路易斯安納州紐奧良市，美國人口減幅最大的區域依序是密西根州底特律市、俄亥俄州克里夫蘭市與辛辛那提市、賓州匹茲堡市、俄亥俄州托萊多市與密蘇里州聖路易市。這些鐵鏽帶城市傳統上都是製造業重鎮，但隨著產業沒落，人口外流高達二五%。[28]與此同時，在矽谷，科技進展是造成同溫層（stratospheric）現象的主要原因。今日矽谷已成為全世界的創新之都，產出更多專利、創造更多高科技職缺，而且吸引更多創業投資，全美國其他城市都望塵莫及。[29]

但是矽谷和其他類似的地區也不只有這些經常與大型科技公司劃上等號的高技能工

作。誠然，如果你是電腦科學家，將有機會在矽谷找到薪資最高的工作；但在波士頓、紐約或華盛頓特區等地方，你的年薪恐怕會大幅減少四〇%。在過去，即使你不具備科技公司需要的高技能，待在矽谷或鄰近的地方也非常有價值，舉例來說，在舊金山與聖荷西可以找到全美國收入最高的理髮師和服務生，其他類別的職業也是。[30]事實上，就傳統來說，各種類型的人口密集城市，都意味著那裡無論是高技能或低技能的人，薪資都很高。不過這種情形是否仍會延續下去，恐怕有待觀察：根據最新數據資料顯示，受過良好教育的勞工仍然適用這套規則，但是對教育程度較低的族群來說，闖蕩大城市的好處「幾乎已經消失」。[31]

如果檢視美國的統計數據，可能會認為地點錯配的威脅言過其實。表面上來看，美國人口的流動性似乎很高：大約每五年就有一半的家庭變更地址，而且居住州與出生州不同的比例也上升至三分之一。[32]但是我要提出兩個注意事項：首先，這不是放諸世界各地皆準的現象。例如，歐洲的人口流動性相對較低，介於十六歲至二十九歲的義大利男性，有八八．三%都還住在家裡。[33]其次，那些舉家遷移的族群往往擁有比較高的教育背景。在美國，幾乎有一半的大專院校畢業生在三十歲左右搬離出生州，相較之下，僅有一七%的中學中輟生會離開出生州。[34]人口可能從像底特律這樣的鐵鏽帶城市流出，但正如莫雷蒂所說：「中學中輟生的流動性只不過是涓涓細流。」經濟圈中除了有其他不平等現象之外，還有大量的「流動性不平等」（inequality of mobility）。

不只是失業

「科技性失業」這個術語造成一種毫無幫助的結果，就是讓我們以為新科技是影響工作世界、改變失業率的唯一（或主要）方法。失業率的定義是，在就業市場裡，一群正在求職卻不可得的勞工占全體勞工數的比例。但是，單看這項數據似乎無法看穿全局。首先，有些技能、身分與地點錯配的人可能直接放棄求職，從此完全脫離勞動市場。如果發生這種情況，官方的失業率其實會降低：由於這些人再也不找工作了，就統計的定義而言當然就不需要納入計算。

因此，我們也必須要關注「勞動參與率」（participation rate）：即全體勞動年齡人口（不單只是活躍在勞動市場中的族群）仍受雇的人數占比。舉例來說，美國當今的失業率僅三．七%，低得讓人印象深刻；然而，同時間的勞動參與率卻在崩跌，衰退至一九七七年以來的最低水準。似乎有愈來愈多介於勞動年齡的美國人完全放棄就業，應該將這種現象視為一記警鐘。[35]同理，在未來，我們應該更加審慎，聚焦在失業率問題的同時，也不要忘記關注勞動參與率。

但是，失業率最根本的問題在於它只關注現有的職缺數量，而非職業的本質。不過，經濟史清楚顯示，新科技可能不只減少職缺數量，也降低某些職缺的吸引力。工業革命已經讓我們窺見這一點：新科技其實沒有催生大量被淘汰的勞工，而是產生大量不受歡迎的新興職業。未來也必然如此。

就某種意義來說，這是顯而易見的事。有些勞工缺乏正確技能、不喜歡眼前的工作選項，或是住在錯誤的地方，他們並沒有從此退出勞動市場，反而繼續追求他們做得來的任何工作。當這種情形發生時，勞工發現自己受困在勞動市場中的某個特定角落，但他還是努力求職、想要工作，這樣的結果就不會是科技性失業。也就是說，有一群人完全找不到工作，但是科技業卻出現過多的求職人潮，人們搶破頭也要在所剩不多的職缺中爭取到一份他們能做的工作，這種情形不會直接導致失業增加，但是會對工作的本質產生三大有害影響。

首先，當求職人潮擁入同一個行業，勞工的薪資就會面臨下行壓力（downward

pressure）。說來奇怪，在經濟學中，科技性失業向來是一個具有爭議的想法，但下行壓力卻廣泛被接受。[36]令人費解的是，有時候經濟學家傾向嚴格區分「沒有工作」和「低薪工作」，這兩者被視為毫無關聯的現象；因為前者是不可能的事，後者則是完全合理。就實務而言，這兩者之間的關係確實並不直接。不妨來個合理的推想：當愈來愈多人爭先恐後搶奪他們可以做的工作，薪資就會下降；也可以這樣思考，在勞動市場的任何一個角落，薪資可能跌到不能再低的地步，勞工受到局限，以致於他們認為這些工作再也不值得費力去爭取了。如果發生這種情況，這兩種現象就會合而為一。這並非不可能的事，二〇一六年，占全美國勞動力約五％的七百六十萬名美國人全年受雇期至少二十七週，卻依然生活在貧窮線下方。[37]同樣的困境也可能發生在經濟圈的其他領域。

求職人潮擁入同一行爭搶剩下來的工作帶來的第二個影響是，某些職業的工作品質也將面臨下行壓力。當更多勞工競逐這些職缺，雇主似乎就沒有必要開出優渥的工作條件來吸引勞工。德國社會學家卡爾·馬克思（Karl Marx）稱勞工為「無產階級」（proletariat），這是借用古羅馬字彙所指的最低社會階層成員。今日，則有新的詞彙「殆危階級」（precariat）取代它而日漸普及，這個新詞彙反映出一項事實：愈來愈多勞工不只領取低廉的薪資，生活也很不穩定，承受高度的壓力。[38]有時候人們以正向的精神喊話：

新科技可以讓我們比父母輩、祖父母輩更容易從事彈性的工作、開創事業、成為自雇者，而且擁有多樣化的職業選項。這或許沒錯，但是對許多人來說，「彈性」一詞聽起來更像暗示著不穩定。例如，在英國，三分之一身綁臨時合約的雇員其實想要永久雇用的安排；幾乎有一半簽訂「零工時」（zero-hour）*合約的雇員希望獲得一份比較規律的工作與就業保障。[39]

至於第三個影響，則與身分地位有關。諾貝爾經濟學獎得主詹姆士・米德（James Meade）一九六四年撰寫工作的未來時就已經預料到這一點。他推想，未來許多職業將會以各式各樣的方式服務富裕階級。他認為，未來世界將由「落入貧困的無產階級和管家、男僕、廚房女傭，以及其他依附他人生存的勞工」組成。某種程度來說，他還真的說對了。[40]在我們經濟生活中的某些部分已經感覺得到米德所說的兩種階層：圖6.2顯示，許多快速成長的職缺，包括從零售業務到餐飲服務，都是在為富人提供低薪的服務。不過，米德預期，那些「依附他人生存的勞工」不必然會「落入貧困」。在倫敦、紐約這些大城市的富裕階層中，可能會發現奇特的經濟生態系統，充斥著一些性質特殊但薪資很高的職業，而且它們幾乎完全寄於社會階層中最富裕族群的庇蔭之下：例如，訂製湯匙雕刻師和兒童遊戲顧問、菁英私人訓練師與明星瑜珈教練、精製巧克力師和手工起司匠。當經濟學家泰勒・科文想到這一點，他打了一個妙喻：「讓高所得族群在生活各方面都過得更好，將是未來職缺成長的主要來源。」[41] 如雨後春筍般出現的新興職業不僅代表經濟上的分歧（有些人賺得比其他人多），在富人與服務富人的族群之間，也存在著身分地位上的區隔。

我們若想知道摩擦型科技性失業在未來可能會如何發展，不妨想想美國幾百萬名開車謀生的司機。如果美國前總統歐巴馬的白宮幕僚值得相信，那麼在自駕車的世界裡，大約會有二百二十萬到三百一十萬個從業人員被掃地出局；[42] 同時，新工作則可能會出現在其他領域。像是對電腦科學家的需求可能會大量成長，因為他們熟悉設計、校準與維修自駕車隊。或者，當經濟更繁榮時，反而會刺激許多不相關的低技能服務需求增長，好比清潔工、美髮師與園藝匠等。不過，這群失業的司機可能無法在新職缺中找到任何新的機會，畢竟卡車司機很難重新受訓、轉型為電腦程式設計師；他們可能也不喜歡這些新角色的特徵；而且即使他們願意嘗試，可能也不是居住在可以發展新職涯的恰當地點。如同這個例子所示，技能錯配、身分錯配與地點錯配可能同時影響所有被淘汰的勞工。

＊譯注：指勞、雇雙方簽約時並未訂定最低工時；雇主可根據公司需求安排工作，勞工也不必然接受公司指派。

有些人對未來工作世界的想像比較戲劇化，但摩擦型科技性失業的概念可能不是如此。有些人可能會質疑，這種情形「真的」是科技性失業嗎？因為，如果勞工學會正確技能、改變他們對自己的看法，或者只是搬到開出新職缺的地點，那麼摩擦不是就消失了嗎？不過，光是基於這些理由就想要消除問題是不對的。雖然從理論上來看，這可能只是暫時的問題，但是實際上要解決這些摩擦幾乎難如登天。從勞工的角度來看，區分他們「試圖爭取卻無法掌握工作」與「根本沒有工作可以做」是沒有意義的事情。對他們而言，關於經濟中其他領域的就業島傳說也可能只是童話故事而已。

第七章

結構型科技性失業

幾年前，臉書共同創辦人克里斯・休斯（Chris Hughes）曾與幾位具有強大影響力的經濟學家和掌握大權的政策制定者共進晚餐。當晚的一個節目是時任總統歐巴馬的經濟顧問委員會（Council of Economic Advisers）主席傑森・佛曼（Jason Furman）受邀為在座賓客發表演說，講題為〈數位競爭力〉（digital competitiveness）。休斯對工作的未來十分感興趣，因此中途插話提問：「隨著人工智慧的普及，未來職缺可能會愈來愈少，對此，您有什麼因應計畫呢？」根據休斯轉述，佛曼幾乎毫不掩飾他的火氣，如此回應：「三百年來的歷史告訴我們，這種預測不可能成真。」[1]

在我的經驗中，經濟學家多半坦然接受前一章探究的「摩擦型」科技性失業的想法。他們很容易描繪出一幅未來的情景：有大量工作等著人類來做，但有些人就是做不來。不過，休斯抛給佛曼的問題不一樣，他只是想要知道，未來沒有足夠的工作讓每個人都有工作可以做，那麼我們究竟為此做了哪些準備？我們可以將這種「職缺太少、求職者四處奔走也徒勞無功」的情境視為「結構型」科技性失業。多數經濟學家都像佛曼一樣，非常不能接受這種可能性。[2]

這些經濟學家是對的嗎？歷經三百年激進的科技變革後，至今人們仍有足夠的工作，這個事實是在告訴我們，未來總是會有足夠的人力工作需求嗎？我不同意。沒錯，歷史或許告訴我們職缺需求充足，幾乎人人有工作可以做，但是這不能保證未來幾十年的情況都會如此。直到今天，淘汰勞工的替代力量還是比提升人力工作需求的互補力量微弱，但是，未來這兩股力量之間的平衡可能會向另一側傾斜，而且永遠不會反轉回來。

日益減弱的互補力量

毫無疑問，隨著任務侵占步步進逼，機器接管愈來愈多任務，有害的替代力量也將日益強大，勞工遭到汰換的活動領域更將拓展至前所未見的廣大範圍。然而，為何我們不能像現在這樣單憑互補力量就克服這個影響？為何互補力量不能像防波堤一樣抵禦替代力量呢？答案是，任務侵占也具有第二個有害效應：隨著時間推移，可能不只是強化替代力量，也同步削弱互補力量。

正如我們所見，在過去，互補力量是經由生產力效應、大餅效應與變化中的大餅效應三種方式，提升就業市場對那些被機器淘汰的勞工的需求。它們合而為一，確保人人永遠都有足夠的工作可以做。但未來機器仍將毫不留情的進犯人類活動範，任何一種效應產生的力量都有可能被耗盡。

生產力效應

互補力量發揮作用的第一種方式是透過生產力效應。機器汰換從事某些任務的勞工，但是在其他還沒實現自動化的活動領域中，機器可以強化勞工生產力。當勞工生產力的改善成果（低價或優質商品）傳遞到消費者手上，都有助於提高就業市場對這些勞工的勞力需求。

在未來，新科技無疑將會繼續強化執行某些任務的勞工生產力，但只有在人們比機器更勝任那項任務時，才能夠繼續推升就業市場對人力的需求。當情況不再如此時，勞工的生產力再怎麼改善也不重要了：機器就是會取代他們。[3]

不妨試想製作蠟燭或紡棉的傳統工藝。人類曾經最適合做這些工作，但是到了今天，這些工作幾乎完全交由機器代勞。或許還是有些熱中此道的人，興致勃勃的想探究人類的手工藝究竟可以多麼登峰造極，好比一天可以製作多少獸脂蠟燭，或是一位當代紡織工採用現代化工具可以紡出多少紗線。不過，從經濟角度來看，這些手工藝匠的才能根本不重要，因為採用自動化方式製作這些產品更有效率。

在任務侵占持續發生的這股潮流中，人類的才能將在愈來愈多任務中顯得無足輕重。以衛星導航系統為例，現在它讓計程車司機更容易掌握方向，就算行駛在陌生道路上也能游刃有餘。但是，只有當人類比機器更會操縱方向盤、順利將車從甲地駛向乙地，這句話才能說得通。未來幾年的情況可能會大翻盤，終究會有一天，自駕車軟體會比人類駕駛更有效率、更安全。屆時，人類開車技巧再高超也不重要，就商業目的而言，這種才能就像製作手工蠟燭或紡紗線一樣成為一種過時的趣味。[4]

西洋棋是另一個適合闡述未來幾年生產力效應將如何消失的例證。一段時間以來，加里．卡斯帕洛夫都在讚揚一種他稱為「半人馬棋」（centaur chess）的特殊現象，這是由人類與電腦棋士組隊協作的棋賽。卡斯帕洛夫的想法是，人機協作的結合體可望打敗任何單機行動的電腦棋士。[5]這正是生產力效應的作用：新科技讓人類更完美的成就任何事情，但問題在於，卡斯帕洛夫的「半人馬」已經被斬首棄用。二〇一七年，Google採用可以自行訓練的機器圍棋士AlphaGo Zero，調整參數讓它具備玩其他類型棋賽的能力，然後再灌輸棋局規則，他們稱這套新系統為AlphaZero。這部具機器不再像以前一樣吸收人類頂尖棋士的經驗和教訓，完全沒有人為的痕跡。它僅僅自行訓練一天，就能夠發揮無與倫比的性能，在連續百場的系列棋賽中打敗當今最優秀的機器棋士，而且連一場比賽都沒輸。[6]歷經這樣的挫敗之後，很難看出人類棋士在強大的機器面前還有什麼立足之地。正如泰勒・科文所說：「現在，人類在人機棋隊中毫無貢獻。」[7]

這種結果還帶來一個更深沉的教訓。卡斯帕洛夫的豐富棋賽經驗，讓他宣稱「人類加機器」的合作夥伴關係不僅能在西洋棋局中取勝，更能在所有經濟領域中贏得勝利。[8]也許很多人也抱持著同樣的觀點，不過，AlphaZero的大獲全勝顯示這種想法是錯誤的。唯有在機器不管與任何對象合作都無法發揮效能、反倒是人類可以提供貢獻時，這種人機組合才有可能更強大。只是，隨著機器的能力愈來愈強，人類可以提供的貢獻就日益減少，直到這種夥伴關係終於消失為止。「人類」在「人類加機器」組合中變成多餘的存在。

大餅效應

互補力量幫助人類的第二種方式，是透過大餅效應發揮作用。如果我們視國家經濟為一塊大餅，世界各地的科技進步已經確實把所有的餅都愈做愈大。這意味著在某個領域中被淘汰的勞工，也可以在其他領域找到工作，因為日益成長的經濟收入會提升其他領域對他們技能的需求。

在未來，經濟大餅毫無疑問的會繼續成長，收入會攀升到前所未見的高度，對產品的需求不斷上漲。但是，我們已經無法再指望它必能像以前一樣支撐市場對人力工作的需求。何以如此？因為如同生產力效應所示，只有當人類比機器更擅長執行任務，並產出良好的成效，大餅效應才能發揮作用、幫助人類。

目前，期待人類比機器更有優勢可能還算是合理的。我們都生活在勞動時代，如果有什麼新任務必須完成，交給人類打理確實可能比較妥當。但是隨著任務侵占步步進逼，機器做得更好的可能性愈來愈高。一旦這種情形發生，產品需求的成長便意味著人力需求減少，反而是對機器的需求增加了。

我們已經可以在當前的職場中瞥見這種現象。以英國農業為例，近一百五十年來，英國經濟這塊大餅大幅成長，但是並沒有為更多勞工創造更多工作。今日，英國農業產

圖7.1：英國農業，1861年-2016年（以1861年為基準100）[9]

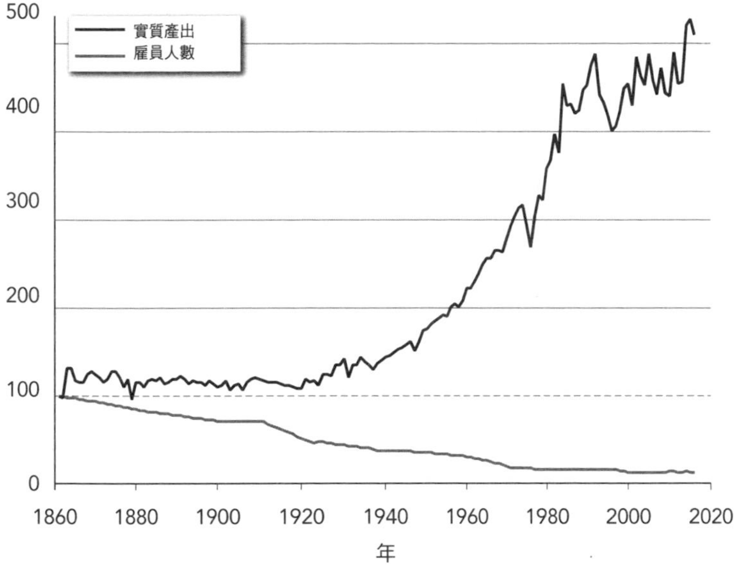

量是一八六一年的五倍多，但是農民占全國勞動市場的比例反倒是從二六・九%降到一・二%，而且這個產業的實際從業人數幾乎銳減了九成，從三百二十萬人驟跌至三十八萬人。此外，挹注農業產出的資金遠多於以往，但是隨著新科技日新月異，創造農業榮景的人力需求卻日益萎縮。

我們試著換個方式檢視一九四八年以來的英國製造業，如圖7.2所示，二十世紀下半葉，英國經濟這塊大餅也逐漸成長。雖然製造業一開始確實增聘不少勞工，一九七〇年代末期的雇員人數卻

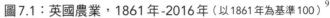

圖7.2：英國製造業，1948年-2016年（以1948年為基準100）[10]

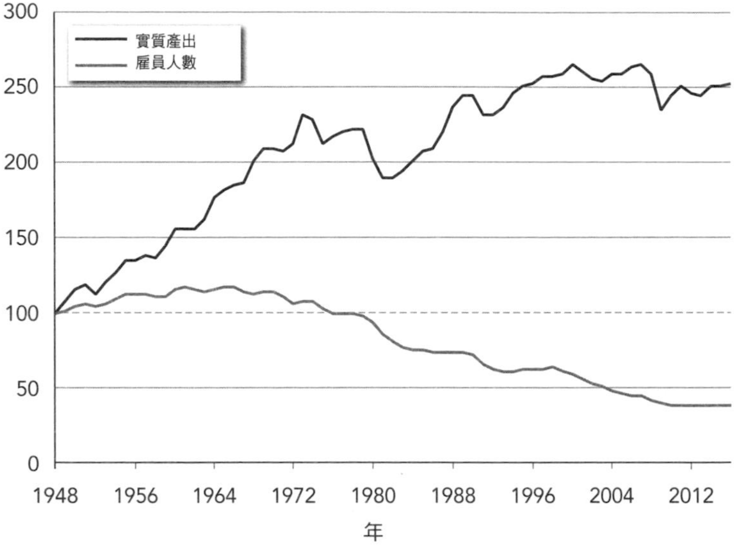

開始下跌。今日這個產業的產出是一九四八年的一．五倍，但是需要的勞工卻只有當年的四成。和農業的情況相同，挹注製造業產出的總資金遠多於以往，但是隨著新科技一日千里，生產必要的人力需求卻一落千丈。

前述現象也非英國獨見。舉例來說，同樣的發展也發生在美國製造業。近幾十年來，美國經濟中的製造業飛速成長，但並沒有為勞動市場貢獻更多職缺。今日它的產出是一九八六年的一．七倍，但生產所需的人力卻減少三成。單單在二十一世紀的第一輪十年，就有五百七十萬個製造業職缺消失。11

目前，這些故事僅在經濟圈中的幾個特定產業上演，還沒成為全球現象。不過，它們還是呈現出大餅效應的問題本質：收入的成長可能提升對產品的需求，但不必然表示人力工作的需求也會上揚。在英國、美國的農業與製造業中，產品和人力這兩股需求趨勢已經脫鉤。令人不安的是，隨著任務侵占步步進逼，這種情形也可能發生在經濟生活中的其他領域。

變化中的大餅效應：消費者

在過去，互補力量輔助人類的最後一種方式，是透過變化中的大餅效應：科技進步不只是把經濟大餅變大，更為它增添全新成分。這一切是怎麼發生的？一是消費者不僅像以前一樣擁有更多收入可以花用，而且也改變花用的方式。隨著時間推移，新產品與新服務的需求激增，其中包括以往從未見過的品項，因此被舊工作淘汰的勞工可以在這些領域找到新職務。

經濟學家思考未來時，變化中的大餅效應是相當普遍的樂觀來源。舉例來說，經濟歷史學家喬爾．莫基爾曾寫道：「未來必然會帶來我們眼前難以想像的新產品，但是這些新產品卻會被二〇五〇年或二〇八〇年的公民視為不可或缺之物。」[12]同理，經濟學家大衛．多恩（David Dorn）主張，科技進步將會「產出新產品與新服務，不僅增加國民收入，總體來說，也會增加經濟對勞工的需求」。[13]大衛．奧圖也提出讓人信服的論點：「剛進入二十世紀的農民，可以預見一百年後醫療保健、金融、資訊科技、消費電子、飯店、休閒和娛樂產業雇用的勞工人數將遠超過農業。」[14]

誠然，未來人類可能會產生與當前的我們完全不同的需求，甚至可能會索求今日的我們無法想像的事物。用蘋果創辦人賈伯斯（Steve Jobs）的話來說，「消費者根本不知道自己想要什麼，直到我們做出來並展示在他們眼前。」[15]不過，這個發展也未必會刺激更多對人力工作的需求。再次重申，唯有人類可以比機器更容易達成產出產品的任務，才會發生這種情況。不過，隨著任務侵占繼續發生，愈來愈有可能發生的情況是，對產品需求的改變無助於刺激人力工作的需求，反倒增加對機器的需求。

進一步檢視經濟生活中比較新興的領域後，我們可能會感到憂心，因為這種情況已經發生了。一九六四年，美國身價最高的企業是美國電話與電信公司AT&T（American Telephone & Telegraph，AT&T），擁有高達七十五萬八千六百十一名員工；到了二〇一八年，市場龍頭換成蘋果，聘雇十三萬二千名員工；隔年改由微軟登上寶座，旗下有十三萬一千名員工。但一九六〇年代時，蘋果和微軟根本還沒出現。[16]或者，我們可以看看社群媒體這種新興產業，它們的使用者眾多，公司價值奇高，但是雇員數量相對很少。二〇〇六年Google斥資十六億五千萬美元收購影音平台YouTube時，YouTube只有六十五名員工；二〇一二年臉書砸下十億美元收購影音分享平台Instagram時，Instagram只有十三名員工；二〇一四年臉書再度出手，一百九十億美元收購即時通訊軟體WhatsApp時，WhatsApp只有五十五名員工。[17]研究顯示，截至二〇一〇年，二十一世紀才出現的新產業聘雇員工人數僅占美國整體雇員數的〇・五％。[18]

亞馬遜是當今另一家最有價值的企業之一，縱使它的雇員人數仍低於AT&T高峰時期的員工數量，卻已是蘋果或微軟的四・五倍。但這樣的例子最終可能只是經驗上的曇花一現。許多超級企業證明經濟中的產品需求有可能出現天翻地覆的改變，全新產業順應需求紛紛崛起，然而，對於人力工作的需求卻可能依舊文風不動。這再次令人感到不安，因為隨著任務侵占步步進逼，這種現象將會成為司空見慣的事情。

變化中的大餅效應：生產者

以前，變化中的大餅效應還會以另一種方式發揮作用：除了消費者購買不同的產品和服務，生產者也改變提供產品和服務的方式。隨著科技進步全面翻修老舊的生產方式，人們不再適任自己熟悉的任務。但是新任務也得有人做，因此丟掉工作飯碗的勞工還是能夠找到與這類活動相關的職務。

對於兩位頂尖的經濟學家戴倫·艾塞默魯（Daron Acemoglu）、帕斯卡·瑞斯崔波（Pascual Restrepo）來說，這種變化中的大餅效應提供一記強力的反擊，回應李昂提夫悲觀看待工作未來的論調。[19]還記得嗎？他宣稱：「發生在馬匹身上的厄運，最終也會發生在人類身上。」就像農用曳引機、汽車將馬匹淘汰出局一樣，我們的工作最終也會被新科技搶走。[20]

艾塞默魯和瑞斯崔波主張，人類與馬匹之間存在重要的差異，足以解釋為何到現在來看李昂提夫的論點仍是錯的。他們認為，隨著科技進步改變產品的生產方式，順勢創造出一股「新穎且複雜的任務」需求。他們還說，人類非常適合這種活動，但是馬匹完全做不來。這就是他們認定李昂提夫將人類與馬匹放在一起討論是錯誤比喻的原因。隨著經濟變化，被淘汰的人類可以換工作，執行新工作所要求的複雜新任務；相反的，馬匹本來就只能拉車、搬運重物，被淘汰後當然無法在經濟圈中找到立足之地。[21]

目前人類仍是最有能力從事經濟圈中新興任務的對象，這個假設仍舊可能站得住腳。

圖7.3：美國農地的馬匹、騾與農用曳引機數量，1910年-1960年[22]

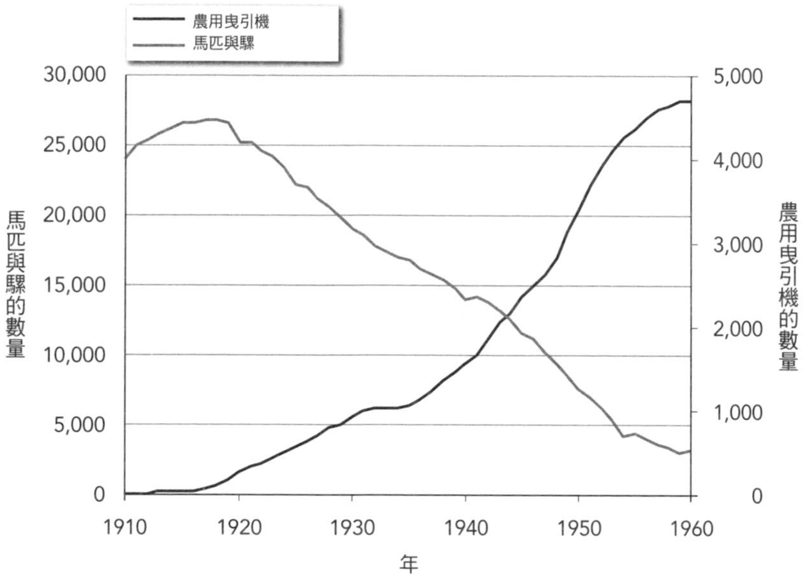

不過放眼未來，好景明顯不會長久。科技進步可能確實改變產品的生產方式，有新的任務需要被執行。但是，憑什麼假設人類是最適合執行這些任務的呢？隨著任務侵占持續發生，難道將更多複雜的新任務分配給機器不是更明智的做法嗎？

艾塞默魯和瑞斯崔波的回應非常有趣。[23]他們主張，當機器淘汰人類，勞力成本就變低了：因為有更多勞工正在求職，所以會壓低他們的薪資。這種趨勢會反過來創造誘因，促使企業發明新任務給人類執行，這樣就能享有勞力成本下跌的優勢。這就是為什麼人類最適合執行新任務：因為這些任務可能是經過精心計算後的產物。[24] 這真是聰明過人的想法。不過，如果他們說對了，那就會引出一個新難題：為什麼這套機制無法同樣幫助馬匹呢？當馬匹被淘汰，牠們的成本也會變得更便宜。所以，為何當年沒有創造更適合馬匹而非機器的全新任務呢？為何成本更便宜的馬匹依舊無事可做？

答案是，新任務並不是為了馬匹而創造出來的，因為牠們的能力已經用盡了。無論馬匹的成本變得多便宜，或者企業家利用便宜馬匹的動機有強烈，牠們能做的事情已經很少了，牠們無法使機器更有效率。馬匹在經濟上變得毫無用處。這一點指出，「科技進步將會永無止境的為人們創造新任務」的任何主張都大有問題。目前，與機器相比，人類的能力更使人印象深刻，因此我們總是可以為人力找到新的用途。不過隨著機器的能力變得愈來愈強大，在許多經濟活動的領域中，未來人類的能力和機器相比，只會像今日的馬匹一樣拙劣薄弱。大部分的新任務改由機器執行，與變化中的大餅效應互補的對象將不再是人類，而是機器。

優越感假設

前述所有論述都有一個共同的假設。當我們思考工作的未來時，大部分時候都會覺得人類是最獨特的。我們明白，隨著經濟成長、變化，生產每一樣商品的任務需求也將會順勢成長、變化，不過我們總是理所當然的認為，人類仍然將是執行這些任務的最佳選擇。

我將這種心態稱為「優越感假設」。當人類將歷史上各個層面的強大互補力量當作樂觀看待未來的理由時，你會看到這個假設頻繁的發揮作用。我們想像，當人類執行某一項任務時，生產力變得更高了，表示人類比機器更適合執行這項任務；當經濟大餅做得更大塊了，人類就會成為更適合執行這些需求量增加的新任務；當經濟大餅發生改變了，出現需要執行的全新任務時，人類也是比較適合執行新任務的首選。

直到現在，優越感假設一直是一個安全的賭注。如果某一項任務需求成長，人類比機器容易更適合接手的機率高得多。因此這也意味著人力需求會上升。不過，隨著任務侵占步步進逼，機器從人類手中搶走愈來愈多任務，這個假設的可信度似乎就愈來愈低。終究，這個假設會被證明是錯誤的。

十九世紀英國哲學家約翰・斯圖爾特・彌爾（John Stuart Mill）的著作中有這麼一句

話：「商品需求不等同於勞力需求。」[25]彌爾動筆時並沒有想到工作的未來，但是他心中也可能有閃過這個念頭，因為他說對了：「商品」、貨物與服務的需求並不總是等同於人類勞力需求。事實上，唯一的需求就是任何可以產出這些商品的任務。如果優越感假設禁得起時間考驗，這些任務實際上就會由人類接手完成；但是若禁不起考驗，任務就不會由人類來執行。

這意味著生產力效應可能提升某一項任務的人類勞力需求，只不過，一旦他們被效能更強大的機器取代，這種有益的效應就會消失。大餅效應可能提升某一項任務的人類勞力需求，只不過，一旦他們被取代，這種有益的效應也會消失。變化中的大餅效應也可能提升某一項任務的人類勞力需求，只不過，一再重複上演的是，一旦人類被機器取代，這種有益的效應一樣會消失。

什麼工作還需要我們？

但是可以肯定的是，有人可能會反對這種想法：反對者認為，即使機器具有超凡的能力，仍然有些活動是機器永遠不會做的。難道不是每個人都找得到這一類的工作嗎？即使當世界只剩下一些剩餘的任務可以給人類做，難道這些任務的需求不足以讓人人都保持受雇嗎？

有些任務將會繼續交給我們執行，這聽起來確實完全合理，例如那些已經證明不可能自動化、或者是可能自動化但是無利可圖的任務，還有既能自動化又有利可圖、但礙於社會建構的監管或文化阻礙，而仍然限定由人類執行的任務。還有一些任務可能無法實現自動化，是因為我們十分重視它們是由人類完成而不是機器代勞的現實。最後一個原因足以解釋為何二〇一八年還有幾百萬人上網觀看西洋棋天才冠軍麥格努斯・卡爾森（Magnus Carlsen）對戰美國宿敵法比亞諾・卡魯安納（Fabiano Caruana），看他如何全力捍衛棋王頭銜。機器可以輕而易舉打敗他們，但是觀眾看重的不只是特殊的棋步，更是因為這些棋步出於人類之手。[26]這也解釋為什麼在高級餐廳消費的客人，發現自己喝的咖啡竟然是用膠囊咖啡機沖泡的，而非出自手藝精湛的咖啡師，會覺得自己虧大了，儘管這杯膠囊咖啡在盲測中獲得較多的好評；人們珍視的不只是咖啡的風味，更珍視由一個人為他們沖煮咖啡的現實。[27]在我們一生當中都可能會遇到這種特定的任務，好比手工製作家具、訂做套裝、準備餐點、在年歲漸長與疾病纏身的時候與另一個人互相照顧。我們在乎的不僅是最終的成果，而是背後整個過程，特別是它們完全由人類雙手產製而成。

然而，儘管仍有一些剩餘的任務可能留給人類來做，但是認為有足夠的需求可以讓所有人都可以做，那就大錯特錯了。為了說明這種想法的問題，請想像一座裝滿有顏色的球的大型球池，每一顆球都代表經濟圈中某一種特定類型的任務，每一項任務都用一個顏色的球來表示。如果藍色的球代表最適合人類執行的任務，紅色則代表更適合機器生產的任務，在幾百年前，池中幾乎所有的球都是藍色的，但是隨著時間推移，愈來愈多球變成紅色。這就是正在發揮作用的任務侵占。

現在，請進一步想像每一顆球的大小、顏色都不同。有些很巨大、有些很小，它們的大小反映經濟圈中對該項任務的需求量。原則上，就算是在一個球池中只剩下少數藍色球的世界裡（也就是說，這是一個人類只適合執行少數剩餘工作的世界），如果這些球的尺寸夠大，那麼就表示仍存在足夠的人類勞力需求來讓每個人都受雇。舉例來說，如果在這些任務中有一個是手作家具，而且訂製桌椅、櫥櫃的需求量非常大，那麼可能每個人都找得到木匠工的差事。雖然這將會是一個非常奇怪且高度單調的世界，但是仍有足夠的工作讓每個人做。

像這樣全由手工業者組成的經濟圈聽起來很荒謬，但這也揭露一個事實：即使從長遠來看，未來機器的能力可能會遠遠超乎今日的想像，但是出於前面所提到的一些原因，當我們得知人類還能保有一些任務可做，也就不那麼驚訝了。換句話說，有些藍色球永遠都會留在球池中，但是發現這些藍色的球還是大到足以讓人人都有工作可做，就會令人非常訝異了。這種情形有可能會發生，但機率很低，而且隨著時間讓任務侵占繼續發生，迫使人們撤守至愈來愈少的任務類型，這種情形就更不可能成真了。當球池中的紅色球愈來愈多，不僅不可能讓藍色球保持適中的大小、更不可能讓它變大到足以提供充裕的就業機會。

再回頭想想英國的農民。就某種意義而言，他們已經找到自己的位置。儘管過去一百多年來農業科技取得長足的進步，但仍有些任務留在他們手上，只不過今日的勞力需求僅剩一八六一年的十分之一。或者，我們也可以想想英國的工廠工人。情況如出一轍。雖然二十世紀下半葉生產流程變得更自動化了，仍有些任務是保留給人類執行的，但同樣的，今日的勞力需求僅剩一九四八年的四〇%。

在同樣的思路中，我們可能會基於非常充分的理由，想像當今許多現存或其他尚未問世的工作，未來都會包含一些最好由人類完成而不是由機器來執行的任務。不過，這種任務的數量逐漸遞減，我們沒有理由相信，未來將有足夠的需求讓每個人擔任這些角色。

勞動總合謬誤的謬論

「勞動總合謬誤」（lump of labour fallacy）是指人們似乎忘記科技進步也會帶來互補力量的好處，而前面的論點也為這個術語點出一個問題。[28]這個想法是個古老的觀念，最初是由一八九二年英國經濟學家大衛・史勞斯（David Schloss）提出的。[29]當時，史勞斯遇到一名工人，工人開始使用機器生產一種拴緊螺絲的小金屬圓形墊圈，但是生產力大幅提高的結果似乎讓他深感內疚。當工人被問到為何會有這種感覺時，他回答：「我知道我做錯了。我正在剝奪另一個人的工作。」

史勞斯開始將這種感覺視為當時勞工之間的典型心態。他寫道，這是一股「多數勞動階級懷抱的堅定信念，對一個人來說……帶著對勞動事業的忠誠……傾全力而為卻令人感到矛盾」。他將這定義為「勞動總合理論」（theory of the Lump of Labour）：意指「有一定數量的工作得完成，最好是符合勞工利益，人人都應該留意不要做太多工作，好讓勞動總合可以擴及所有勞工，利益均霑」。[30]

史勞斯稱這種思維方式是「值得關注的謬論」。他指出錯誤在於事實上「勞動總合」不是固定值。隨著勞工變得更有生產力，他製作的墊圈成本會下降、市場需求會上升。要分擔的勞動總合就會變大，因此實際上他的同事得完成的工作也變多了。

今日在所有類型工作的討論中都會引用這套謬論。在最一般的說法中，它用來主張在經濟中沒有固定的勞動總合可以平均分配給人類與機器；相反的，科技進步提升經濟圈中人類的勞力需求。換句話說，這是經濟學家針對科技進步的兩大根本力量提出的重點解釋：機器可能替代勞工，讓人類只能從最初的「勞動總合」中分到更少的剩餘工作；但是機器與勞工互補，提升整體經濟圈「勞動總合」的規模。

但是，正如本章所示，這套主張存在一個嚴重問題：隨著時間推移，它可能就會演變成一套謬論。我們或許可稱為「勞動總合謬誤的謬論」。科技進步提升工作總體需求，這一點或許說對了，但如果認定人類必然更適合執行這項任務，進而滿足需求，這樣想就未必正確。勞動總合謬誤是指錯誤的以為勞動總量是固定的，但是「勞動總合謬誤的謬論」是錯誤假設工作量的增加必然與人類最適合執行任務有關、而不考慮機器也可能最適合執行任務。

愈來愈少工作的世界

現在我們可以開始檢視勞動時代可能如何結束。機器隨著時間日益強大，一再接管人類手上的任務。有害的替代力量以相似的方式淘汰勞工。一段時間以來，有益的互補力量持續提升其他領域對替代勞力的需求，但隨著任務侵占愈演愈烈，愈來愈多任務轉交給機器，有益的力量也因此削弱。人類發現自己在愈來愈少任務中得到互補力量，而且沒有理由認為，這些特定任務需求將會大到讓人人都可以受雇。工作世界不是以轟轟烈烈的方式畫下句點，而是隨著對人類勞力需求的萎縮而一步步的銷聲匿跡。隨著替代力量逐漸超越互補力量，兩者之間的平衡再也不會傾向人類這一方。

不過，沒有理由認定人類勞力需求將會穩定枯竭，以下其中一股力量可能莫名增長：一方面替換勞工的速度突然加快，另一方面人類勞力需求卻猛烈成長。經濟圈的人類勞力需求也不會依循相同速度消耗殆盡，有些產業可能比其他產業更容易受到其中一股力量影響，但有些區域產業卻比其他區域更不受影響。任何人類勞力需求的下降，可能在最初期完全不會改變待辦工作總量，只會改變工作本質：包括薪資、品質與地位。這一點也很重要，請別忘記。然而，到頭來，職缺總量依舊難逃改變的下場。正如李昂提夫所說，比較低的勞工薪資將可能「延後機器取代人力的需求，就和減少配給馬匹的燕麥每日需求量也會延遲牠們被農用曳引機取代的道理相同。不過，這只是整個過程暫時放慢速度而已。」[31]

隨著機器效能日新月異，多數人類終將被淘汰。事實上，有些經濟學家已經從數據中看到這一幕情景。當戴倫・艾塞默魯與帕斯卡・瑞斯崔波檢視一九九〇年至二〇〇七年美國境內工業機器人的使用情形，他們發現替代力量已經超越互補力量、因此降低整個經濟圈人類勞力需求的當代案例。當我們思考新科技時多半會記得像是自動提款機的故事：機器汰換某些人類勞力，但也同步提升其他領域對他們的需求，因此整體而言就業市場維持不變或甚至成長。不過這套論述已經不適用在工業機器人帶來的改變。平均來說，每一千名勞工多配置一部機器人，就代表經濟圈中有五・六份職缺消失，整體而言，薪資也將下跌約〇・五%。這一切都還是發生在十多年前的二〇〇七年，當時本書前面所描寫的科技飛躍式的進步根本還沒啟動。[32]

評論家可能會指出，這項結果並不適用所有技術，反而是僅限於工業機器人這個特別領域。不過這看法可能會錯失更深層的重點：傳統上，許多經濟學家都想像不是所有科技都會導致這項結果。勞動時代孕育出不切實際的幻想，以為科技進步最後都會全面嘉惠勞工。但是，即使考慮到工業機器人藉由互補力量幫助某些人類的方式，勞工的整體情況仍會惡化。

時機

我們會花多久時間邁入一個工作量大減的世界？很難給出精確的答覆，但這不是遁辭，我真心不知道答案。我們走完這趟旅程的速度，將取決於大量個人和機構的累積行動，每個人和機構在這座經濟舞台上都有自己的角色，例如：創造科技的發明者與採用科技的企業主、決定如何與科技互動的勞工，以及思考各種因應方法的國家。我們可以確定的事實是，明天的機器將會比今天具備更高的效能、接管愈來愈多以前曾經由人類勞力完成的任務。「X％的人類將從今日起Y年後丟掉飯碗」之類的論述可能變得確切無疑，但是這種簡單的預測，無論其背後的推理多麼複雜，都可能會誤導我們對工作未來的看法。

儘管如此，關於時間點還是有一些普遍的觀察。矽谷重量級大老羅伊．阿瑪拉（Roy Amara）曾說：「我們總是高估一項科技帶來的短期效益，卻又低估它所造成的長期影響。」[33]這句話有助我們思考眼前的道路。當今人類勞力需求即將崩潰的擔憂是被過度渲染了，短期內，我們的挑戰將是避免摩擦型科技性失業：綜觀所有的可能性，在很長一段時間內，人類都還有足夠的工作可以做，主要的風險在於有些人會到處求職碰壁。但是從長遠來看，如同阿瑪拉的反思，我們必須嚴正看待結構型科技性失業的威脅，因為未來的對人類工作的需求根本不夠。

但是這個威脅離我們還有多遠？如果它印證凱因斯出名的玩笑話：「隨著時間流逝，我們都已經進入棺材。」那又何必庸人自擾？但是在撰寫科技和長期發展的文章時，我腦中浮現的是幾十年而不是幾世紀。從這個角度來看，我倒是比凱因斯更樂觀，因為我希望讀者和我都可以活著目睹長期發展；即使我們看不到，下一代也肯定看得到。至少，為了他們著想，我們必須非常嚴正看待這個世界的工作量正在大減的問題。摩擦型科技性失業已經變得愈來愈明顯，同時，在當今經濟生活的某些領域也已經可以瞥見結構型科技性失業可能以何種形式出現。鑑於科技趨勢發展，很難想像這些挑戰不會隨著時間變得愈來愈劇烈。舉例來說，如果未來八十年的科技進步速度就和過去八年一樣快，到了二一〇〇年，這些已經取得巨大成就、而且數量繁多的系統和機器效能將會比當前的系統和機器強大一兆倍。但可以肯定的是，沒有任何趨勢可以持久不衰，運算效能也未必能左右所有的事情。不過我相信，即使只有一點點進步，都將使科技性失業成為二十一世紀的關鍵挑戰。

甚至，我們不應該等到科技性失業惡化成將大量人類勞力淘汰出局的嚴重問題。當今許多有關工作未來的討論，都假設只有等到多數人被排擠在就業圈外，我們才必須開始擔憂。但即使是在一個只有少數人類發現自己沒有工作可做的世界，就算失業人口只占整體一五％至二〇％好了，我們都應該擔憂這些人無所事事可能引發的騷動不安。殷鑑不遠，一九三二年，德國失業率竄升至二四％，助長希特勒崛起掌權。[34]當然，這不是他成功的唯一原因，因為其他國家的就業市場也有類似情節，但並未因此轉向支持法西斯主義。不過，德國的經驗仍應該使我們嚴正看待這項議題。

一切都與我們有關

當年，李昂提夫警告人類將面臨與馬匹一樣的失業命運，但今天有些人可能會對此一笑置之。不過我想像幾十年後，李昂提夫將在天堂的經濟學術圈內嘲笑我們的短視。就像凱因斯提出科技性失業的預測一樣，李昂提夫可能誤判了時機，但他的遠見卓識卻已早一步預見人類最終的命運。就像今天我們所說的「馬力」，是指過去馬匹拖曳力量的衡量標準，未來世代很可能用類似的想法來使用「人力」這個像是古代遺跡的詞彙，那是當人們以為自己在經濟中占有重要地位時，因而將人力尊為一種測量的單位。

先前，我們在比較人類與機器的能力時，已經深入探討人類的「優越感假設」，但是自卑感假設才是更適合思考科技與工作關係的起點，因為人類可能不再是多數工作的預設選擇，機器才是。經濟學家打造令人印象深刻的推理資料廠，用來解釋為什麼總是有足夠的人類勞力需求；但是正如我們所見，這些論點都取決於在經濟成長和變化的趨勢中，人類始終處於執行任務所需要的最佳位置。一旦連那個位置都不保，被機器淘汰出局，所有激烈辯論的砲口便會重新對準我們，反過來解釋為何機器需求的成長是合理的，人類勞力需求則不合理。

從字面上的意義上來講，本章討論的科技性失業威脅聽起來可能很不尋常，這是一種與當今生活完全無關的非典型現象。但是，正如我們將在後面的章節裡看到的，這種想法是不正確的。相反的，最好將這種威脅視為目前已經影響到我們的某種極端現象：也就是不平等加劇的問題。

第八章

科技與不平等

經濟不平等現象與文明本身一樣是個老舊的議題。在人類社會中，財富分配永遠都不平等，人們也一直想辦法在做法上達成共識。

我們很容易自行想像實際情況並非如此。例如，十八世紀哲學家盧梭（Jean-Jacques Rousseau）相信，如果盡力回想就會發現人類可以過著「簡單、孤獨的生活」，不受任何「依賴鏈」（chains dependence）束縛。他在著作《論人類不平等的起源》（*Discourse on Inequality*）中描繪自己回歸這種「自然狀態」，不受任何人要求的約束。如果有其他同伴試圖交付工作給他，盧梭說：「我會走上二十步進入森林裡，並斬斷身上的鎖鏈，他終其一生都再也看不到我。」[1]很久以前，在這樣的憧憬中，人們只要轉身離去，退回到孤獨的狀態，就可以躲過不平等帶來的挑戰。

但是，這種哲學的虛構情節具有誤導性。實際上，據我們所知，幾十萬年前漫遊大草原狩獵採集的先人們根本從未逃避。[2]誠然，狩獵採集的先人並未像我們一樣居住在大型、穩定的社會中，如果當年有所謂的「經濟圈」，他們的經濟大餅會比較小塊。在他們的社會中，物質不平等的情況也沒那麼嚴重。開始出現分歧的時候，大約是在一萬兩千年前最後一個冰河期（Ice Age），當時氣候變得比較穩定，農業、牧業日益壯大，而且某些人還有能力蓄積其他人缺乏的資源。[3]即使如此，以狩獵採集維生的先人也沒有追逐盧梭想像的孤獨生活；相反的，他們共同生活在部落中，有些部落甚至大到聚集數百人。負責覓食的團體成員彼此分享勞動得來的果實與獵物，其中有些人覓食到的東西比其他人更多。[4]當時人類不會在森林裡過著孤獨與自給自足的隱居生活，也從來沒有人這樣過日子。所有大小不一、簡單或繁複、貧窮或富裕的人類社會都必須想出最妥善的辦法，與他人分享不平等的財富。

近幾個世紀以來，科技進步讓我們比以往任何時候都更富有，人類的集體財富也一飛沖天。幾乎所有社會都決定採行市場機制來分享財富，以各種方式獎勵人們實現成就和擁有物品。不過，不平等的現象受到科技進步的驅使而日漸嚴重，市場機制的運作已經開始出現滯礙，市場為某些人提供豐厚的回報，留給其他人的財富卻少得可憐。如今，科技性失業正蠢蠢欲動，在我們最依賴的勞動市場上，即將上演更激進的故事：隨著勞動市場開始崩潰，愈來愈多人將被推入無法分到一點社會財富的險境中。

兩種資本類型

對當前經濟體制感到沮喪的人有時會說：「資本主義的問題在於，不是每個人都擁有資本。」換句話說，這句抗議是指當今所謂的收入只流向擁有股票、房產和專利等「實物」的人手中。我們姑且撇開這項指控是否屬實的爭議，這句論述包含一項發人深省的重大錯誤觀念：在這個世界上，資本的唯一型態就是某種財產的所有權。經濟學家稱它為傳統資本（traditional capital）。

以法國經濟學家托瑪．皮凱提（Thomas Piketty）的話來說，傳統資本就是：「在特定時間點裡，特定國家的政府與居民所擁有的每一樣事物，只要它可以在市場上交易。」這是涵蓋所有有形、無形或是金融、非金融事物的廣泛定義：包括土地、建築物、機械設備、商品、知識產權、銀行帳戶、股票和債券、軟體和數據等。[5]如果前一段的指控是說不是人人都擁有這種傳統資本，那確實沒錯；但是，就此斷定他們完全沒有資本卻是大錯特錯。全世界的都擁有另一種資本：我們自己。

經濟學家稱其為人力資本（human capital），這個術語呈現出人們在職涯中一點一滴累積並應用的全部技能和才能。早在一九二〇年代，亞瑟・庇古（Arthur Pigou）就成為第一位使用這個術語的經濟學家；幾十年後，蓋瑞・貝克（Gary Becker）因鑽研這項主題獲頒諾貝爾經濟學獎。[6]人力資本的名稱源於它和「傳統資本」的相似之處：人們可以經由接受教育，進而投資人力資本，其中，具有專門技能的人力資本價值遠高於其他類型；當所有人應用人力資本時，就會得到薪資這種形式的回報。但人力資本不像傳統資本，它是存在人的身上、無法直接在市場中進行交易，除非隨著它的擁有者一起出售。

對某些人來說，人力資本的概念聽起來太過機械化，像是一種與現實生活無關的經濟抽象名詞。貝克在諾貝爾獎致詞演說中描述自己最初開展研究工作時所得到的回應：「人力資本這個基本概念，一般被認定為帶有貶意，因為它視人類如機械。大家多半認定，將教育當作一種投資而非文化體驗，是種冰冷無情、極端狹隘的想法。」[7]不過，透過這種方式來揭開人類的神祕面紗，而不是賦予人類與經濟圈中其他事物相比就顯得與眾不同的魔力，人力資本的概念幫助我們清晰思考眼前的挑戰。

科技性失業的挑戰

從這個角度來看，當某些人發現自己的人力資本在勞動市場中毫無價值，沒有人願意付錢購買他們的人力資本，將他們的技能與才能付諸應用時，科技性失業就發生了。這不代表他們將沒有任何人力資本，他們幾乎終其一身都在接受教育或訓練，也許還付出相當的經歷與金錢，但問題是，在一個工作大量減少的世界裡，他們的人力資本可能淪於毫無價值。當摩擦型科技性失業發生時，他們的人力資本無法與現有的工作匹配；而在結構型科技性失業的情況下，則可能完全沒有足夠的人力資本需求。

甚至，如我們所見，資本有兩種類型：人們賺到錢的方式，既可以是透過自身一點一滴累積人力資本換來的回報，也可以是從他們擁有任何形態的傳統資本換來的回報。在一個工作大量減少的世界裡，許多人從工作中獲得的收入可能會逐漸減少，但收入其實是流向擁有最新穎系統和機器的族群手中，這些一開始就淘汰勞工的新型態傳統資本可能相當龐大可觀。

現在，如果人人都剛好擁有這種傳統資本的投資組合，那麼我們或許都可以高枕無憂，不需要再擔心工作大量減少所帶來的黯淡前景。這是過去幾個世紀以來英國貴族制度所呈現的故事。英國作家喬治・歐威爾（George Orwell）曾對此猛烈批評：「他們是毫無作用的階級，只靠著一筆自己也搞不清楚投入哪一門領域的資金過活……徹頭徹尾的寄生蟲，對社會的用處還比不上野狗身上的跳蚤。」[8]從經濟角度來說，他們是相對沒有幫助的族群，但是他們擁有龐大的傳統資本，仍然可以獲取可觀的收入。

不過，那些發現自己未來會失業的族群不太可能以他們為榜樣。對多數人來說，未來的前景不是擁有貴族階級的繁榮生活，而是收入微薄、甚至是零收入的慘況。因此，一個工作大量減少的世界，將是徹底分化的世界：有些人將會坐擁大量高價值的傳統資本，另一些人卻會發現自己幾乎沒有任何一種資本。

類似的情境已經不是科幻小說的情節；事實上，這反而更像是我們今日生活中極端版本的描述：收入以非常不同的速度流向不同的個體，一方面大量湧入某些人的荷包，另一方面卻幾乎完全不流進其他人的口袋。這種相似性並非巧合。不平等與科技性失業的現象息息相關。大多數社會都決定經由市場機制來獎勵有幸擁有任何人力或傳統資本的族群，進而分配它們的經濟大餅。當有些人擁有的資本價值遠低於其他人時，不平等就發生了；當有些人完全拿不出市場所重視的任何有價資本，無論是有價值的人力資本還是傳統資本，就會造成科技性失業的現象。

因此，探究已經存在的不平等，有助於我們看清周遭的世界已經慢慢出現工作量不足的現象。就某種意義而言，今日的不平等，將會催化明日科技性失業帶來的痛楚。

收入不平等

我們可以用什麼角度來看待當前的不平等趨勢？其中一種是檢視整體收入的不平等情況，特別是所謂的吉尼係數（Gini coefficient）。它是一個反映收入分配方式的數字：如果在某個特定社會中，人人收入相同，吉尼係數為零；假使只有一個人賺走所有的財富，吉尼係數則為一。[9]近幾十年來，多數已開發國家的吉尼係數都已經顯著上升。[10]在開發程度較低的國家裡，情況不太一致：它們的吉尼係數通常一開始很高，但之後一直保持相對穩定。換句話說，最繁榮國家的最大塊經濟大餅，正以一種比以前更不公平的方式被瓜分。

但是，各界對於吉尼係數的實用性意見不一，因為將所有內容化約成一個數字雖然是很有吸引力的簡化做法，但計算過程中不可避免會遺漏一些重要的細節。[11]另外還有一種

圖8.1：吉尼係數，1980年代中期至2017年[12]

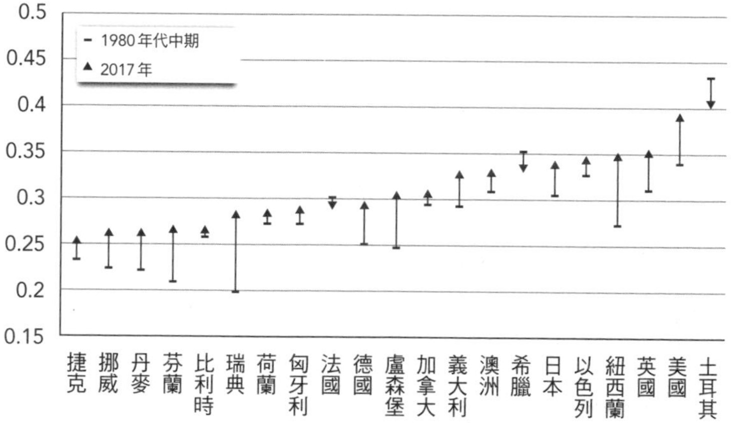

做法是全面檢視某個特定經濟體的收入分配情形：將不同收入的群組從最低排到最高，並觀察每一個群組的收入如何隨著時間變化，這樣便有可能了解整體分配過程的變化情況。舉例來說，如果檢視美國的變化，結果會讓人瞠目結舌。

圖8.2顯示，一九八〇年之前的三十四年間，每一名美國人的收入成長都相當強勁；然而，一九八〇年之後的三十四年間，對收入最少的族群來說，收入幾乎沒有成長多少，同一時期最富裕的一%族群，收入反而一飛沖天。對具有廣泛影響力的二十世紀政治哲學家約翰・羅爾斯（John Rawls）的追隨者而言，這一幕景象格外令人反感。羅爾斯在曠世巨作《正義論》（*A Theory of*

圖8.2：美國收入年均成長率[13]

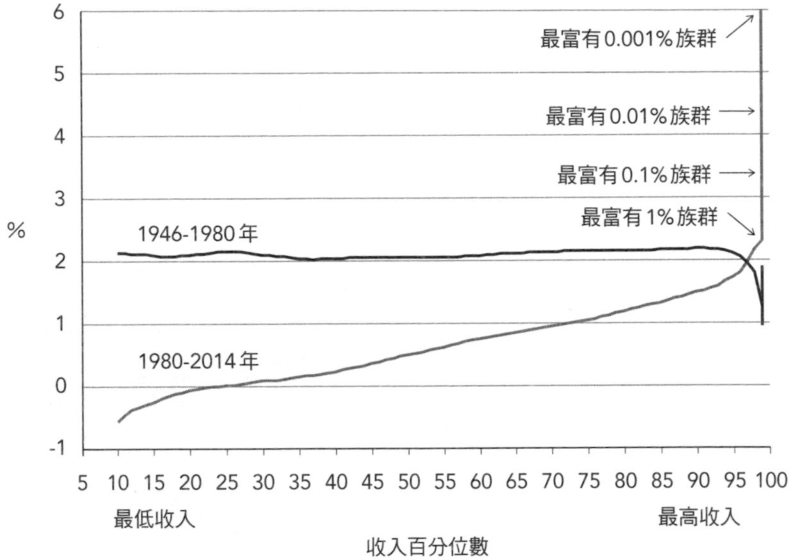

Justice）中指出，解決不平等應該「讓最弱勢的族群得到最大的好處」。[14]一九八〇年之前，美國在經濟領域仍極力捍衛這個原則的精神，最貧窮族群的收入增幅和其他人一樣多，甚至更高一些；但是今日的現實完全相反：最富有的族群收入不斷上升（如圖8.2所示）。

將注意力集中在社會最富裕的階層上，可以為我們提供解決問題的第三種做法，稱為「最頂層收入不平等」（top income inequality）或是簡稱為「頂層不平等」（top inequality）。近十年來，隨著「最富裕一%族群」成為舉世皆知的標

圖8.3：最富裕1%族群的收入占比，1981年至2016年[15]

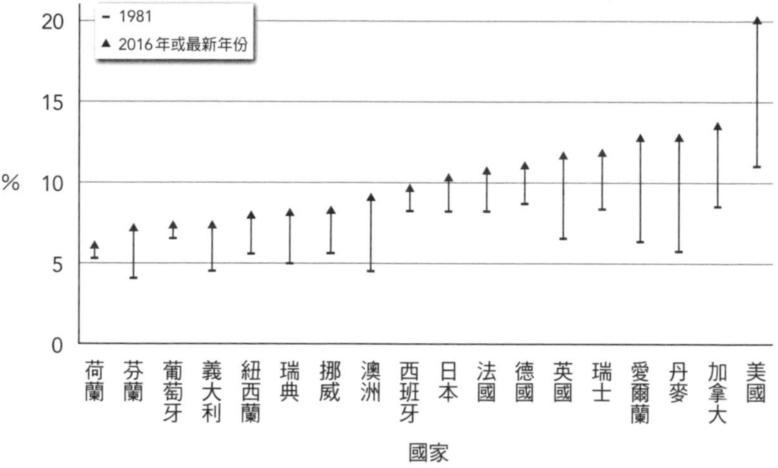

籤，加上「我們是其他九九%族群」成為占領運動（Occupy Movement）的戰鬥口號，這項指標引發抗議族群與公共評論家對這個議題的想像。他們的挫折並非毫無根據：總收入流向最富裕一%族群的比例已經顯著提升，這種情況在已開發國家特別嚴重。近幾十年來，這個比例在美國與英國幾乎翻了一倍。[16]圖8.3顯示，相同的故事也正在其他地區上演。

即使是芬蘭、挪威和瑞典這些經常高喊平等的北歐國家，收入流向最富裕一%族群的份額也有所增長。假使我們進一步縮小關注的範疇，僅檢視最富裕〇·一%與〇·〇一%族群，結果往往更極端。舉例來說，美國最富裕〇·一%族群的收入占比原本就已經高得不成比例，但一九八一年至二〇一七年竟然還成長三・五倍；最富裕〇・〇一%族群甚至成長超過五倍。[17]

當然，衡量收入不平等的三種做法有時會出現分歧，這很可能會指出某些度量結果偏離上升趨勢的特定情況。舉例來說，英國的吉尼係數其實已經二十五年幾乎都沒有改變，[18]但是很難找到一個國家在前述三種衡量方法中都沒有顯示出不平等的情況正在加劇。正如圖8.3所示，在英國，最富裕一%族群的收入占比已經大幅飆升，當我們將前述所有應用在許多不同國家的衡量方法放在一起檢視，就可以清楚看到全球大局：在全世界最繁榮的地區，我們看到了收入不平等日漸加劇的社會發展趨勢。

但是，為何收入不平等愈演愈烈？簡單的答案是，珍貴的資本正以愈來愈不平等的方式被瓜分殆盡。結果導致收入流向擁有這些資本的族群，但是連他們的收入也愈來愈不平等。更具體來說，日益加劇的收入不平等，源自人力與傳統資本的報酬愈來愈不平等。接下來讓我們逐一檢視這些問題。

勞動收入不平等

許多人除了擁有自己畢生累積的珍貴技能這項人力資本之外，幾乎別無所有，因此他們收到的薪資就成了主要收入來源。實際上，在許多國家裡，薪資與工資*大約占經濟總收入的四分之三，[19]因此，收入不平等的情況普遍比以前嚴重，很大一部分原因是源於勞動收入不平等，這點並不令人訝異。換句話說，不平等有增無減是因為勞工的勞動報酬愈來愈不平等。[20]

檢視勞動收入不平等加劇的一個方法是比較不同收入的十分位數。主導不平等研究的學者安東尼．阿特金森（Anthony Atkinson）發現，近幾十年來，在世界各地薪資最高的一〇％勞工與薪資最低的一〇％勞工相比，若不計「極少數例外狀況」，工資幾乎都在往上成長。[21]另一種方法是直接檢視勞動收入分配最頂層的族群，相當於我們檢視總收入的做法。另一位研究不平等問題的專家伊曼紐爾．賽斯（Emmanuel Saez）指出，近幾

＊編注：薪資原文為salary，多指雇主發給白領或專業勞工的月薪或年薪；工資原文為wage，多指發給計時人員的最低薪資，通常以日薪或月薪計算。

圖8.4：美國最上層薪資收入占比成長（以1970年占比為基準100）[22]

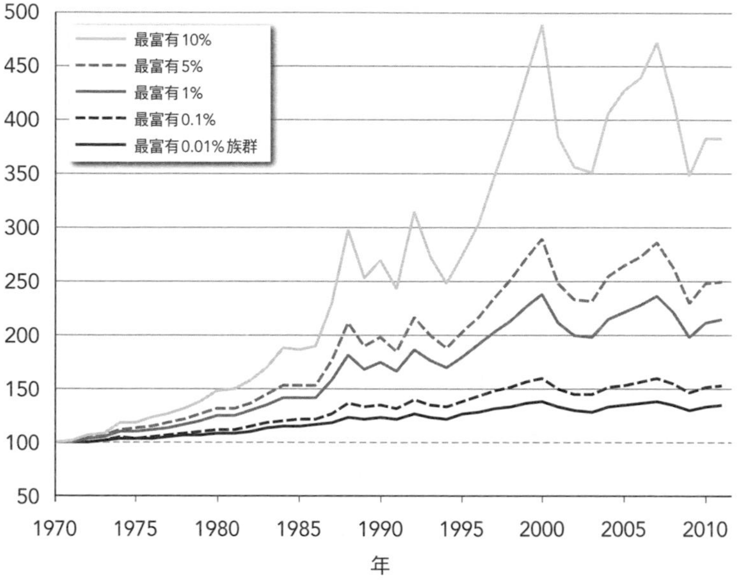

十年來，最富裕一%族群收入激增，多半得歸功於「最高工資和薪資爆炸性成長」，尤其是在加拿大、澳洲、英國和美國這些英語系國家。[23]美國的情況再次讓人震驚：正如圖8.4所示，一九七〇年以來，收入最高的美國人中，最富裕一%族群的薪資收入占比上漲一倍、最富裕〇．一%族群超過一倍，最富裕〇．〇一%族群則是超過三倍。[24]

值得注意的是，勞動收入不平等加劇的主要原因得特別歸咎於科技進步。正如我們在第二章所見，二十世紀下半葉起，新科技就成為受過良好教育的勞工與其他所有人工資差距日益擴大的主要原因，也就是「技能溢價」提高了。這是解釋為何薪資收入高居前一〇%的族群在許多國家同樣也表現得很好的重要原因。

然而就最頂層的族群而言，科技進步在勞動收入不平等的現象中扮演什麼樣的角色還不清楚，有些經濟學家相信，新科技是直接讓收入最高一%和〇・一%族群的薪資增加的原因。例如，一般認為，企業執行長採納新系統，經營更龐大、更高價值的企業，結果促進他們的薪資成長。銀行家與企業執行長一樣是高踞薪資收入排行榜最上層的族群，隨著複雜的定價軟體、演算法交易平台等金融創新技術，幫助提高市場對他們工作的需求，因此也能從這當中看到科技進步推升他們的薪資。[25]

各種解釋頂層不平等現象加劇的說法中，最令人信服的一項論點其實與生產力無關，而是權力：托瑪・皮凱提口中的「超級經理人」正在獲得更高額的薪資，因為他們擁有威力強大的機構影響力，能為自己爭取愈來愈豐厚的薪資條件。因此，科技進步確實在做大經濟大餅的過程中發揮作用，但這些超級經理人手中握著日益強大的權力，也讓他們分得更大塊的餅。四十年前，美國龍頭企業群執行長的薪資，大約是當時普通勞工的二十八倍；到了二〇〇〇年，激增至驚人的三百七十六倍。[26]當時頂尖執行長的日薪甚至高於普通勞工的年薪。

這樣的薪資不平等的現象可能讓人驚訝，但也有人樂觀解讀這股趨勢：它代表勞動收入傾向一方的態勢並非無法避免，如果位高權重的族群能夠運用這種方式影響他們的工資，那麼我們就不需要將經濟失衡視為一件人類無法控制的事情。在這種情況下，權力雖然是施用於增加不平等，但是也可能利用它來逆向使力。我們將在本章最後部分回頭探討這種想法。

勞動與資本之間的不平等

因此，經濟大餅中以工資及薪資為形式分配給勞工的部分，正以愈來愈不平等的方式被切分：有些人憑恃著人力資本得到比其他人更大塊的大餅。不過，這與經濟大餅中依賴傳統資本收入的部分相比，結果又會如何呢？

在二十世紀的多數時間裡，一般認為這兩大部分終保持一種大致相同的比例，勞動收入占整塊大餅的三分之二，傳統資本收入則占剩餘的三分之一。[27]凱因斯稱這種結果是

圖 8.5：已開發經濟體中，勞動的收入占比下降中[28]

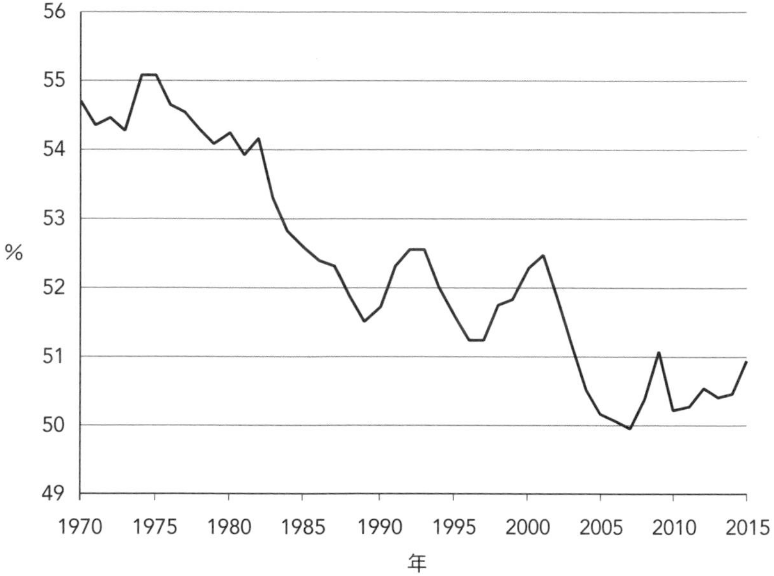

「整體經濟統計數據中最令人驚訝卻也最好的事實之一」，而且「有一點像是奇蹟」。尼可拉斯・卡爾多（Nicholas Kaldor）是早期研究經濟成長的一位大師，他在六大「典型化事實」（stylized facts）中總結這種現象。他相信，正如數學家依據不可否認的定理建立論述一樣，經濟學家也應該奠基於不變的事實來建構他們的真相。他們真的辦到了。經濟學中探討如何組合各種投入以便製造產出，最常見的方程式即為寇布－道格道斯（Cobb-Douglas）生產函數，這項函數就是建立在認定資本對勞動比例為固定數值的事實基礎上。[29]

直到最近，凱因斯的「奇蹟」依舊成立。不過，近幾十年來綜觀全球，經濟學家將分配給勞工的「勞工占比」大餅已經開始縮水了；分配給傳統資本族群的「資本占比」大餅則開始壯大。[30]在已開發國家中，這股趨勢始自一九八〇年代；開發中國家則是從一九九〇年代開始發展。[31]

為何勞動占比會以這種方式下降？隨著全球生產力提升，把經濟大餅做大了，收入成長中那塊一再縮水的大餅，經由薪資流往勞工的口袋。一九九五年以來的二十年間，在二十四個國家中，生產力平均提高三〇％，但薪資卻只上升一六％；[32]額外的收入並未流向勞工，而是源源不絕的湧入坐擁傳統資本的族群手中。正如圖8.6所示，這種生產力與薪資「脫鉤」的現象在美國格外明顯。直到一九七〇年代初期，美國的生產力與薪資，幾乎可說是成長速度相當的雙胞胎，但隨著時間推移，前者持續上揚，後者卻停滯不前，導致兩者漸行漸遠。

勞動力占比下降，很大一部分原因得再次歸咎於科技進步。在此引述經合組織的說法，一九九〇年至二〇〇七年之所以降低八〇％，矛頭指向科技鼓勵企業轉向應用更多傳統資本而非勞動資本。[33]國際貨幣基金則是在比較長的時間中觀察，得出的結果在已開發

圖 8.6：美國生產力與工資，1948 年-2016 年[34]

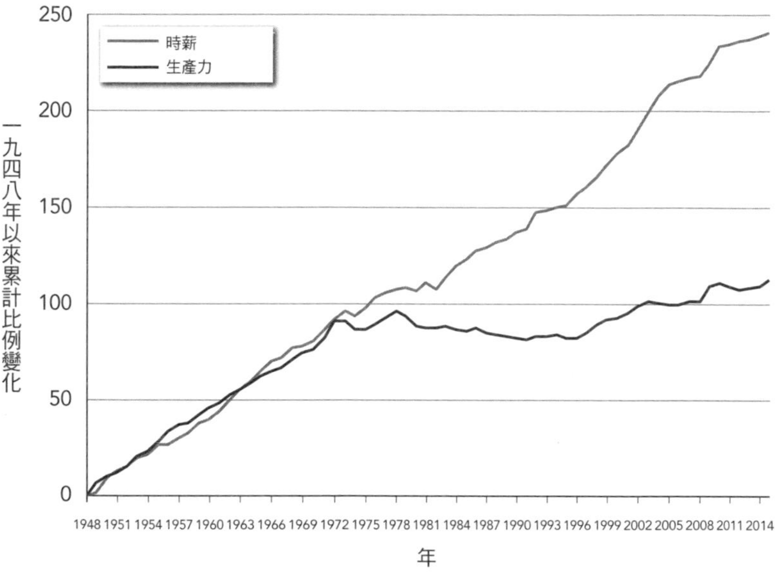

國家中大約是比較適中的五〇％。這個結論和其他經濟學家的研究發現如出一轍。[35]不過，一旦檢視國際貨幣基金針對降幅的其他部分所提出的解釋，科技進步往往還是扮演關鍵的角色。舉例來說，一般認定勞動占比下降的部分原因是全球化，以及全球商品、服務和資本的自由流動。國際貨幣基金相信，這套說法足以解釋另外二五％的情況。[36]但誰才是全球化真正的始作俑者？很大一部分要算在科技進步頭上。說到底，是它壓低實現全球化的運輸與通訊成本。

勞動占比下降的另一個解釋是

「超級巨星」企業崛起：少數幾家賺進暴利的企業不僅比對手更有生產力，也在各自的市場中獲取高額市占率。這些超級巨星企業需要的勞力投入占單位產出的比例，往往低於遭到淘汰的競爭對手，因此，隨著他們搶占愈來愈多主導權，收入的勞動占比在整體經濟圈便隨之下降。舉例來說，在美國多數民營企業中，銷售的集中度提高了：上升幅度最大的幾個產業勞動占比下跌最多。[37]不過此處再次重申，當你檢視它們主導市場地位的原因時，科技（以全球化的形式或其他因素）多半就是首要理由。[38]這一點也闡明，在那些科技進步速度比較快的產業裡，企業的集中度似乎成長最急速。[39]二〇一八年，全世界十大身價最高企業中有七家屬於科技領域。[40]

資本收入不平等

隨著經濟大餅中分配給勞工的部分日益縮水，分給傳統資本族群的部分則相應變大。如果我們憂心不平等，那這種現象格外算是一種問題特別多的趨勢，因為源自傳統資本的收入甚至比整個社會中源自薪資和工資的收入更失衡。托瑪·皮凱提指出，在所有國家中，無論從任何時點來看，這項事實千真萬確，「毫無特例」，因為可以佐證的數據資料唾手可得。[41]

源自傳統資本的收入如此不平等，原因在於資本所有權的分配本來就已經極度不平均。二〇一七年，國際扶貧組織樂施會（Oxfam）斷言，全世界前八大超級富豪擁有的財富似乎與全世界一半最赤貧的人口相當。[42]計算細節或許有待商榷，不過其他數字也描繪出類似的情境。[43]舉例來說，反映財富現況的吉尼係數多半是我們以前所見到的收入統計結果的兩倍。[44]皮凱提點明，在多數國家裡，最富裕一〇%族群擁有的財富往往占整體將近一半，甚至遠超過一半，但是全國最赤貧的一半人口卻「幾乎一無所有」。[45]

美國也再次提供一個分外明顯的例子。一九七〇年代末期，最赤貧的五〇%美國人僅擁有二%全國財富；[46]相反的，最富裕一%族群卻擁有略低於全國二五%的財富，如今更是激升至超過四〇%。[47]美國最富裕〇．一%族群僅約十六萬人，卻坐擁全國二二%的財富，而且美國一九八六年至二〇一二年間蓄積的全部財富，超過半數都流入他們的口袋。[48]我們可以在圖8.7看到這項統計結果：美國人現在發現自己置身一種奇怪的現象，最富裕〇．一%族群持有的財富總量相當於最赤貧九〇%族群。這是一種回到一九三〇年代的大倒退現象，當時的社會秩序，就是持有資本的階級穿金戴銀，相形之下多數人卻是衣履寒酸。[50]

圖 8.7：最富裕0.1%族群與最赤貧90%族群的財富占比[49]

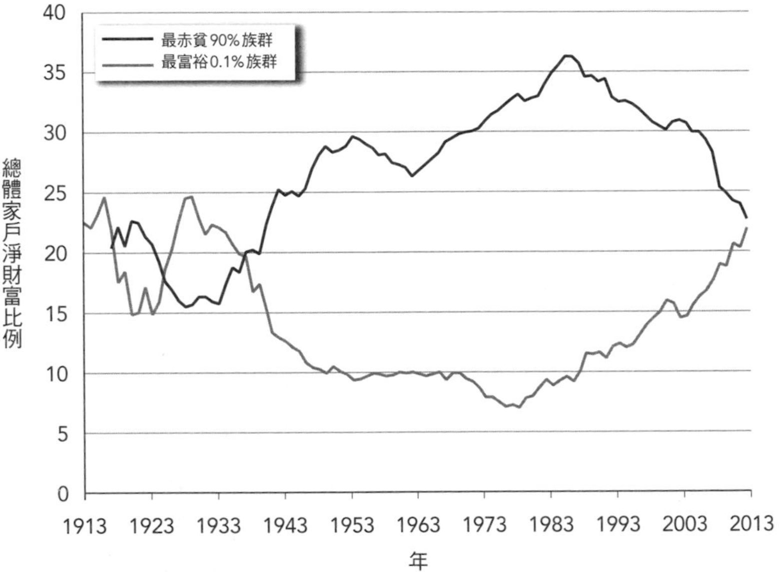

展望未來

正如前幾頁所討論，全世界報導不平等日益高漲的頭條新聞中，有三大明確無誤的趨勢出現在我們眼前。首先，隨著人們身懷不同的技術，而獲得差異極大的報酬，使得人力資本分配愈來愈不平均，經濟大餅中以薪資形式分配給勞工的部分日益失衡。其次，相較於傳統資本，人力資本變得愈來愈沒有價值，經濟大餅中以薪資形式分配給勞工的部分比分配給傳統資本擁有者的部分也愈來愈少。最後，傳統資本的分配方式也異常不平衡，而且近幾十年來的情況愈來愈明顯。

這些趨勢並不是以完全相同的方式在所有地方發生，舉例來說，在英國，收入的勞動占比實際上是否下降，目前尚不清楚；在整個二十世紀，中歐地區與日本最富裕一％族群的收入占比實際上是呈現下降走勢，這一點與美國的情況完全相反。此外，也還有其他值得注意的例外。儘管如此，總體的趨勢方向依舊維持不變：在多數情況下，全世界的經濟體正變得愈來愈繁榮，卻也變得愈來愈不平等。其中的罪魁禍首就是科技進步。

當然，科技並非所有不平等的肇因，不過它往往是這種趨勢的主要驅動力，無論是透過提升高技能勞工的薪資，還是鼓勵企業導入更多傳統資本而非勞力資本等直接手法，甚至是促進全球化與其他經濟變革的間接手法。值得一提的是，科技進步一開始便是將經濟大餅做大的推手。換句話說，就收入不平等而言，很大程度上它既貢獻「收入」，也貢獻「不平等」。

探索當今不平等現象如何發揮作用有很大的用處，因為未來科技性失業的威脅迫在眉睫，這麼做應該有助於減緩人們的懷疑態度。目前，多數社會經由獎勵市場中坐擁人力與傳統資本的族群來分配繁榮財富的成果。今日，日益高漲的不平等顯示這種運作方式只會愈來愈難以運作：少數人擁有厚實的珍貴資本，但多數人卻擁有的很少。如前所述，科技性失業只是同一個故事更激進的版本，在這樣的情況下，市場機制完全失靈，許多沒有珍貴資本的族群遠遠被拋在後頭。美國前總統約翰．甘迺迪（John F. Kennedy）曾說過一句著名的玩笑話：「水漲船高。」意思是，經濟繁榮時，社會人人利益均霑。但他忘了提醒，遇到大風大浪時，那些沒有船可搭的人（沒有珍貴資本的族群）只能等著滅頂。

但是，調查當今不平等現象如何發揮作用大有用處，這是出自第二項更樂觀的理由：它讓我們看清楚，未來我們可以針對科技性失業找出解方。如前所述，儘管世界各地的科技變革大同小異，但是構成不平等日益高漲的三大趨勢，並沒有在所有國家以同一種方式呈現。這不是我們不願面對、甚至是有意漠視的真相，而是發人深省的事實，代表各國政府因應科技變革所採取的行動確實非常重要。正如研究不平等的重量級學者所說：「近幾十年來，幾乎世界各地的收入不平等現象與日俱增，差別僅在於速度不一。即使各國共享相似的發展水準，彼此之間的不平等程度卻有天壤之別。這個事實彰顯國家政策和機構在形塑不平等的過程中扮演關鍵角色。」[51]

收入不平等並非無可避免，唯一不可避免的事情其實是當某些人出生時，生命中的樂透（lottery of life）是否可能贈與他們獨特的天賦與能耐；有沒有讓他們擁有性情特別溫和又富裕的父母。這些人生起跑點的不平衡才是真正難以避免的事。不過隨之而來的所有不平衡卻不能怪罪於此。沒有理由可以認為那些生對家庭的族群應該是有能力匯聚珍貴資本的族群；也沒有理由去認為那些擁有好父母的子女會獲得龐大的優勢。反過來說，我們也沒有任何理由認為，懷有資本的人之間確實存在的不平等，也必須轉化為他們最終收入的巨大不平等。

出生時無可避免的不平衡點，以及收入的終極不平等點，兩者的中間地帶就是我們的立足點。這一整片廣闊的區域，讓我們的社會決定並肩打造各種平衡機構：包括學校與大學、稅收與社會福利體系、工會和最低工資法規等。以上指舉出幾個例子。這些政策不僅能在一開始就改變資本分配方式，也能改變資本最終的回報方式。它們決定經濟財富將如何分享給全體社會。

因此，不平等並非無可避免，科技性失業所引爆的經濟不平衡也未必如此。只要我們願意，我們就能影響、約束這些經濟分配的權力。

分配難題

當凱因斯首度動筆撰寫科技性失業的文章時，整體的經濟氛圍慘不忍睹。那一年正值一九三〇年，大蕭條（Great Depression）才剛開始發威，全體工業世界的經濟低迷感一天比一天濃厚。不過，儘管當時前景一片慘淡，他仍提醒讀者不要驚慌，要求他們試圖「擺脫」個人任何的「淺短眼光」，反而應該跟隨他的腳步「展翅飛向未來」。他相信，總有一天我們能夠解決「經濟問題」、傳統的「生存問題」，而且我們根本就不需要擔憂科技性失業，因為屆時這塊經濟大餅將會變得更大塊，足夠讓人人分食。他總結道，如果科技進步的速度保持穩定，那麼一百年之內這塊大餅將會茁壯成適當的尺寸。而他指出這件事情會發生在二〇三〇年。[52]

就某種意義而言，凱因斯的預測是對的，幾乎是在他預設的期限之前十年就實現了。今日，全球人均國內生產毛額幾乎算是很高了，正如我們所知，這個數字每年幾乎將近一萬一千美元，足以使地球上每個人都擺脫苦苦為生計奔走的生活。凱因斯預見這種繁榮的景象，便迅速著手寫作，思考如何在即將到來的「經濟極樂點」（economic bliss）中度過最愉快的時光。[53]他認為，傳統的經濟貧窮問題將被另一個與經濟幾乎沒有關係的問題取代：人們可能如何善用科技進步來應付他們贏來的所有閒暇時光？人人該如何才可能「明智、欣然又愉悅的生活」？[54]走到這一步，他已經完全不擔心科技性失業的前景了。

但是，就另一種意義而言，凱因斯嚴重失算。在他鬆散的思考中，有一件事在他眼中是理所當然的結果：全世界的繁榮財富將會自動分配、人人共享。正如我們在本章所見，這一點與事實背道而馳。正如諾貝爾經濟學獎得主約瑟夫・史迪格里茲（Joseph Stiglitz）所說：「凱因斯一再視而不見的關鍵議題就是分配問題。」[55]整體而言，全球經濟形勢可能看起來十分美好，但是只有少數的「經濟問題」獲得解決。[56]對多數人來說，這塊日益壯大的經濟大餅中屬於他們的那些部分仍然薄如脆片；許多人分到的部分就只是些許碎屑。[57]

分配問題並非新鮮事。不平等永遠與我們如影隨形，人們對於因應之道總是各執一詞。真正的危險在於科技進步會讓分配問題在未來變得更嚴峻，而且更棘手。今日，許多人缺乏傳統資本，但還是可以繼續從工作中賺得收入，也就是賺到人力資本報酬。但科技性失業來勢洶洶，讓依賴人力資本的人收入消失，最後落得一無所有的下場。

我們應當如何因應，這是本書其餘部分的重點。

第三部分

因應之道

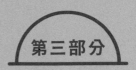

第九章
教育與局限

當談到科技性失業帶來的威脅時，經常思考未來的評論員、經濟學家、政治人物和政策制定者多半會回答「我們需要更多教育」。從這個觀點出發，我們面臨的最大問題將是技能挑戰：如果我們提供適當的教育和培訓，那麼這項挑戰便將迎刃而解。如果多數人的收入是依賴自身人力資本的回報，那麼我們就必須阻止這樣的供給機制枯竭。美國前總統歐巴馬的經濟顧問委員會主席傑森．佛曼在一則推文中呈現這個傳統智慧：「工作自有未來，」他寫道，「無論是什麼方式，教育都幫得上忙。」[1]

目前，這樣的說法確實是我們最好的回應，我們最緊迫的任務就是想清楚「更多教育」的實際涵義。這就是我在本章第一部分試圖回答的問題。教育可以無極限的解決科技進步帶來的就業問題，這個想法非常普遍，而且多半沒有人會提出質疑。然而，正如我們將在本章第二部分談的內容，這是天大的錯誤。機器的效能與時俱進，教育的助益則將日漸消退。

人力資本世紀

教育的力量有助於勞工適應科技進步，這個信念大部分是源自於過去的經驗。正如我們所見，二十世紀時，科技進步傾向「技能偏向」，因此受過良好教育的勞工付出的努力遠比其他人的勞動更有價值。在當時，習得並磨練適當技能的人才前途無量。今日，教育依舊是年輕人最好的經濟投資。如果你在美國讀大學，除了付出全額學費，同時為了讀書而放棄至少四年的薪資，還要平均花大約十萬兩千美元。但是頂著大學畢業生的光環，預期這一生賺得的收入會超過一百萬美元，比只有高中文憑的人多一倍。[2] 換句話說，美國的大學文憑平均年報酬率超過一五%，遠遠把股票約七%的年報酬率與債券、黃金、房地產不到三%的年報酬率拋在後頭。[3]

教育不僅對個人有幫助，還可以推動整體經濟向前發展。這在二十世紀尤其如此，以致於經濟學家稱它為「人力資本世紀」。在十八與十九世紀，單一國家的繁榮程度取決於投資傳統資本、工廠和工業機器的意願；但到了二十世紀，情況不變，經濟的繁榮程度開始高度依賴國家投資的人力資本，也就是對勞工的技能和能力的渴求。為何有如此的轉變？因為新科技愈來愈需要專業技能，任何國家只要擁有受過高等教育的勞力，就更能得心應手的運用科技，發揮效能。研究這種變革的重量級學者克勞蒂亞・高汀（Claudia Goldin）與勞倫斯・凱茲（Laurence Katz）曾這樣寫道：「簡單的識字與計算……再也不足以」推動經濟成功了。更多的教育有其必要。[4]

不過，在整個二十世紀中，所謂「更多」的定義不斷被改寫。一開始，它是指更多人。教育的偉大目標是追求大眾教育的普及：人人無論背景、能力如何，都應該要接受適當的教育。這個目標的實現過程很緩慢。一九三〇年代，高汀與凱茲在報告中寫道，美國「幾乎是唯一」提供免費中學教育的國家。[5]不過，後來其他國家也開始急起直追並複製這項措施。現在這項政策已經非常普遍了。到了二十世紀末期，「更多」的定義已經改變，再也不只是意味著教育更多人，讓所有人都能上學，而是聚焦在大專院校的高等教育。在新、舊世紀交替之時，你可以在政治家發表的聲明中看到優先事項的轉變。一九九六年，時任美國總統比爾・柯林頓（Bill Clinton）提出全面的稅制改革，期望藉此讓「大專以上教育在所有美國人中普及，就像現在所有人都接受十二年義務教育一樣。」[6]幾年後，時任英國首相東尼·布萊爾（Tony Blair）宣布，他「對英國最大的野心就是，見證穩定成長的大學畢業人口帶來的莫大好處。」[7]二〇一〇年，時任美國總統歐巴馬宣布：「在未來幾十年，高中文憑將再也不夠用。人們需要大學學歷、他們需要勞力培訓，他們也需要高等教育。」[8]

目前這種說法很可能是對的，「更多教育」依舊是當前我們因應科技性失業威脅的最佳選擇。不過，面對效能日新月異的機器，我們究竟應該如何詮釋「更多」？答案是，我們需要在目前的教學內容、教學方式與教學時機三大方面進行改革。

教學內容

近幾年來，出現許多因應自動化威脅的政策建議。在這當中，有一個基本原則貫穿所有政策，那就是：我們必須讓人們學好機器做不來的技能，而非機器遊刃有餘的技能。換句話說，人們應該學會執行讓機器與人類互補合作的任務，而非讓機器替代人類的任務。

這個建議的主要意涵是我們必須停止教導人們做「例行性」任務。正如我們所見，「例行性」任務是指人類可以輕而易舉解釋自己如何完成的任務。現在機器已經可以把這些任務處理得很好，因此替代力量正在逐步淘汰人力。我們不再引導人們循此路線前進，反而必須協助人們學習目前仍然涉及教學、而且連最強大的機器也無法自行習得的活動，例如像護理、健康照顧等工作。或者，我們也可以教育人們打造自己的機器，設計並安裝它們的適當用途，從事目前機器還無法做到的其他活動。現在，聚焦在這些活動將提供勞工戰勝機器的最佳機會。

有些人可能在使用「競爭」這個詞彙時感到不快，他們寧可選用暗示機器有助人類的其他詞彙，例如：增強、提升、賦權、合作、協作。雖然這些字眼聽起來比較順耳，卻無法精確闡明正在發生的種種變化。現在，新科技可能確實在某些任務中與人類互補，提升這些工作對人力的需求，但是正如我們所見，一旦人類的執行效能不如機器，這種安排就不會一直持續下去。等到情況改變，有益的互補力量就會消失。更確切來說，互補力量僅能提供暫時幫助：競爭，意味著在任何特定任務中永無止境的與機器奮鬥並保持優勢，這才是永恆的現象。

不要教人們做那些機器可以執行得比人類更好的任務，你可能會忍不住想嘲笑這個建議竟然如此簡單。但是這項基本原則在實務中依舊遭到許多人漠視。現在我們仍然繼續花費大把時間教導人們執行機器已經做得非常出色的「例行性」任務，更不用說未來這些機器還能發揮多強大的能力。

以數學教育和測驗的方式為例，我們為中學生（非大學生）設計的許多問題，現在都可以經由拍照計算機（PhotoMath）與蘇格拉底（Socratic）這類App得到解答：只要拿出智慧型手機，對準列印或手寫的問題拍照，然後打開App掃描、解釋，它們就可以即時回覆答案。這真不是個好預兆，因為我們至今仍遵循常規來規畫數學教育和測試題材，但這一類免費的現成系統早就可以輕而易舉的處理大量內容。這種挑戰並不是什麼新鮮的事情：幾十年前，陽春型的計算機就將許多數學教學的重點從單靠蠻力計算轉移到數學推理和問題解決。想想英國學生得坐下來應考的「計算機試卷」，他們必須使用計算機答題，因為題目都是根據計算機功能量身打造而成。現在我們也需要類似的轉變來因應新科技。同樣的原則適用所有學科：無論教學內容為何，我們都必須利用機器仍無法企及的人類才能來探索這些素材。

另一方面，現在我們也經常無法使人們為機器能力不足的任務做好準備。以電腦科學為例，在全美薪資水準占前四分之一的職業中，幾乎已經有一半的職位要求具備編寫程式碼的技能。[9]未來，這門學科幾乎肯定只會變得更重要。然而，在英國，電腦科學依舊是國家課程中沉悶無聊、不具吸引力的附加內容，與這門領域研究成果所展現出來令人興奮的體驗完全不同。最近有一項調查結果發現，英國電腦科學教師通常「沒有這門學科的背景」，而且教授相關素材時「毫無信心」。[10]部分原因是，當今受命教授電腦科學的教師，通常與過去教授過時資訊與通信科技（Information Communication Technology, ICT）科目的是同一群人，他們負責指導學生操作Word或Excel等辦公室文書軟體。國家政策制定者似乎認為，由於這些課程都與電腦有關，所以沒有雇用新教師的迫切性。也因為教學品質低落，英國中學生到了十六歲時，只有十分之一會取得電腦科學的中等教育普通證書（General Certificate of Secondary Education, GCSE），[11]這種結果一點也不令人驚訝。更廣泛來說，在經合組織三十三個會員國中，四分之一成年人「很少或沒有使用電腦的經驗」，而且在應用科技解決問題時，「達到或低於最低水準」。[12]

教育人們為機器可以互補而非替代人力的任務做好準備，這種指導方針看似簡單，同時也因為另外一個理由而顯得很有用：它強迫我們更審慎思考可以讓機器與人力互補的任務究竟會落在勞動市場的哪些領域中。今日，我們往往假設它們會是那些任務最複雜、薪資最高的職業，因此，政策制定者的目標就是鼓勵人們「提升技能」，激勵自己攀向勞動市場的頂端，並試圖找到安全的位置。這就是為什麼柯林頓、布萊爾和歐巴馬的評論全都圍繞在所有人都應該取得大學學位。不過，這一套在二十世紀行得通的策略現在已經開始落伍。正如我們所見，人類執行一項任務必備的教育水準（換句話說，執行這項任務是否需要高技能），已經無法作為評估任務是否可以實現自動化的指標。事實上，許多尚未實現自動化的任務並不屬於收入最高的職業，反而是社工、護理人員和學校教師等角色的任務才是最難實現自動化的。要讓人們為這些職業做好準備的傳統途徑，是透過不斷增加的正規教育來產出愈來愈多的學生，但未來的做法將會與過去完全不同。

然而，在更遙遠的未來，避免人們從事「例行性」任務的這條簡單規則也沒有用了。我們知道，機器不會永遠限縮在執行「例行性」任務：它們已經開始執行需要人類發揮創意、判斷力與同理心等才能的任務。在某些方面，機器也已經開始建構自我，想想AlphaZero，這套下棋系統會自己想清楚如何成為打遍天下無敵手的棋王。這不禁讓人懷疑，人類最終是否有能力擔得起製造機器的工作。

麻煩的是，即使企圖為更遙遠的未來提出任何詳細的建議，卻有濃厚的不確定性籠罩在究竟哪些是機器無法做到的任務。我們唯一有自信可以了解到的是未來機器的能力將遠高於現在，遺憾的是，知道這一點對我們決定人們應該學習什麼領域的活動並不特別有用。不確定是無可避免的，我們目前只能掌握一條簡單的規則：不要教人們為那些已經確定機器比我們更擅長、或是我們可以合理預測機器很快就能勝過人類的活動做準備。

教學方式

我們除了改變教學內容，還得革新教學方式。如同許多人的假設，如果我們可以穿越時空回到幾個世紀前的教室裡，眼前的場景將會看起來異常熟悉：一小群學生聚集在一個單一的實體空間，由教師在現場講授一系列課程，並且在嚴格的課程規範下，每一堂課的時間與步調都大同小異。[13]如果有才華洋溢的教師、認真的學生加上雄厚的財力，這種傳統手法將會有很好的功效。但實際上那些資源往往遙不可及，因此這種傳統方法運作起來相當勉強。

當今的科技提供替代方案。舉例而言，傳統教法有一項特徵，在教室裡的教學難逃「一體適用」的迷思，教師無法為了滿足每一名學生的特殊需求而客製化教學素材，所以我們提供的教育多半淪於「一體無用」。這一點特別讓人心灰意冷，因為大家都知道客製化教學十分有效：中等資質學生接受一對一教學後，成績表現會比全班一起待在傳統教室裡上課的學生高出九八%。在教育研究領域中，這種現象被稱為「兩大標準差問題」（two sigma problem）。「兩大標準差」是指現在中等資質學生的成就幾乎比普通資質學生高出兩個標準偏差（以數學符號2σ表示）。「問題」則是指這種密集授課系統可以取得令人印象深刻的結果，但實際上成本非常高昂。「適性化」或「個人化」學習系統有望解決這個難題，為每一名學生客製教學內容，而且成本遠低於人類教學的方案。[14]

我們也可以想想傳統教室教學法的另一個特徵。傳統教室或講堂只能容納少數人，後來才開始變得比較寬敞舒適，相反的，線上教學無須限制學生數量，經濟學家可能會說這是沒有「擁擠效應」（congestion effects）。例如，美國史丹佛大學知名的電腦科學家塞巴斯蒂安・特龍（Sebastian Thrun）設法廣納三十一萬四千名學生參加他的電腦科學課程。[15]線上教育的規模經濟也值得我們正視：無論上課人數是一百人或十萬人，提供一門線上課程的成本幾乎固定不變，就財務而言這很令人高興，因為愈多學生使用這項服務，為每一名學生花費的單位成本就會下降。[16]

這種大規模開放式線上課程（massive open online courses, MOOCs；簡稱磨課師）大約在十年前首次亮相，一登場就受到熱烈歡迎。從那時開始就有一個明顯的現象：雖然有很多人報名課程，但實際上很少有人全程修完學分，最後結業率往往只有個位數。[17]但我們不應該太快放棄這種做法，畢竟，雖然結業率很低，但註冊率卻非常高；就算在一大筆數量中只占有一小部分，仍然是相當可觀的數目。舉例來說，光是美國喬治亞理工學院（Georgia Tech）開辦的電腦科學線上碩士班，就使得獲得該學位的美國人每年增加七％，儘管期間有不少學生輟學（每年約有一千二百名美國人註冊，其中大約六〇％完成學業）。[18]此外，雖然參加磨課師的學生可能無法將最初的熱情堅持到底，仍然顯示出人們對這種教育的需求有多麼龐大，而目前傳統的教育機構無法應付這麼龐大的需求。這種需求也可能源自人才濟濟的地方。當塞巴斯蒂安・特龍對兩百名史丹佛學生講授電腦科學課程，之後轉到線上對十六萬名非史丹佛學生講課，結果頂尖的史丹佛學生在排名中僅排到第四百一十三名。「我的老天，」特龍看到這項結果時不禁脫口而出，「這表示，對每一位優秀的史丹佛學生來說，這個世界上還有四百一十二名、甚至還有更多更好的學生超越他們。」[19]

教學時機

最後，為了因應效能日益強大的機器，我們需要做的第三項改變是教學的頻率。今天，許多人深信教育是人生一開始就要做的事情：你投入時間打造自己的人力資本，隨著年紀漸長，習得愈來愈深厚的學問、技巧並實際應用在生產層面。從這個觀點來看，教育就是你為「現實生活」做的準備，也就是你認真展開令人滿意的人生之前應該做的準備。

我一向以這種觀點來思考我的人生。我結束首相官邸的工作後回到學術界繼續進修，每當在晚宴席間被問到從事什麼工作，我回答：「我正在攻讀經濟學博士學位。」這個答案總是會讓對方嚇得臉色發白，後悔把這段對話導向死胡同，然後苦笑回答：「啊，一輩子都在當學生。」這個回答呈現一個毫無幫助的傳統智慧：人一旦過了某個年紀，深造教育就不再被視為貢獻生產力的象徵，而是代表怠惰和輕率、不負責任。

未來幾年，我們有必要改變這種態度。人們必須漸漸適應，一輩子都不斷在結束一段教育課程後又重啟新的課程。就某種程度而言，我們必須持續再教育，因為科技進步將會強迫我們承擔新的角色，我們得為此接受培訓。我們也必定要這樣做，因為現在要準確預測可能會有什麼樣的新角色，幾乎是不可能的事情。就這個層面來說，擁抱終身學習是一種自保之道，讓我們得以因應未來工作世界的未知要求。

在某些地區，這些想法早已根深柢固。包括丹麥、芬蘭和挪威在內的北歐國家特別擁護這種觀念；新加坡為二十五歲以上公民提供一筆總額約三百七十美元的再培訓資金，而且還會定期加值補足金額。有鑑於這項挑戰規模龐大，儘管補助總額相對不多，還是比沒有補助來得好。[20]

強烈反對教育

如果我們可以改變教學內容、方式與時機，那麼教育將會是當前抵禦科技性失業最堅強的防線。但是，近幾年來出現許多懷疑教育價值的聲音，特別是質疑當前大專學院提供的教學內容有多少實用性。僅一六%美國人同意，一紙大學文憑可以為學生「充分」做好得到高薪工作的準備。[21]某種程度來說，這可能是來自當今多數成功創業家都從頂尖學府輟學所形成的印象。這張中輟生清單讓人十分震驚：Google創辦搭檔謝爾蓋・布林（Sergey Brin）與賴瑞・佩吉（Larry Page）雙雙離開史丹佛大學；伊隆・馬斯克也從史丹佛休學；比爾・蓋茲與臉書創辦人馬克・祖克柏（Mark Zuckerberg）從哈佛大學輟學；史帝夫・賈伯斯離開里德學院（Reed College）；戴爾公司（Dell Inc.）創辦人麥克・戴爾（Michael Dell）離開美國德州大學（University of Texas）；優步（Uber）創辦人崔維斯・卡蘭尼克（Travis Kalanick）離開美國加州大學（University of California）；Twitter創業搭檔伊凡・威廉斯（Evan Williams）與傑克・多西（Jack Dorsey）各自離開內布拉斯加大學（University of Nebraska）與紐約大學（New York University）；甲骨文創辦人賴瑞・艾利森（Larry Ellison）離開美國伊利諾大學（University of Illinois）與芝加哥大學（University of Chicago）；Dropbox共同創辦人之一艾瑞西・費爾多西（Arash Ferdowsi）離開麻省理工學院（MIT）；Spotify共同創辦人丹尼爾・艾克（Daniel Ek）離開瑞典皇家理工學院（Royal Institute of Technology）。[22]

這張清單還可以繼續寫下去。雖然這些創業家的輟學理由各自不同，但都依循同樣的軌跡：放棄教育，轉戰勞動市場。你可能會很想將他們視為例外，畢竟不是所有中輟生都有能力創辦大型、成功的科技企業，而且教育的重點也不必然是要培養所有人成為大型科技企業的創辦人。不過，這些創業家輟學的情況如此普遍，值得我們花點時間反思。

先不談這份清單的趣聞軼事，還有許多有深度的辯論，探討為什麼「更多教育」的信念可能是錯的。創業家彼得．提爾（Peter Thiel）提供一個最挑釁的說法。他宣稱，高等教育本身就是一顆「泡沫」，說它「被過度哄抬」，因為人們不明白「這筆錢的價值」，讀大學「只是因為跟風」。提爾不否認，受過更高教育的人，平均收入多半也更高，但是，他也質疑我們為何從不檢視這個事實的相反面向：這些學生如果沒有受教育又會怎樣？他的想法是，許多人可能一樣會賺到這麼多錢，大學「不過只是善於發現人才，而並沒有為人才增添價值」。如今，提爾提供十萬美元獎金，專門挹注選擇「不讀大學或中途輟學」改行創業的年輕學生。[23]管理獎金的提爾基金會（Thiel Foundation）指出，受獎人已經創辦六十家企業，他們的身家總價超過十億美元。不過基金會沒有提到事情的另一面：如果這些創業家沒有接受獎金又會怎樣呢？

提爾抱怨，大學是否「僅僅是挑揀出原本就已經出類拔萃的人才……從未經過審慎分析」。[24]不過，事實上許多經濟學家花了大半輩子專門思考這個問題。這門學問相當受歡迎，以致於還被貼上一紙標籤：「能力偏差」（ability bias），在計量經濟學領域中它被設定成一種「遺漏變數偏誤」（omitted variable bias）的特殊狀況。在這種情況下，被遺漏的變數指的是個人的先天能力：如果一名天賦異稟的人才一開始就比其他人更有可能進大學，那麼，教育對他們身價不斐的貢獻就不會占重要的部分。經濟學家已經開發出一套技術工具包，用來解決這項變數。他們歸納得來的結果和提爾的想法背道而馳：即使考慮到能力偏差，大學似乎依舊可以產生積極正面的影響。天賦異稟的人才無論如何都可能比其他人賺更多，但教育幫助他們賺得比沒讀大學的人還要多。

但是大專院校究竟如何協助人們賺得更多？包括幾位諾貝爾獎得主在內的重量級經濟學家多認為，其實大學教育與提供學生新技能或訓練他們成為更有生產力的勞工無關；相反的，這些經濟學家主張，教育過程有很大一部分根本是一種浪費現象，他們稱為「發送信號」（signalling）。這種觀點指的是，教育很可能有助於提高人們的薪資，但不是因為它增強人們的能力，而是因為受教育本身就很困難，因此唯有入學之前就已經非常有能力的人才可能完成學業。就像孔雀求偶時會對著心儀對象開屏，展現自己的雄性氣概一樣，學生也會亮出特別出色的學歷，向潛在的雇主炫耀自己的能力。有些人暗示，教育帶來的經濟報酬中，實際上有高達八〇%是源於這種與眾不同的能力。[25]依循這種觀點來看，教育的確和提供人們新技能幾乎毫無關係。

因此，即使提爾的嚴苛抱怨可能有些誇大了，但他所提出的質疑還是很重要。然而，更重要的是他願意主動批評教育體系。因為我們往往視學校、大學、學院和培訓中心為神聖殿堂，只要質疑它們的經濟實用性，就會引發強弱度不一的抗議反彈。勞倫斯．桑默斯曾經毫不容情的批評，提爾提供十萬美元獎金給選擇不讀大學的年輕學子，正是「近十年來慈善事業領域中唯一一種最容易誤導人的做法。」[26]不過當我們思考未來，無論一家機構多麼備受推崇與尊敬，都不容逃避嚴格檢視，即使是我們的教育機構亦然。

教育的局限

除了當前許多人懷疑高等教育的價值和用途之外，當我們將「更多教育」視為科技性失業的因應方法時，還會遇到其他兩個問題。當然，教育不僅有確保人們可以找到高薪工作的目的，我們將在往後章節深入探討有關非經濟層面的議題。在本節中我想更聚焦在因應自動化經濟威脅的教育，以及教育的局限。

無法實現的技能

今日，當人們提議以「更多教育」當作因應自動化經濟威脅的方法時，他們的準備程度其實並未反映出實現這個目標有多麼困難。一般人將新技能視為來自天堂的甘露，會大量的從天上掉下來，讓需要的人能輕易的將它們蒐集起來。但是教育並不是這麼一回事，受教育其實很困難。[27]如果有勞工被機器淘汰，剛好又有需要不同技能的新工作乘機崛起，他們可以迅速學會新工夫，一切都會好起來。這樣說起來好像很容易，但事實上，事情根本就不會這樣發展。再培訓的困難就是造成摩擦型科技性失業的原因之一，即使有現成工作需要交由人類執行，而且這些職缺可能都相當誘人，但教育的第一個限制出現了：對許多人來說，有些技能可能根本可望不可及。

造成這種結果的一個原因是每個人的本質不同，人類天生被賦予不同的才華與能力，有人足下功夫了得、有人雙手靈巧；有人心思敏銳，也有人善解人意。所有的差異都只意味著有些人無可避免比其他人更容易學會新事物。隨著機器效能日益強大，限縮留給人類勞力完成的工作範疇，要繼續認定每個人都有必要學會機器留給我們做的事，實在是沒有道理。

技能可望不可及的另一個原因是，學習新事物太花時間也太花精神。我們終其一生都試圖讓自身擁有的才華和能力更完善，但這就像郵輪的航行一樣，我們發現減速、改變航程很困難。舉例來說，每當我搭乘倫敦市區的計程車，那些司機總是讓我佩服得五體投地：因為他們花了好多年用心記憶倫敦市區總數高達二萬五千條街道的位置，打造蔚為傳奇的街頭智慧，他們稱為「知識庫」。我擔憂一旦自駕車的時代來臨，他們該何去何從？我也考慮到如果他們願意發揮絕佳的記憶力，改成背誦症狀、疾病或是法規和訟案，而非地點與路線，他們能否學著像醫師或律師一樣來維生？但是就這一點而言，對老一輩的司機來說，這種人生大轉彎的情節根本只是幻想；即使行得通，也有可能毫無財務價值。在人生即將起飛之際負擔培訓成本是一回事，畢竟往後還有幾十年後的潛在收入可以用來還債；但是年老力衰的勞工如果還得獨自承擔還款的重任，他們能夠繼續行走江湖的僅剩年限根本也不夠用來還債。

我們身為人類全都具備無限的延展性，完全有能力學習我們所需的一切事務。這一點讓人感到欣慰。你可能會辯稱，受教育很困難完全不是逃避的藉口，畢竟美國前總統約翰·甘迺迪說過，我們完成重要任務，「不是因為它們很簡單，而是因為它們很困難」嗎？[28]甘迺迪這句評論很可能一語中的。不過我們必須加入現實主義來稍微調和一下理想主義，如果「困難」最終證明是不可能，那麼再教育、再培訓這些激勵人心的熱烈號召根本就是白忙一場。

國際成人技能評量計畫（International Assessment of Adult Competencies，PIAAC）是經合組織開展的跨國調查之一，最近完成一項全球成人讀寫、計算和解決問題能力調查，結果相當驚人。「沒有任何一套教育系統顯示，它們傳授絕大多數成年人前述三項領域的技能，可以做得比電腦出色，」報告陳述，「儘管某些教育系統比其他軟體優秀，但其間的差異不足以協助多數人在前述三項技能表現中戰勝電腦。」[29]有鑑於此，即使現存最卓越的教育系統也無法提供必要的讀寫、計算和解決問題能力，來協助大多數勞工對戰當今的機器，更遑論未來效能更強大的機器。目前來看，調查結果預計，僅有一三％勞工每天都會應用這些技能，而且熟練程度明顯勝過電腦。[30]

這類觀察可能看起來很冷血無情，強調人人的能力高低不同就好像是想要製造分歧，教育不一定對人人都能發揮作用則帶有貶抑的意味。甚至，兩者似乎都在隱隱暗示有些人「比較好」、有些人「比較差」。歷史學家哈拉瑞（Yuval Harari）在《人類大命運：從智人到神人》（*Homo Deus*）中主張，科技趨勢會催生出一批「對經濟毫無用處的人」。當他接受知名心理學家丹．艾瑞利（Dan Ariely）採訪時明確指出一點，竟把艾瑞利惹火，忍不住為他們發聲：「不要把他們說得毫無用處！」[31]

然而，哈拉瑞的觀點與艾瑞利的同情並不衝突。確切來說，哈拉瑞主張有些人可能再也沒有經濟價值：無法將他們的人力資本應用於生產事業，也無法自我再教育，以便獲取其他有用的技能。他並不是主張他們最後都會變成一無是處的廢人。我們經常將經濟價值和人類價值混為一談，這種觀念顯示我們所做的工作或是其他人看到的工作可能有多麼重要。我們會在本書結尾處回頭闡述這種混淆心態，屆時我們會深思，如何在一個工作減少的世界尋求意義。

需求不足

撇開讓每個人接受再培訓很困難之外，將「更多教育」視為解決科技性失業的第二個困難在於，它充其量只能解決一小部分問題：人們缺乏執行現有工作的技能。但是，正如我們所見，威脅遠不僅止於此。摩擦型科技性失業不僅肇因於勞工的技能錯配，可能也是身分錯配與地點錯配的副產品。也就是說，如果失業員工選擇不接受現成工作，因為那與自身想要塑造的身分認知不同，或者是他們根本無法搬遷到新工作所在地，那麼教育就無用武之地。不過更重要的是，教育也必須試圖解決結構型科技性失業問題。如果人們接受培訓卻發現工作需求根本不足，就算接受世界級的教育訓練也是白費工夫。

但這不代表教育無助於解決結構型科技性失業問題，正如新科技可以提高人類執行工作的生產力，進而創造更多人類勞力需求，教育也可以辦得到。舉例來說，如果醫師或律師接受更精良的訓練，因此生產力大增，他們就可能壓低價格或提供更優質服務，吸引更多客戶上門。因此其中一個希望是，如果結構型科技性失業肇因於人力工作需求不足，教育或許可以教會人們把機器留給他們執行的工作做得更完善，進而協助支撐起這股需求。

然而，隨著時間推移，以這種方式採取行動的教育將會承受愈來愈沉重的負擔。在科技進步導致人力工作需求日益萎縮的情形下，教育必然得一再創造愈來愈多需求，才能彌補這道缺口。實在很難說這種做法可以永無止境的延續下去。如前所述，我們正走到勞工技能水準攀升至穩定高原期的關鍵時刻，教育還能教會人類發揮更高生產力的成效也面臨一些限制。

甚至，未來的機器生產力究竟有多強大，目前似乎尚無可以相比的限制。正如我們所見，當機器採取和人類截然不同的方式運作時，我們沒有理由認為，人類的能力也必定代表機器效能的高峰。今日，對工作的未來感興趣的族群花費大把時間思考機器的效能，以及工程技術可能會面臨哪些局限。雖然我們很少以同樣批判性的眼光自我檢視，並自問自我與教育的局限。我的感覺是，人類的局限有可能遠比我們以為的還要近在咫尺。

長路盡頭

當我開始研究並撰寫未來的相關論述時，主要關注的事物圍繞在「工作」。我想知道，對當今為了賺一份薪資的人類來說，科技進步有何意義：從會計師到泥水匠、從老師到遛狗員、從律師到園丁，什麼樣的故事情節會真的發生在他們所有人身上？我只能不甘願的歸納出一個答案，也就是本書一再闡述的主旨。我很難不歸結出這個結論：我們正步步邁向一個工作飯碗愈來愈不夠讓所有人均分的世界。科技性失業的威脅再真實不過。更讓人不安的是，傳統的「更多教育」解方也很可能隨著時間而愈來愈發揮不了作用。我得出這個結論後，眼前的挑戰就變得很清楚了：想出一套與眾不同的因應方法，讓我們即使進入一個工作愈來愈少的世界依舊有用的解方。

然而，當我開始想像這一套因應之道可能如何架構時，也逐漸意識到，我只聚焦工作的未來其實過於狹隘。取而代之的是，我發現自己正努力對付前一章提及的根本問題：我們如何共享社會的經濟繁榮？

今日，正如我們所見，這項問題的答案有一大部分會落在「經由工作」實現。幾乎人人都擁有多項才華與技能，也就是自身的人力資本。他們走出家門，投身工作的世界謀求一職半缺；相反的，這些工作透過薪資的形式提供勞工一小片經濟大餅。這就是我們認定工作非常重要，以及獲取足夠的教育以便繼續就業的想法如此誘人的原因；但是它也是一個工作變少的世界前景如此令人不安的原因：它會讓切分經濟大餅的傳統機制從此失靈，也會讓更多教育這種大家所熟悉的因應方法變得遠比以往更無效。

因此，妥善應付科技性失業便意味著找出如何共享繁榮這個問題的新答案，而且它們將不再指望工作與勞動市場成為可能解方。我們若想解決未來的分配問題，將會需要一間取代勞動市場地位的全新機構。我稱它為大政府（Big State）。

第十章

大政府

上一個世紀最鮮明的經濟爭議是，一國政府應當主導多少經濟活動，又應該放任多少給個人營生，好讓他們可以自由的在市場買賣。這是一場深刻的思想衝突，也是兩套截然不同的經濟生活組織，兩方在捍衛理論優點時的思維互相激盪：一邊是中央統籌規畫，另一邊則是自由市場。奧地利經濟學家弗里德里希・海耶克（Friedrich Hayek）或許是最著名的市場派擁護者，他認為中央統籌規畫是「通向奴役之路」，不僅是通向經濟災難之路，更是極權主義和政治暴政之路。此後其他經濟學家紛紛發聲，例如海耶克的學生艾巴・勒訥（Abba Lerner），不過他們兩個人的立場截然不同：勒訥背棄老師的思想，他的傳記被描述為中央統籌規畫者「使用者手冊」，即《統制經濟學》（*The Economics of Control*）。[1]

兩方的各執一詞使這個世界分裂。美國與它的盟國認為，自由市場是必勝之路；蘇聯與它的盟國則惡意反對。有一段時期，中央統籌規畫似乎占上風。一九六〇年，美國政府針對十個國家進行調查，發現有九個國家似乎認為，十年後俄羅斯人將在科學和軍事領域遙遙領先。隨著二十世紀慢慢過去，從蘇聯流出的統計數字描繪出一幅舉世震驚的經濟表現。接著一九六一年，蘇聯當著全世界讓美國難堪：蘇聯太空人尤里·加加林（Yuri Gagarin）竟然成為全世界第一位進入太空的英雄。他懸浮在全世界上方的勝利氛圍中，幾乎像是在嘲笑整個西方世界。但是隨著二十世紀慢慢過去，縫隙開始現形，然後分裂成峽谷。現在我們知道，蘇聯的統計數據與其說是美化虛報，不如說是刻意營造出阿諛讚頌的形象。一九八〇年代末期，俄羅斯經濟學家貴格利·哈寧（Grigorii Khanin）重新計算全國的經濟成長數據，然後發表他的研究發現，結果在家鄉引發強烈抗議。雖然蘇聯聲稱，一九八五年的經濟產出是一九二八年的八十四倍以上，但是哈寧卻發現，實際數字僅為少得可憐的七倍。[2]幾年後，蘇聯便解體了。

在這段歷史的背景下，號召大政府解決未來經濟成果的分配問題聽起來非常奇怪，似乎不僅是要回溯自由市場與中央統籌規畫之間這場老舊的競賽，更是要聲援這場競賽的輸家，也就是中央統籌規畫者。二十世紀不就是強烈明示它們完全做錯了嗎？確實如此。

它提出令人信服的確鑿證據，若想將經濟大餅盡可能做大，召集一群聰明人圍坐在政府辦公室，試圖依據一張總體藍圖就能完善協調所有公民的經濟活動，與自由市場亂哄哄的生產模式完全不一樣。但是，我在此號召大政府的用意不同：不是採用政府的概念做大經濟大餅，然後讓扮演規畫者角色的人試圖採取行動並終告失敗，而是要確保每個人都能分到一片經濟大餅。換句話說，大政府的角色不在於生產端，在於分配端。

在一個工作變少的世界裡，如果自由市場放任它的工具自行其是，那麼勞動市場將無法繼續發揮分配作用。[3]正如我們所見，邁向一個工作變少的世界，這段旅程的沿途特色將是龐大、日益惡化的不平等。處理這類重大經濟失衡的先例並不怎麼鼓舞人心。在過去，這種落差極大的不平等僅是少數極端情況，而且非得歷經世界末日等級的災難才得以減少。例如，在歐洲，最後兩次不平等之所以被消弭，是因為十四世紀先有黑死病大流行，後來有二十世紀兩場世界大戰帶來的屠殺和破壞。這些先例實在很難讓人不覺得反胃作嘔。[4]

因此，這就是大政府非得超級龐大不可的原因。如果我們想要找出縮減不平等差距、但不能像過去一樣走上災難路線的方法，仿效以前政府嘗試的修補、調整顯然遠遠不夠。解決隱隱逼進的貧富差距，唯一的方法就是與它們直球對決。

什麼是福利國家？

但是，我們不是早就已經有大政府了嗎？也就是所謂的「福利國家」。的確，今日全世界大多數已開發地區的勞動市場已經連帶產生許多機構，成立宗旨都是為了支持沒有可靠或充裕收入的族群。當然，這些機制的特定設計、複雜水準以及慷慨程度都依各國而異，但全都秉持一個共同的精神運作，亦即借鑑百年歷史論點所言，社會有義務幫助不幸的族群。不時有人會說，這種思維始於年輕的西班牙人胡安．路易斯．菲費斯（Juan Luis Vives），他在一五二六年出版《論濟窮》（*On Assistance to the Poor*）。在當時，這個想法引發爭議，因此菲費斯甚至與友人書信往返時都不願提及書名，因為害怕「一旦這封信落入惡人之手」的後果。[5]長期以來，有需要的族群都依賴慈善機構有錢、有閒的志工，但地方當局也漸漸開始有所回應，提供乞丐和流浪漢所需的支援或工作機會。

二十世紀初，這些福利機構開始變得更大方、更複雜；各國開始提供失業保險、工傷保險救濟、疾病保險和退休金，所有努力都是為了彌補一項事實：失業族群無論是出於任何原因丟了工作，根本就沒有收入可言。[6]英國尤其如此，重大變革始於一九四二年經濟學家威廉．貝弗里奇（William Beveridge）撰寫的政府研究報告《社會保險與相關服務》

（*Social Insurance and Allied Services*）。儘管書名枯燥無味，這份別名為《貝弗里奇報告》的知名文獻其實深具影響力，而且廣受好評。民調顯示，當時在所有社會階層中，多數人都支持貝弗里奇呼籲的更多國家支援。印刷版本在軍隊中傳閱，也流入敵軍手中，還曾在希特勒的地下碉堡中找到詳細注釋的版本。[7]

自從《貝弗里奇報告》發表以來，許多後進紛紛提出其他建議，想要確保在任何特定社會中，人人都能有足夠的收入，有些建議停留在理論階段，但有些建議成為實際的政策。在多數情況下，這些計畫往往都附加在勞動市場中，試圖補貼低收入勞工的薪資，或一開始就推動更多人找到工作，進而提升人們的收入。[8]舉例來說，「工作租稅抵減」（working tax credits）或「勞動所得租稅抵減」（earned income tax credits）都提供有工作但收入低於一定門檻的族群租稅抵減，因此，這些抵減可說是用工作「賺來」的。近幾年來，多數經合組織會員國都推出這類機制。直接補貼薪資是另一種解決收入不足的方式：在此，大政府不用租稅抵減這種方式，改成直接補貼低薪勞工，增加他們的收入。相關政策不一而足，全都試圖落實「有工作就有錢賺」；或者，就失業救濟的情況而言，一般都會要求接受補貼者持續求職，這些政策也相當於承諾「有求職就有錢賺」。

考慮到這種種提高收入的機構和干預措施已經在全世界上路，我們何不就只聚焦在如何改善並擴大實施，或許只要再多挹注一些資金並稍微調整一下就好？我們到底為什麼需要一個大政府呢？答案是，幾乎所有這些機制設計的架構，都是順應一個就業為常態、失業為特例的世界。但是，在一個工作變少的世界，這些措施都會失效。

舉例來說，我們再回頭想想《貝弗里奇報告》。這套試圖改善英國社會的計畫核心在於勞動市場。有工作的族群將貢獻一點資金，將這些資金集中管理，用以支持生病或年老而無法工作的族群，以及另一些有能力工作，但一時半刻找不到職缺的族群。失業族群可以從這個集中管理的資金中領取一些款項，但接受金援的前提是他們得準備好接受新工作的培訓。今日，這類系統常常被稱為社會安全網，但其實更像是彈跳床，在人們重跌一跤時從旁推一把，協助他們回到職場。只不過，一旦科技性失業潮來襲，這種做法就會潰不成軍。因為當工作變少，人們跌跤後也更難經由這套系統的力量重返職場。當希望獲得援助的人從四面八方湧進，這張承受沉重壓力的彈跳床也就會因為過度用力導致變形，運作吃力。[9]

《貝弗里奇報告》提及社會有五大「惡魔」：匱乏、疾病、無知、骯髒和懶惰，讀起來其實不像政府平淡乏味的政策報告，反而是行文語帶憤怒、頗具爭議，並大聲疾呼讀者挺身發動戰爭並爭取救助：「世界史上的革命性時刻就是發動革命的時刻，再也不是修補的時刻。」[10]今日，我們可能正日益接近類似的時刻。事實上，我們面臨的挑戰可能更艱巨。貝弗里奇那時的問題雖然嚴重，但其實僅限於社會某些階層，特別是窮人；不過正如我們所見，科技性失業問題不太可能同樣因為社會階層而有所區別，因為它會深入勞動市場眾多角落。我們的本能不應是修補、調整我們承接下來的機構；相反的，正如貝弗里奇的所作所為，我們應該更大膽無畏的擺脫舊觀念。

大政府應當秉持這股精神，將必須扮演兩大要角。一是未來對設法保留珍貴資本與收入的族群嚴格課稅，二是找出與無產族群共享財富的最佳方法。

徵稅

今日，稅收不會是讓人開心的話題。人們一談起稅收幾乎就像要繳稅一樣難有喜色。不過在一個工作變少的世界，徵稅將是解決分配問題的關鍵機制。大政府必須課徵一直都會存在的所得稅，然後與社會其他人共享。

如此，第一個問題便是向誰或什麼機構徵稅。簡單的回答是，收入在哪裡，就往哪裡去。關於未來資金可能會出現在哪裡，先前針對經濟不平等趨勢的討論就曾強烈暗示：日復一日，經濟大餅中分配給勞工的部分日益縮水，分配給擁有傳統資本族群的部分則相應變大。甚至，正如我們所見，這兩大部分各自切分時也日益不平等，傳統資本族群的分配不均尤為嚴重。

隨著我們日益邁向一個工作變少的世界，這些趨勢可能不會在全世界以相同速度發展，大政府有必要敏捷的找出收入實際往何處聚集並累積。不過考慮到當前趨勢發展，有三大領域可能值得關注。

向勞工徵稅

首先，有些勞工的人力資本價值會隨著科技進步提升，大政府有必要向他們徵稅。正如我們所見，未來不會有所謂失業潮「大爆發」的時刻。科技性失業的影響可能是斷斷續續、時好時壞；還有一點也很重要，未來即使有些人生計沒著落，還是有些人依舊可以逃過任務侵占的有害影響，繼續在職場中飛黃騰達好些年。新科技將會繼續與他們付出的努力互補，而非替代他們。舉例來說，試想未來的軟體開發人員，因為有效能愈來愈強大的系統可供任意使用，因此生產力會同步提升，這也使得他們日益炙手可熱，因為雇主會爭相出價，以求得他們的高超技術。還有其他一些人才的薪資也可能水漲船高，像是執行長之輩的「超級經理人」。這兩大類愈賺愈多的勞工，未來被課徵的稅金將有必要高於當今水準。經濟學理論指出，即使在今天，課徵最富有族群的最適稅率可能高達七〇%，與當前的稅率相距甚遠。[11]

向資本徵稅

其次，大政府將有必要向坐擁傳統資本的族群徵稅。考慮到所有討論都直指新科技有助於坐擁傳統資本的族群分到更大塊的經濟大餅，這一步似乎是很直觀的做法。不過政策制定者依舊很可能面臨艱巨挑戰，而且還不只是出於政治因素。在此，部分挑戰將源自理論：根據當今經濟領域最普遍的模型試算結果，針對資本設定的最佳稅率是零。不同模型對此提出的原因略有不同。其中一項論述主張，資本稅會造成扭曲，而且會隨時間而爆炸性增長，所以應該要避免課徵資本稅。另一套論點則宣稱，如果可以有效針對勞力徵稅，又何必自找麻煩課徵資本稅。[12] 雖然經濟學家也清楚這些模式有其局限，但整個圈子仍隱約瀰漫一種感覺，認為論及向傳統資本徵稅時，雙方的對話就趨近於零。正如托瑪．皮凱提與伊曼紐爾．賽斯語帶玄機指出：「教授經濟學、討論政策時，零資本稅結果依舊是重要的參考點。」[13]這種偏見有必要加以修正。

有一個更實際的困難在於向傳統資本徵稅的概念其實非常模糊不清，比向勞工徵稅更有過之而無不及。最近公共討論的風氣轉向所謂的機器人稅。比爾．蓋茲是其中一位意見領袖，他的觀點已經引起熱烈討論。「現在，人類勞工在工廠做一份年薪五萬美元的工作，他的收入會被課稅，」最近他在專訪中直言，「如果機器人也做同樣工作，你就會想，那我們也應該向它課徵相當水準的稅金。」[14]

其實也有其他人搶在蓋茲之前提出機器人稅。舉例來說，早在一九八〇年代初期，在前一輪自動化焦慮症發作期間，美國《華盛頓郵報》（*Washington Post*）記者發現自己在「某個灰撲撲的星期天下午……置身病懨懨的汽車王國」一處工會大廳裡，工會主席站起來宣布：「高科技與機器人可能消滅這個房間裡的每個人。」當各行各業專家「解釋機器人如何把他們變成藍領時代的過氣小角色時，車廠勞工一開始似乎是聽得一頭霧水，但聽懂後全體感到憤怒」。[15]這家機械師工會的其中一個反擊動作，就是起草一份「勞工科技權利法案」（Workers' Technology Bill of Rights），呼籲政府課徵機器人稅，內文直指，失業將會「減損地方、州和聯邦政府的收入」，有必要祭出這項「替代稅」彌補這塊缺口。[16]

誠然，機器人稅的概念問題重重，其中一個問題就是關於「機器人」的思考過於簡單，我們只要像統計員額一樣計算它們的數量即可。但即使在蓋茲簡單描繪的工廠場景中，也很難知道如何統計機器人的數目，以及究竟應該如何課徵稅金。另一個難處在於，正如我們所見，機器不單只是取代勞工，對勞工也有互補作用。由於很難釐清這些作用的效果，我們要怎樣才能知道機器人稅可以懲罰有害的機型，而不是錯殺有益的機型？還有，或許最重要的一點是，我們必須謹記，機器人貢獻科技進步良多，進而驅動經濟成長，它打從一開始就做大這塊經濟大餅。這就是為何勞倫斯・桑默斯稱呼機器人稅是「阻礙進步的保護主義」。[17] 機器人稅可能意味著更少機器人和更多工人，但它也可能代表一塊縮水的大餅。

上述每一項批評都見微知著。但總的來說，它們代表「機器人稅」的狹義解釋。如果我們改以更寬容、更仁慈的方式處理這個概念，就像我們體認到未來將必須向收入流向擁有日益珍貴傳統資本的族群徵稅的事實一樣，那麼它必然就是正確舉措。有關細節與範疇的爭論並不影響基本重點：在一個工作變少的世界裡，解決分配問題將需要大政府依循收入在哪裡，就往哪裡去的方向前進。[18] 在勞動時代，多數人的收入就是薪資，所以人力資本一向就是最重要的收入來源。不過在一個工作變少的世界裡，傳統資本的重要性將漸漸變得更重要。

圖10.1：海外財富占國內生產毛額比重（2007年）[19]

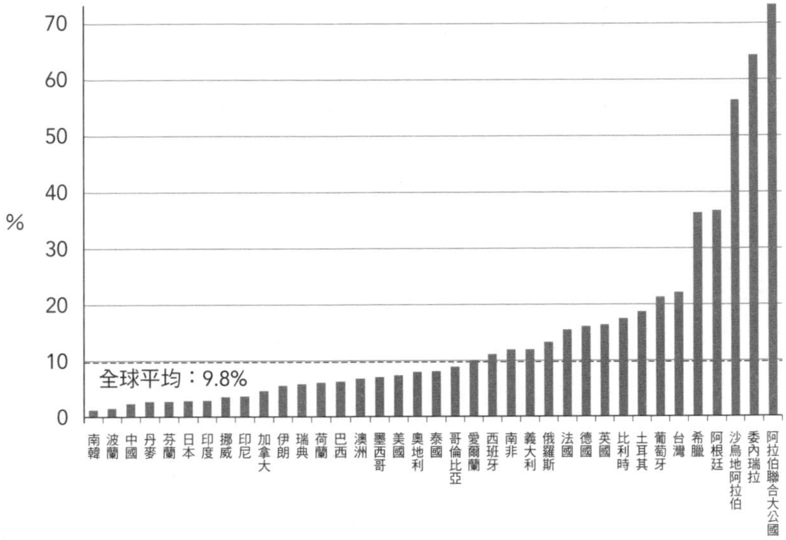

向傳統資本徵稅的關鍵第一步就是要釐清資本所在地與實際持有人。目前來說，所在地常常模糊不清。一九七〇年代以來，家族的海外財富一路上漲，但多半藏在避稅天堂。如圖10.1所示，今日，這筆財富約占全球國內生產毛額一〇%，不過個別比重則依各國差異懸殊。[20]追蹤傳統資本實際持有人也不容易。撇開瑞士不談，沒有大型金融機構會發布旗下銀行持有外國財富總量的詳細統計數據。許多持有這筆資本的銀行根本不願意讓其他人知道。[21]

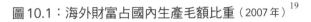

遺產稅也將變得日益重要。在所有稅收中，它通常被暱稱為「死亡稅」，在最不受歡迎排行榜中名列前茅。父母輩總是強烈主張，他們應該能夠傳給兒女任何想要交付的事物；他們的兒女則是強烈認定，自己有權毫不受限的繼承父母財產。[22] 結果，如今多數地區都嘗試降低這類稅收：在經合組織會員國裡，一九六〇年代以來，政府歲收源自遺產稅的比重下降五分之三，從原本超過一％降至不到〇．五％。有些國家乾脆完全放棄課徵遺產稅。[23] 儘管事實上繼承的財富仍是不平等的主要驅動力，而且格外重要，足以解釋為何有些人就是超級富有。近十五年來，北美地區繼承家產的億萬富豪數量激增五〇％；在歐洲則是躍增一倍。[24]

在勞動時代，我們認命的接受被課徵因遺傳而得到的人力資本：當我們課徵勞工的工資與薪資時，等於間接課徵他們受到上天眷顧而得的才華，也間接課徵他們在成長過程中學到的才藝。隨著我們邁向一個工作變少的世界，將必須更從容接受這一套向繼承的傳統資本徵稅的做法。

向大企業徵稅

最後，與此相關的是，大政府將必須向大企業徵稅。我們在探究不平等的趨勢時發現，愈來愈多產業正被數量愈來愈少的大型企業主導。這一點很重要，因為這些超級巨星企業似乎得為勞工分到的大餅日益縮水負起部分責任。不過這一股趨勢不僅導致員工數量變少，還帶來更可觀的利潤。[25]當我們步向一個工作變少的世界，必須確保向這些利潤課徵相應的稅收。

實際上，這一點早已證明難如登天。近幾年來，許多以科技集團為首的大型企業都十分成功的將繳稅額減至最低點。看起來，坐擁強大的經濟實力經常伴隨著相當程度的不負責任。舉例來說，二〇一四年，蘋果在歐洲幾乎可以不付分文稅金。它千方百計變換稅務規畫花樣，成功換來僅需繳付〇．〇〇五%的有效稅率，相當於每百萬美元獲利只要繳付微不足道的五十美元。我們再回頭對照大環境。愛爾蘭是蘋果的稅務稽徵處，當地受薪最低的公民稅率是蘋果的四千倍。[26]在美國，美資企業的名目稅率實際上是由法律規定，儘管一九九〇年代以來一向維持穩定，但近幾十年來它們上繳國庫的稅金其實持續在減少。研究這些趨勢的重量級學者加柏列．祖克曼（Gabriel Zucman）估計，一九九八年至二〇一三年，企業上繳國庫的有效稅率減少一〇%，在這個減幅中，大約三分之二是源於避稅動作頻仍。再次強調，全球各處避稅天堂在其間扮演關鍵角色：一九八四年以來，美國企業在荷蘭、盧森堡、愛爾蘭、百慕達群島、新加坡和瑞士等地的獲利占比的成長暴衝逾八

圖 10.2：美國企業獲利的名目與有效稅率[27]

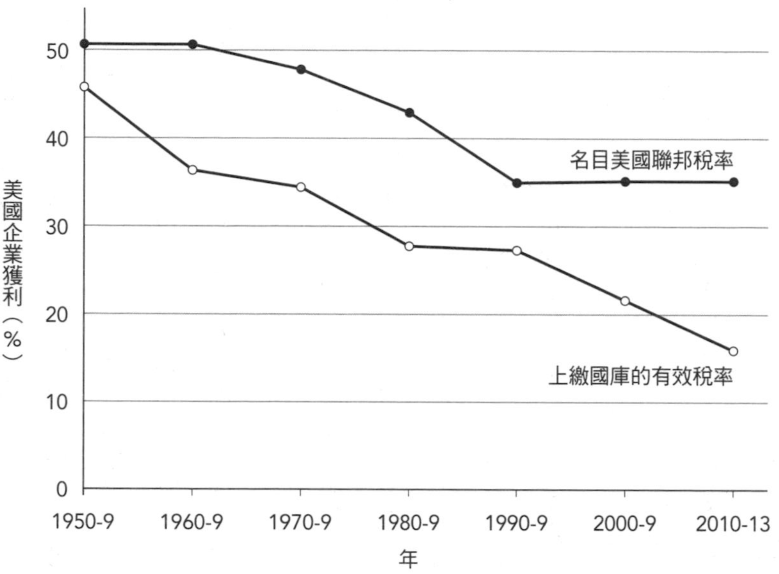

倍。[28]

大型企業避稅雖然經常有違法律精神，但通常不會違反企業稅法相關條文。不過有時候企業在兩邊都會犯錯：歐盟委員會（European Commission）裁定蘋果的愛爾蘭減稅行徑違反國際法規，因而對它開出一百三十一億歐元罰單。[29]換句話說，企業避稅激起公憤，不只是因為行為違法，更是因為不道德。[30]當高獲利的企業大鑽法律漏洞，並仗著高超手法避繳合理稅金，很容易被解讀為背叛民眾對它們的信任。

但這並不代表大家都應該樂於

繳稅。不是每個人都能體會偉大的美國法學家奧利佛・溫德爾・霍姆斯（Oliver Wendell Holmes）的熱情，他曾說：「我愛繳稅。我用這筆錢買到文明。」[31]不過，這句話的意思是公司稅法的文字與精神必須維持一致。換句話說，我們需要更嚴格的立法，好敦促大企業支付相應的稅額。

接下來的挑戰將是如何執行這種新法規。就某種程度而言，這需要我們拿出比當今所見更堅定的政治意願和勇氣。舉例來說，近二十五年來，美國國稅局（US Internal Revenue Service）提起刑事訴訟的潛在稅務詐欺案件，對比人口規模大跌七五％。[32]此外，這也需要找到一批更優秀的官員和監管者，或至少這些官員和監管者的能力應該要和他們監管的企業一樣。許多大企業可能會指示公司的稅務專家設計聰明的新花招並找出新漏洞，以便逃避任何可能施加在它們身上的法規。還有另一個問題是，就算監管機構的能力真的可以和稅務顧問並駕齊驅，而且中央政府也能執行更高的有效稅率，企業依舊可以輕而易舉逃之夭夭，轉移到稅務較低廉的其他地區。許多企業根本懶得逃避更嚴苛的稅務法規，直接搬家就好了。當然這一點不僅是在大企業身上可見，坐擁珍貴資產的持有人也會這樣做。有鑑於此，更充分的國際協調也有其必要，如此才能防範這類搬家逃稅的行動。

更堅定的政治意願、更優秀的官員和監管者，加上稅務機關更密切的協調合作，這些都不是新鮮事，但至今它們也都還稱不上是成功的點子。這樣的話，我們還能怎麼做？其中一套尚未被充分探究的方法是嘗試將會計師的行為定型化，這些會計師也就是那些負責協助企業處理稅務的專家。今日，會計師經常視自身角色為協助客戶採取任何合法的必要手段，支付更少的稅金。這是這一行當前的文化風氣，但或許我們可以對此調整，朝著更好的方向前進。假設我們引進一項強制性的行為準則，要求會計師遵循稅法的精神，而不僅僅遵循稅法的表面文字。今日，這類準則早已適用律師、醫師與其他專業，而且取得相對成功，對違反準則的業界成員設下制裁措施。

會計師可能會提出反對，所謂法律精神根本無法明確認定。這話說得沒錯，而且法規文字含糊不清的程度也很可能讓人大吃一驚。畢竟，這就是會計師賺錢的方式：協助客戶繞過並利用稅收制度中的諸多不確定性。在這套全新的行為準則中，他們的工作將會轉化成協助客戶本著法律精神解決歧義，這一步將是朝向終結當今蓬勃發展的避稅產業邁進。

共享收入政府

一旦大政府籌集必要的收入，下一個問題就是如何分配，好讓人人都擁有足夠收入。正如我們所見，二十世紀時，這個問題的答案多半取決於勞動市場。這筆收入會花在提高低收入勞工的薪資，也花在支持那些發現自己找不到一職半缺的族群身上，同時還會鼓勵他們重返就業市場。但是，在一個工作變少的世界裡，這些手段的有效程度將顯著低於過去。

這就是為什麼所有擔憂工作未來前景的專家一聽到無條件基本收入（universal basic income, UBI）的構想就激動不已。這套計畫完全不與勞動市場掛勾：它是一套政府定期付款給每個人的制度，無論受款人是否受雇。支持無條件基本收入的這一方遠遠超越那批擔憂自動化的人士：它是一套罕見的政策提案，讓政治圈願意主動放低身段，即使是立場兩極的人士也在會議結束後取得共識。保守派喜歡無條件基本收入是因為它很簡單，可望消弭現有福利系統效率低落的複雜性；自由派喜歡它是因為慷慨大方，可望一舉擺脫貧困。但是，就我們的目的而言，其實是它對工作的世界意義重大，所以才分外有趣。

這一股對無條件基本收入的熱情可能相對較新，但這個構想其實由來已久。一七九六年，美國開國元勳之一湯姆斯・潘恩（Thomas Paine）出版的一本小冊子第一次提到它。潘恩開宗明義就陳述，當他聽到一位主教傳教時說出「上帝造富人也造窮人」時非常惱火。他想，這根本是胡說八道。潘恩辯稱，上帝不會創造不平等，反而會讓人人分享「他們繼承的土地」。不過，潘恩環顧四周卻發現，實際上只有一小群地主階級有幸享有這種遺產，他為了解決這個問題，提議人人都應該每年獲發一筆現金，好彌補他們的損失。這就是某種形式的無條件基本收入。[33]從那時起，這個構想就持續以各種形式現身：像是「領地紅利」與「統一福利」；「公民收入」與「公民薪資」；「國家紅利」和「全民式津貼」。當今的首選標籤「基本收入」似乎是二十世紀才問世。一路以來，這個概念吸引赫赫有名的支持者，從英國哲學家伯特蘭・羅素（Bertrand Russell）到美國黑人民權領袖馬丁・路德・金恩二世（Martin Luther King, Jr）等。

各界廣泛支持無條件基本收入的聲勢，掩蓋它的關鍵細節容易受到不確定性、意見分歧影響的事實。舉例來說，支付的形式為何？無條件基本收入支持者經常辯稱，現金支付是他們提案的「根基」，但事實上還有許多讓人們更富裕的合理做法。[34]舉例來說，一個是免費提供全社會重要物資：政府不單單只是發放現金，實際上更代表他們採購特定商品。美國已經推行多年的補充營養援助計畫（Supplemental Nutrition Assistance Program），或簡稱為食物券（food stamps），大約四千萬名民眾可以免費領取基本營養食品，換算下來每年價值約當一千五百美元。[35]在英國，人人只要願意就可享有免費的醫療保險、初級和中級教育，相當於每人每年獲得數千英鎊。[36]將這類舉措加起來，最終就會得到某種無條件基本收入，只不過這筆錢政府已經先幫你支付了。

再者，如果真的是支付現金，金額又該是多少才夠慷慨大方？無條件基本收入雖然名為「基本」，但究竟是指多少錢？有些經濟學家認為，它暗指最低限度報酬，一點也不多。舉例來說，約翰．肯尼斯．高伯瑞就說，推行「讓人過得體面和舒適是最低收入的基本要求」，這是正確之舉。[37]弗里德里希．海耶克同樣談到「提供人人一定金額的最低收入」。[38]當今許多著名的無條件基本收入倡導者都普遍同意這些想法。《無條件基本收入》（*Give People Money*）作者安妮．勞瑞（Annie Lowrey）舉出「足夠生活，絕不超過」當作充分理由；《大有機會》（*Fair Shot*）作者克里斯．休斯主張每月提供五百美元。[39]但是也有人抱持反對立場。當今倡議無條件基本收入的重量級學者菲利普．范．帕雷斯（Philippe Van Parijs）就希望利用無條件基本收入打造一個「真正自由」的社會，人人都不受收入的束縛。這個目標遠比高伯瑞和海耶克設想的目標宏大得多，也昂貴得多。或者看看湯姆斯．潘恩這位發想出這個點子的人一開始是怎麼想的。對他來說，這種做法不是像高伯瑞所期盼可以用來減輕貧困，也不是像海耶克期望用來提供安全，更不是像范．帕雷斯希望用來實現自由，其實他只打算用來補償農地損失。潘恩希望無條件基本收入可以壯大到足以提供人人「買得起一頭牛，並用來耕種幾英畝的土地」，據說，這個目標在當時大約等於農場工人全年收入的一半。[40]結果證明，加總起來的金額相當可觀。

因此，很大程度來說，基本究竟有多「基本」，實際上取決於款項的用處。對高伯瑞與海耶克來說，重點在於「最低限度」，因為他們對無條件基本收入的野心相對比較適中。高伯瑞設想的無條件基本收入僅是生活水準的基本標準，不會讓任何人落入困境。海耶克建議的目的在於確保人人享有基本的經濟安全：「食物、住所和衣服」，這樣大家都能身強體健，有能力工作，其他別無所求。但是如果我們把基本收入這項議題納入全世界工作日益減少的脈絡中思考，我們的目標很可能會更接近范．帕雷斯和潘恩的宏大野心。在那樣的世界裡，對多數人來說，這筆錢將不會像海耶克或高伯瑞所想像，提供他們經由工作加值的基本收入，而是他們的全部收入將完全中斷。

最後，我們還得針對基本收入這個構想再拋出一項問題。這筆錢會有什麼附帶條件？多數無條件基本收入擁護人士會回答，根據定義，完全沒有附帶條件。不過我相信，在一個工作變少的世界裡，捨棄這個假設至關重要。我們若想解決科技性失業，就需要一套我稱為有條件基本收入（conditional basic income，CBI）的機制。

有條件基本收入

那些主張無條件基本收入應該要「無條件」的人士往往將兩大要點謹記心中：人人只要開口要就可以獲得這筆錢；無須施加受款人任何要求就可獲得這筆錢。但我提議的有條件基本收入與這兩點衝突，不僅只有一些人可以得到這筆收入，還要白紙黑字寫下附加條件。

准入政策

當無條件基本收入倡議派說基本收入款項應是人人可得時，他們多數人並非真的認定每個人都可得。從字面上解釋普遍性（universality）應該意味著任何人都可以隨意造訪某一個提供無條件基本收入的國家，領取屬於他的款項，然後帶著滿滿的荷包回到老家。多數倡議人士為了避免這種情況，大都主張無條件基本收入應該僅限定國家公民才可以得到這筆款項。這也是為何有時候它被稱為「公民收入」（citizen’s income）。這種調整往往被視為這個爭議的終點。但事實上，它才是問題的開端。有一個基本問題仍未獲解答：誰來認定他們是公民？誰進入社區，誰又遷出社區？就無條件基本收入計畫而言，缺少准入政策。[41]

近幾十年來，美國原住民部落就證明制定社區准入政策竟能引發高度爭議。在美國原住民保留區的邊界內，部落擁有一定程度的「部落主權」，意思是他們獲准自主管理某些事務。[42]保留區內的經濟生活一向十分艱困：美國原住民的貧困率遠高於其他種族，前者為二六・二%，全國平均則為一四%；此外，原住民年輕人自殺率是全國平均水準的一・五倍。[43]有些保留區為了解決這些難題，動用主權開辦賭博事業，興建賭場以便吸引外來客進入保留區，藉此促進當地經濟發展。今日，幾乎一半部落都在經營賭場，其中有些規模很小，但其他都相當龐大，足以和拉斯維加斯的壯觀街景相提並論。它也是一門大生意，每年營收超過三百億美元。[44]

有些財源廣進的成功部落早一步制定「收入分配計畫」，與族人共享大筆財富。這些計畫看起來很像無條件基本收入：所有部落成員往往都沒有獨立的實質生產力，但都可以分到一部分收入。總額可能非常龐大，每人每年收到的金額高達幾十萬美元。不過，這時便出現問題了：這麼大一筆款項反而製造出一個超強烈經濟誘因，受款人動歪腦筋將其他人趕出這個團體，確保自己分到更多收入。這就是發生在美國原住民身上的血淋淋教訓，社區裡的老前輩發現自己竟然被貪腐的部落頭子趕出家門。

隨著我們邁向一個工作變少的世界，誰才算是社區成員的鬥爭將會愈演愈烈。美國原住民的經驗昭示，處理所謂公民身分的問題可能相當棘手。有些部落的本能反應是自我封閉，這是一種我們也會在其他場合看到的反應。回想二〇〇七年的金融危機與隨後而來的後果。隨著經濟生活日益艱難，許多國家針對移民的言論也愈來愈不客氣：移民被描述成是要來「搶我們工作」、「搞垮我們的公共服務」。社會上看得到限縮社區界線、限制成員資格，以及加強「我們的」意識的集體衝動。同樣的，支持所謂福利沙文主義（welfare chauvinism）的力道正日益高漲，原本慷慨大方的福利國家，照顧的對象卻變得更少。舉例來說，在歐洲有一項調查發現，「本地人」的重新分配行動，以及強烈反對「移民與自動提供新移民福利措施」，這兩種現象的支持度雙雙上升。[45]

在勞動時代，有一種說服力強大的經濟因應措施得以安撫這種排擠其他人的本能：移民努力工作，將國家的經濟大餅做得更大塊。結果，引入更多新移民不必然會讓現存的公民分到比較小塊的大餅；相反的，往往還會創造更多人均收入讓全民共享。但是，在一個工作變少的世界，這種因應措施將不再使人信服，因為提供新移民努力工作以便做出貢獻的機會變少了，反而是移民依賴其他人努力賺取收入的機率變高了。在那樣的世界裡，更有可能的發展是，新增成員進入社區導致現存成員分到更小塊的大餅。屆時，更難發揮過去的經濟推理論述，降低本地人對外來者的敵意。

簡言之，工作變少的世界將不容我們逃避「誰進入社區，誰又遷出社區」的問題。一套有條件基本收入計畫將迫使我們直接面對這項難題，而非試圖端出無條件基本收入來閃躲問題。

會員資格要求

無條件基本收入倡議人士口中的第二個「普遍性」是指無須要求受款人的身分。舉例來說，無論某人是否在職、收入高低都不重要。沒有所謂「調查經濟狀況後再決定結果」（means tests）或「調查工作狀況後再決定結果」（work tests），也就是說，完全沒有任何附加條件。換句話說，一旦人們符合准入政策，就不會要求他們永遠符合會員資格要求。

有時這一點是困惑的來源。表面上看來，它暗示無條件基本收入不會只發給那些收入微薄、真的很需要這筆錢的對象，同時也發給根本不需要這筆錢的超級富豪，如此一來根本是浪費錢。相反的，無條件基本收入倡議人士往往會回答，人人有錢拿實際上非常重要。他們主張，首先，這種發放方式不是浪費：如果款項來自納稅人，那麼有錢人可能也會收到一筆錢，只是他們繳納的稅金更高，所以才能支持其他人拿到的款項，而且遠高於這筆彌補收入的小錢。其次，這套手法也具有實質意義：全民發現金可以避免受款人資格的任何不確定性，減輕管理機關負擔，也減少受款人困惑；最後，也是最重要的一點，無條件基本收入倡議人士主張，全民發放現金可以避免任何與要求支援有關的汙名指控。假使人人都有錢拿，就沒有人會被社會貼上「寄生蟲」標籤，也沒有人得為伸手討錢感到自慚形穢。正如范．帕雷斯所說：「照公民常規行事，人人有錢拿，就不會有任何羞慚感。」46

發錢不設限的構想完全和當今世界的運作方式背道而馳。多數國家出資的支援津貼往往設下嚴格要求，多半要求受款人有職在身，工作報酬可能不高也無所謂，或是要求對方積極求職。部分原因是經濟學家擔心，如果少了這類嚴格要求，國家發放津貼就會創造人們工作的反向誘因，亦即鼓勵在職人士少做一點工作，無業人士則保持原狀。試想一下，某人對勞動市場抱持觀望態度，拿不定主意要不要求職。但不管他選擇怎麼做，突然有一筆保證收入從天而降，這時很可能會讓他決定再也不找工作了。湊巧的是，實際上欠缺資格要求的證據是否真的創造出這些反向誘因，並不具有強烈的決定性。[47]無論如何，有些經濟學家懷疑，零附帶條件的無條件基本收入將會減損受款人的工作意願。

在當今的勞動時代，這些反向誘因的作用，可能是思考基本收入必須附帶一些條件的明智理由：你得確定這些受款人是否還是想要工作。但是，隨著我們邁向一個工作變少的世界，這種論點變得愈來愈缺乏吸引力。鼓勵人們就業只有在人人都有工作可做的情況下才有意義，但以後再也不是如此。

然而，在一個工作總量減少的世界裡，無條件基本收入應該具備附帶條件，還有另一個不同原因，而這也就是為何強調有條件基本收入、而不是無條件基本收入的理由。重點不在於支持勞動市場，而是支持社區。

這個工作變少的世界將日益深度分化。許多社區成員再也無法大力為自己的社區做出經濟貢獻，反而還得依賴其他人努力賺取收入。刻意將分化的社會兜在一起將是艱巨挑戰，如何確保大家都同意有些人不用為他人工作就可以拿錢？如何讓雙方都沒有羞慚與不滿？畢竟，這些都不會是前所未見的反應，在當今的福利國家早已司空見慣；而且某種程度而言不是好兆頭，這種反應的出現是因為發放的金額遠比未來實際所需的更少。

無條件基本收入無法將所有因應之道納入考量。它解決分配問題，提供一種更平均共享實質繁榮成果的做法；但它卻忽略「貢獻」這個難題，也就是確保人人都感覺到他們的同胞也正在努力回饋社會的需求。正如政治理論家喬恩．埃爾斯特（Jon Elster）所說，無條件基本收入「違背廣為世人接受的正義概念：四肢健全的正常人仰賴他人勞動過活就是不公平。在我看來，多數勞工看待這套提議就是一紙懶惰人剝削勤勞勞工的良方」。[48]

當今的勞動市場則與無條件基本收入相反，同時解決兩個問題。至少就某種程度上來說，人們努力工作換來薪資，因此解決分配問題；它讓人們願意經由工作與繳稅，撥出一些所得集中管理，因此解決「貢獻」問題。某部分來說，當前的社會團結源於有能力的每個人都努力厚植自己的經濟實力。因此，刺耳的言論就會直接指向那些不曾努力這樣做的人，試想他們身上都貼著「軟骨頭」、「搭便車」標籤的趨勢就知道了。

正如我們所見，在一個工作變少的世界裡，仰仗勞動市場解決分配或貢獻的問題可能再也行不通了。那麼我們該如何重新創造社區團結感？很大一部分答案的基本收入計畫必須訂定會員資格要求。如果有些人無法努力工作並做出貢獻，那麼他們就應該改由完成某些其他任務回饋社區。如果他們無法做出經濟貢獻，那就請他們改成非經濟貢獻。我們可以推測可能有哪些任務：或許是某些類型的智慧和文化勞動；照護並支持同胞；教育孩童如何在全世界發光發熱等。任務型態取決於個別社會自行決定人們應該有哪些貢獻，我們將在最後一章回頭討論這個主題。

多元化問題

解決社區團結問題的另一部分答案，可能也會涉及讓有條件基本收入的准入政策變得更明確。坊間有大量研究提到，儘管時有爭議，但大都顯示應該在社區的多元化與政府提供補助的慷慨程度之間做出取捨。舉例來說，經濟學家發現，種族分布比較零散的美國城市，往往花費在教育、道路、下水道和收垃圾等公共服務的支出較少。[49]

有一個關於種族的論點，或許可以解釋為何會在歐洲看到慷慨的福利國家，卻不會在美國看到。少數種族在貧窮的美國人中占比超高，加上種族關係緊張，其他美國人可能極不樂意支持政府成為慷慨的福利國家，以不成比例的金援這些少數族裔。[50]政治學家羅伯特・普特南（Robert Putnam）曾發表一份引發爭議的研究，內文指出，多元化社區的居民比較不可能信任任何人。「面對多元化，我們得長期抗戰，」他說，「不只是我們不信任和我們不一樣的外人。在多元化社區裡，我們也不信任和我們一樣的自己人。」[51]

顯然，這類發現不值得慶祝。如果前述論點說對了，改善美國福利水準之道其實是改善種族關係，而非讓人口更加單一化。就普特南而言，看到其他學者「扭曲」自己的研究來當作減少多元化的理由，他非常憤怒。[52]他說，他的完整訊息是包容性而非排他性：我們應該打造更強烈的「我們」意識，反擊不和諧與不信任。

無論如何，這些結果應該引發更廣泛的質疑。多元化不僅涉及種族。我們多數人都強烈同意，擔負自己家庭的責任感遠高於關心生活在地球另一端的陌生人，介於這兩種極端的中間就是我們共享土地與利益、相似工作和共同國家的社區。這些社區有何道德意義？珍視或保護它們必然就是心胸狹隘、憤世仇外嗎？正如政治哲學家邁可．桑德爾（Michael Sandel）提問，那些高喊「美國的工作，由美國人來做」的人士滿腹挫折，難道其中沒有隱含「合法的委屈」嗎？[53]在實行基本收入的世界裡，類似的口號會是什麼，好比「美國的收入，由美國公民分」嗎？就算以為這類社區沒有什麼顯著的道德意義，它們的實際意義又如何？如果限縮會員標準來強化社會團結，是阻止存在巨大經濟鴻溝的社區瓦解的唯一方法，那該怎麼辦？

在下一個世紀裡，有關分配正義、共享社會資源等問題將變得更急迫，但有關「貢獻」正義、確保人人都看到自己的同胞正在回饋社會等問題也很重要。無條件基本收入僅處理第一組問題，漏掉第二組；有條件基本收入則是明確的直球對決，誰有資格，以及依據什麼條件收受款項，同時解決前述兩個問題。[54]

共享資本政府

這麼說來，大政府的主要作用就是徵稅並分享收入，或許還要附加一連串全新的非經濟條件，以便凝聚社會團結。不過它還可以出更多力，協助一個工作總量減少的世界運作。其一是分享珍貴的資本，首要之選就是收入來源。無論是無條件基本收入或有條件基本收入都會提供一筆基本收入，它都會是基本贈與，而且，提供給人們的不是一般的現金流，而是他們存有的傳統資本。[55]

對外分享資本可能有一定的吸引力，原因有二。首先，它會降低大政府扮演共享收入政府的必要性。如果更多人擁有珍貴的資本，收入就可能自發性的以更平均的方式分配給全社會。再者，這類共享機制也有助縮小社會的經濟鴻溝。如果資本的基本分配方式保持不變，政府就只是扮演對外分享收入的角色，深刻的經濟失衡將依然存在。如果放任不管，這類分裂可能會演變成非經濟衝突：階級和權力破裂、地位和尊嚴分歧。[56]政府分享珍貴資本，直接解決經濟失衡，就有可能阻止這幕悲劇發生。

就某種意義而言，各國政府都在這麼做：二十世紀初以來，政府盡可能全面分享人力資本。這是大眾教育的重點。對所有人開放優秀學校與大學就是嘗試確保珍貴的技能不會單單被掌握在少數特權、高等教育份子手中。如今，隨著我們慢慢走出勞動時代，大政府也必須試圖共享傳統資本。

共享傳統資本或許不需要政府介入就能自行發生，但是可能性極低。若要舉出一個帶有警示意味的故事，不妨試想一間名為神后（Juno）的企業。神后和優步一樣都是首創代雇駕駛的企業，但兩者具有顯著差異：優步是共同創辦人持有，神后一開始則是幾名司機共有。每當有新的司機加入神后，就有機會獲得一些股票，只要這家企業逐漸生意興隆，它們就能轉化成收入來源。這是創立之初的承諾，但從未兌現。神后創立一年後就被另一家計程車公司召車（Gett）收購，後者沒多久就廢除司機的股票計畫。新東家無法抗拒掌控這筆珍貴的資本並將其收入納為己有的做法。[57]神后成立之初的計畫廣獲各界讚譽，其他類似安排的範例卻是少之又少，這件事實在在意味著單靠自由市場是不可能自發性對外分享傳統資本。

理論上，在股市買進股票可以提供人民在許多企業獲取所有權的同等機會。當然，問題在於股市有如法律制度所說：「就像麗思飯店（Ritz Hotel）一樣對著所有人開放。」[58]實際上，多數人根本就不具備採用這種暴利投資方式所需的必要資金或專門知識。舉例來說，在美國，我們回想一下本書前述的不平等現象，在最富裕的一〇%族群中，幾乎人人都持有股票，但是在收入最低的五〇％族群中，僅三分之一持有股票。[59]如此看來，其中一項可能是，共享資本政府可以代表那些沒有持股的族群獲取股權，將他們的投資放進足以代表這些公民的資金池，也就是公民財富基金（Citizens' Wealth Fund）。

這種做法有先例可循，好比當今的主權財富基金就扮演類似角色。它可說是一座超大型國有財富池，分散投資於各種類型產品市場中，目前全世界主權財富基金龍頭是身價逾一兆美元的挪威。自從挪威開始開採石油儲備後，政府就設立一支「代表挪威人民」的基金，而非左手坐收獲利，右手就馬上把錢花掉。[60]由於這個國家人口約達五百二十萬，每一名公民實際上持有的財富大約十九萬美元。每年，這支基金都會抽取部分資金來改善挪威經濟。

還有美國阿拉斯加永續基金（Alaska Permanent Fund），六百億美元的規模相對不多。一九七六年以來，阿拉斯加州從生產石油和天然氣的年度開採權使用費提撥四分之一，轉存在這支基金裡，每年也會抽取一定比例的資金花在全州人民身上。就此而言，它的做法是直接發錢給每一名州民，無論男女老幼，每年大概都可以領到一千四百美元。[61]

不過目前來看，這類基金都是特例。正如圖10.3所示，在許多國家裡，公共持有的傳統資本總量占全國經濟規模的比例其實是節節下降；相反的，民間持有的傳統資本總量占

圖10.3：民間資本與公共資本[62]

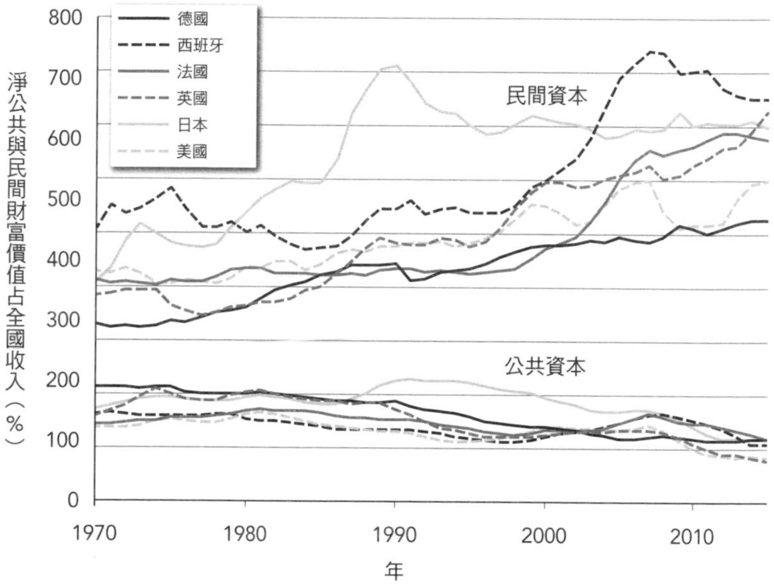

全國經濟規模的比例卻是步步高升。

諾貝爾經濟學獎得主詹姆士·米德早在一九六〇年代就預期，大政府會扮演共享資本政府的角色。他擔憂未來的自動化，因此建議一套可行做法，政府應該代表所有人民擁有資本，並稱其為「社會主義國家」（socialist state），不過這個稱呼不盡然正確，它忽略其間的一個差異：一種是國家在這些企業擁有所有權，這一點是我的想法；另一種則是國家完全可以掌控這些企業的運作方式，這是傳統社會主義份子嚮往的做法。因此，「共享資本政府」這個說法其實更貼切。

支持勞工政府

至今，我的經濟之旅一直朝向一個工作總量減少的世界，視其為理所當然。我一直記得這一點，因此設定大政府的角色應當順勢而為，如果勞動市場這套對外分享財富的傳統機制再也靠不住、做不來，它就得介入並重新分配新科技創造的經濟繁榮成果。不過，也有另一個選項可以考慮：逆著這趟經濟之旅的方向而行。大政府仍將有其必要性，但是它的作用得反過來，不再被動追趕當前的科技進步，而是主動捍衛工作世界，免受正在發生的變革影響。

我對這個概念的回應是既同意也反對。我的經濟學家本能其實看不到捍衛勞動市場、試圖幫人人保住一份傳統有薪工作的理由。畢竟，以冷眼看待經濟的觀點來說，工作只有兩大目的：把經濟大餅做大，或是確保人人都能分到其中一塊。但工作並非實現目標的唯一途徑。一開始便讓人類失去工作的新科技會持續做大經濟大餅；而且，在一個工作總量變少的世界裡，我們一樣可以找到有條件基本收入這類做法切分大餅。這樣說來，我們為什麼還要費力抵抗這趟經濟之旅？一個顯而易見的答案是，工作具有非經濟性的目的。這一點是本書最後一章的重點。不過，單就經濟層面來看，想要捍衛勞動世界其實並不是特別令人信服的主張。

但是，我也發現自己產生一股想要反過來同意的衝動。一個工作總量變少的世界不會在一夕間發生，未來不會有前一天人人都還有工作，隔天就全部失業的「大爆發」時刻。相反的，人類勞力需求其實會斷斷續續一路走跌，從勞動市場某些小角落開始，隨著時間推移擴及整體的衰退。在此期間，工作的世界不僅會有工作總量變化，還會有薪資和品質變化。隨著人類勞力需求漸漸消失，勞工的經濟活力日益消褪、經濟影響力式微，而且集體能力也逐步凋零，再也無法挑戰唯利是圖、成天只想著如何竭盡所能支付最低薪資給勞工的雇主。勞工也不再像今天一樣可以從占據強勢地位起步：在已開發國家裡，近幾十年來，有組織的勞動力銳減，工會會員人數暴跌。[63]

這意味著，大政府在試圖改變經濟之旅的方向與被動跟隨其後之間，有一塊中間地帶可以立足，它有可能成為支持勞工政府的支柱：在過渡期間介入並支持勞工，以便確保剩下的任何工作都還有高薪資、高品質。目的不是要改變我們的終點，而是要確保勞工踏上這趟旅程後可以盡可能走得平順。只要哪裡有工作得做，政府就得肩負起確保它是「好工作」的角色，特別是如果交由勞工獨自應付，他們為自己爭取權益的能力將是前所未見的微弱。約翰・肯尼斯・高伯瑞創造「抗衡力量」（countervailing power）的說法，用以描述可能抑制經濟實力集中的各方力量。[64]在二十一世紀，隨著勞工具備的抗衡力量逐漸消失，政府就更應該介入其中，並代表他們發揮力量。

我們必須抱持務實心態看待支持勞工政府的運作方式。現在有一種普遍的觀點認為，我們應該要求企業發展互補而非替代、協助而非傷害人類的新科技，微軟執行長薩帝亞・納德拉（Satya Nadella）曾經稱呼這種想法是「大挑戰」。[65]不過，假設此舉不符合財務利益，單單是開口要求企業這樣做，其實就很像要求它們投入慈善事業一樣，就大規模基礎體制改革來說，是高度理想卻不切實際的。在二〇一九年瑞士達沃斯舉辦的世界經濟論壇（World Economic Forum）期間，《紐約時報》報導，商界領袖在公開場合誇誇而談如何遏制「人工智慧與自動化可能為勞工帶來負面後果」，但私底下這些高階主管的真心話卻是「另一個版本：他們前仆後繼的在自己的企業中實現自動化，以便在這場競賽中搶占領先地位」。[66]

我們試圖影響企業機構的行為方式時，應該基於人們實際的行為方式來思考與行動。

我們必須認定它們是經濟生活中本性自私、偏袒不公的部份，完全不是我們期望的仁慈大度與公正不阿。就這一點而言，政府支持勞工的努力應該集中在改變雇主的實際激勵措施，敦促它們更緊密結合自身與社會的利益。

讓雇主與社會密切合作的方法之一是經由稅務制度來實現。舉例來說，美國現在的稅務制度其實是不知不覺的鼓勵自動化，准予那些採用機器並淘汰人類勞力的企業「幾項重要的稅務優惠」，諸如不須為雇員的薪資繳納薪資稅。[67] 問題在於，這套系統是在勞動時代創建的，當初的用意是向雇主和雇員徵稅，進而提升財政收入。撤銷這類優惠將會消除自動化的誘因。

另一種手段就是動用法律。舉例來說，優步司機的法律地位至今仍爭議不斷。他們究竟是優步所主張的自雇者，因此經營這門事業時只能自求多福，或者他們應該算是優步的雇員，有權利享受帶薪特休、退休金、最低薪資，以及所有其他伴隨著這項身分而來的所有權益？這時，支持勞工的政府就應當肩負起協助勞工的角色，更新法規，好將他們納入保護傘之下，一如勞動市場其他領域中享受權益的人們。至於其他的立法干預措施，例如，可以依據現有的最低薪資規定再重訂全新底線，雇主的給薪資準不得低於這道標準。

這裡尚有一些創新空間。傳統上，政策制定者訂定最低薪資時會考慮到生活水準，試圖確保最低受薪勞工依舊可以勉強度日。不過除了這一點之外，還有其他條件可以派上用場。舉例來說，諸如照護與教師之類許多難以自動化的職缺都有一個明顯特徵，即經濟價值與社會價值之間存在巨大差距：工作薪資微薄，但所有人都同意他們不可或缺。英國曾進行一項民意調查，發現六八％的受訪者同意認為護士的薪資過低；[68]在美國，六六％的受訪者認為公立學校教師薪資太低。當支持勞工的政府出手干預影響薪資時，也可以藉機縮小其間差距。

同理，政策制定者傳統上認定工時的單位以小時為主。在歐洲，根據法律，雇主不能強迫你每週工作超過四十八小時；其他國家則希望不超過四十小時。二〇一八年，德國當地最大的工會甚至保證旗下成員每週工時二十八小時，外加四．三％的加薪幅度。[69]不過，總有一天大家可能會同意，不要只是用時數規定限制，也可以考慮每週天數。舉例來說，二〇一八年，集結四十八家工會組織、五百五十萬名成員的英國工會聯合會（Trades Union Congress, TUC）集體大聲疾呼每週工作四天制，以作為自動化的因應之道。[70]這是應該更加認真看待的提議。

支持勞工的政府的最後一種角色比較不直接：鼓勵有組織的新型態勞動力開始發展。在二十一世紀，產業工會不僅必須幫助勞工因應科技變革，更應當採用相同的科技來翻新他們的工作方式。目前，工會招募成員、籌措資金、表達不滿與行使權力的方式，看起來多半和已經運作幾百年的老舊招數大同小異。儘管客製化的電子調解平台、解決爭議的系統等方式在其他領域十分成功，但至今仍只有極少數產業工會提供成員權限造訪這些系統。社群網路與數位工具依舊不在老派工作方式的考慮範疇內；讓人們應用科技協調、合作的「串聯行動」崛起，卻也打不進傳統工會的圈圈裡。[71]就某部分來說，這些現象解釋為何工會會員群體中，年輕人的數量幾乎是直線下跌：他們根本就看不出來當今的工會有任何可能成為解決當代議題的重要良方。在英國，十六歲至二十四歲勞工加入工會的比例不到八%；所有工會成員中，四〇%的勞工都在五十歲以上。[72]工會聯合會領導人法蘭西絲・歐葛瑞蒂（Frances O'Grady）意識到這道挑戰，她坦承：「工會也必須改變。不變則亡。」[73]

正如科技性失業不會在旦夕之間發生，大政府也沒有非得在未來幾個星期就準備就緒的必要性。不過隨著時間推移，成立大政府的必要性只會有增無減。共享收入政府、共享資本政府與支持勞工的政府這三種角色的某種結合終將有其必要，以確保我們日益分化的社會不會分崩離析。本章不打算深入說明這些角色，而且所有政府必須採納的干預手段也沒有明確清單可以依循。大政府可以用來對付科技性失業的方法有很多種，但都必須符合每個國家的公民與他們獨特的道德品味和政治偏好，進而決定究竟該如何在兩者之間取得最佳平衡。

第十一章
科技巨頭

當我們邁入一個工作變少的世界，經濟生活將日益受到大型科技企業支配。隨著經濟實力持續茁壯，它們也將獲得強大的政治力量。它們不僅影響我們在交易市場中的互動方式、我們買賣的商品，更影響我們共同生活在一個更廣義的社會，以及我們以政治動物（political animal）*這種身分的存在。理解科技巨頭崛起始末，以及它們益發強大的政治力量本質，就如同理解工作減少一樣重要，那是因為在一個工作變少的世界裡，我們若想約束這些企業，就得付出愈來愈多的關注。但當前的挑戰在於，我們幾乎完全沒有做好足以有效因應的心理準備。

* 譯注：泛指熱中政治的人。

為何是科技業？

今日，每當我們想到科技公司，就會想到「科技五巨頭」：亞馬遜、蘋果、Google、臉書和微軟。它們的統計數字讓人目瞪口呆。在美國，Google囊括六二．六％搜尋引擎流量，而且包辦搜尋廣告市場八八％占有率。[1]全世界近三分之一人口使用臉書，加上旗下影音平台Instagram、即時通訊平台WhatsApp等，獨占行動社群流量七七％，守門人之名當之無愧。亞馬遜是四三％線上零售、七四％電子書購物者的首選電商平台。[2]蘋果與Google寡占九九％手機操作系統。[3]二〇一八年，這五家科技公司都擠入全球市值前十大企業排行榜。[4]

儘管前述數字非常驚人，但我們不應特別執意關注這幾家企業。沒錯，它們有可能領先群雄好一段時間，但是重塑我們生活的新科技也將來自與科技五巨頭無關的人才與機構。事實上，如果你隨意指向現代生活的任何事物，都能肯定的說，位於某處的某人正在車庫裡工作（我們常用來比喻科技創業）*，試圖開發全新系統或機器以改變一切。二〇一一年，風險創投家馬克．安德森（Marc Andreesen）曾撰文指出：「軟體正吞噬全世界。」[5]從那一年至今，軟體業的發展確實已經證明它的胃口貪得無饜。新科技毫無立足之地的產業可說是少之又少，我們生活的各個角落都變得愈來愈數位化；而且我們還在這個實體世界之上打造另一個〇與一組成的平行世界。在未來，實在很難看到我們的經濟擺脫幾乎完全由各種科技公司主導的局面。

當然，這些主導力量中有一些可能是我們早已耳熟能詳的企業。當ＩＢＭ開發深藍、Google收購深智數位時，它們的動機都不是想要在棋賽世界稱霸，他們花大錢都是為了追求更大的野心，有時候甚至是追求讓人難以置信的宏大願景。中國微信崛起的故事正是受到它們啟發的最佳範例。一開始它只是一支簡單的即時通訊App，讓用戶可以心血來潮就傳短訊給其他人，到了現在，它已經是超過十億用戶生活中的超級小幫手。正如安德森的合作夥伴指出，他們可以打開微信「叫計程車、訂餐、購買電影票、玩手機遊戲、預辦登機手續、匯款給朋友、查詢健身追蹤器數據、預約醫生門診、索取銀行對帳單、支付水費、查找指定地點的優惠券、辨識音樂、在當地圖書館尋找書籍、約見陌生人……追蹤名人新聞、閱讀雜誌新聞，甚至還可以捐贈慈善機構」。[6]

但是僅再次重中，我們應該記住，孕育下一代科技明星的搖籃可能不是當今最耳熟能

---

*編注：美國許多科技公司最初的辦公室都是在車庫裡，例如蘋果、亞馬遜等。

詳的公司，亦即今日的龍頭未必是明日的霸主。舉例來說，回溯一九九五年，實在很難想像微軟的技術規範終有一天會被終結，但如今業內人都謔稱它們是「落水狗」。[7]曾經締造驚人的當代成就也不必然意味著百尺竿頭，更進一步。若要舉出一則帶有警示意味的故事，不妨想想在《危險邊緣！》中的贏家ＩＢＭ華生，近幾年來，大家強烈看好它的龐大潛力，但縱使華生與美國德州安德生癌症中心（MD Anderson）聯手組成超強團隊，傾盡全力研發癌症治療系統，終究是在眾目睽睽之下以失敗作結：這套耗資六千萬美元的系統要用來治療癌症病患，被認定「尚不足以提供人類研究或臨床使用」。[8]

確實，隱身在醫療科技背後、真正可以改變人類生命的公司可能尚未問世，經濟圈其他領域亦然。畢竟，線上民宿網Airbnb、即時通訊平台Snapchat、串流音樂商Spotify、群眾募資平台Kickstarter、圖文分享網Pinterest、電子支付商Square、作業系統安卓（Android）、優步與即時通訊平台WhatsApp等當今最遠近馳名的科技新星在十幾年前根本都還不存在。[9]因此未來將家喻戶曉的科技恐怕也還沒發明出來。

為何科技業如此龐大？

主導未來市場的科技公司可能也會像當今的龍頭一樣超級龐大。就某部分而言，僅僅是因為開發許多新科技需要天價資金，最精良的機器需要三大昂貴元素：海量數據、世界級軟體與和強大無比的硬體。唯有規模最龐大的企業有能力同時負擔得起。

它們需要的第一樣元素就是海量數據，這一步我們已經親眼目睹了：Google的第一版下棋系統AlphaGo的能力，有部分來自自學過去人類玩家的三千萬棋步；史丹佛大學檢測皮膚癌的系統動用近十三萬筆個案的數據庫，這是人類醫生一輩子都看不完的資料量。[10]但有時候必要的數據取得不易，必須付出高昂成本蒐集或產出。例如，試想訓練並評估自駕車系統所需的代價，優步為此選在賓州一家舊鋼鐵廠址打造一座完整的模擬市鎮，路上設置塑膠假人，它們偶爾會跳上車，然後在汽車行駛期間蒐集數據。與此同時，特斯拉的車主開著電動車上路時，它也會蒐集這些非自駕車的數據，據報導，每小時大約產出一百六十萬公里的數據流。Google則是採用另一套做法解決這道問題，也就是打造一處完整的虛擬世界，蒐集穿梭在模擬情境中的汽車數據。[11]

接著是軟體。隱身在這些新科技背後的源頭是程式碼。舉例來說，Google的各種網路服務需要二十億行程式碼：如果將它們列印並堆疊出來，這座紙塔高約三千五百公尺。[12]漂亮的程式碼需要天賦異稟的軟體高手，通常他們也都身價不菲。舉例來說，在舊金山，軟體開發人員的平均年薪約為十二萬美元，而最頂尖工程師的待遇有如巨星，坐擁名副其實的天價薪資。[13]今日，當我們回溯經濟歷史時，會提到發明珍妮紡紗機的詹姆士．哈格里夫斯這類的人物，在未來，當人們述說我們這一代的歷史時，很可能會不斷談到深智數位創辦人德米斯．哈薩比斯（Demis Hassabis）與其他現在我們完全沒聽過的軟體工程師。

至於處理效能，許多全新系統需要無比強大的硬體才能順暢運行。通常，我們理所當然認定，最基本的數位操作不過需要最基本的效能就好，但舉例來說，一筆Google搜尋所需的處理效能就相當於一九七〇年代整套阿波羅（Apollo）太空計畫所需的處理效能：發送尼爾．阿姆斯壯（Neil Armstrong）等十一名太空人登上月球，不僅要算上飛行本身所需的處理效能，還包括十一年間共發射十七次的規畫和執行任務期間所需要的所有處理效能。[14]當今許多前瞻科技採用的效能甚至遠高於此。

可以肯定的是，這三者之間仍有取捨空間。舉例來說，更出色的軟體有助彌補數據或處理效能不足。AlphaGo Zero既不需要數據，也不需要前一代AlphaGo的處理效能，卻能在一系列棋賽中百分之百打敗AlphaGo。[15]何以如此？因為它採用更精密的軟體、利用演算法設計領域中增強式學習（reinforcement learning）這套前瞻技術。[16]不過，未來最強大的機器很可能就是最充分發揮數據、軟體及硬體這三種資源的佼佼者。儘管小型機構可能擅長其中一種，或許是天才工程師編寫出色軟體，或者坐擁一套獨特珍貴數據，但它們都不太可能同時三者皆備。唯有科技巨頭有此能耐。

除了天價資源這項議題之外，獨占市場的科技企業可能「壯大」，還有另一個原因：許多新科技全拜超級強大的「網路效應」所賜。意思是，只要採用某一套特定系統的用戶愈多，對他們來說，它的價值就愈高。最經典的詮釋案例，就是當年電話走進家庭所造成的影響：在電話網路中新增一名用戶不只是對他自己有用，對網路中的現存用戶也同樣有價值，因為他們都可以打電話給他了。接下來隨著網路發展，每一名新增的用戶對原來網路的價值也提高了。從數學角度來看，這種概念有時候被稱為梅特卡夫定律（Metcalfe's law）：假設一套網路擁有N名用戶，它的價值便與N平方成正比。

當然，今日我們早已超前電話線時代，思考網路的明顯起點就是社群媒體平台。舉例來說，倘若沒有其他人上線閱讀共享內容，臉書和推特對用戶的娛樂性將驟減，對股東來說也就沒有暴利可圖。這一點也可以套用在許多系統。諸如Arbnb、優步這類平台，使用的用戶愈多，身價就變得愈高：會有更多的公寓待租、更多旅客尋找留宿地點，而且會有更多的汽車待租、更多想要搭車的乘客。甚至，它們立足評級系統基礎上，所以用戶還可以避開差勁的服務。沒錯，只要有更多回饋，這類系統就會變得更值得信賴。試想，你看到自營的計程車網站只有一顆五星評等，而且讚聲浮誇，心裡可能會打上問號，但你不會懷疑優步平台上幾千則司機評級作假。

用戶龐大的網路還可以讓公司蒐集有助改善產品的數據，好比位智（Waze）與Google Maps這類導航系統，它們會根據用戶手機隨著行車移動速度解讀路上交通狀況；亞馬遜和Spotify參照它們從你與網路中其他人手上一點一滴蒐集而來的資訊，提供客製化的購買和音樂推薦系統。此外，還有最基本的從眾效應：一旦某個特定網路暴紅，搶進使用它而不是加入其他剛起步的競爭對手比較合理。我有個朋友名叫費斯（Faiz），曾經考慮要創辦全新的社群網路，但事實上只有怪人才會選擇加入小貓兩三隻的費書（Faizbook），而不是擁有二十億用戶的臉書。網路效應不會讓社群平台牢不可破，回想以前的交友平台Friendster、MySpace與BlackBerry Messenger就知道，它們都曾經橫掃千軍，如今卻已躺在科技墓園中。此外，它們也曾經讓小型新貴很難受到關注。

所有這些原因都充分解釋，為何大型科技公司要收購這麼多同業與新創公司。在截至二〇一七年七月這十年中，科技巨頭完成四百三十六筆收購案，總值大約一千三百一十億美元。[17]這些企業正試圖大舉搜刮珍貴資源，特別是對自己大有用處的數據、工程人才與網路用戶量，它們只要一看到對手也相中同一項標的，就會馬上出價買斷。

反對科技巨頭的經濟實例

有鑑於上述種種原因，未來很可能是大型科技公司主導我們的經濟。傳統上，政府不喜歡這種經濟統治力量崛起，因此在最大範圍內制定出壟斷是壞事、競爭是好事的競爭政策。[18]當今的超大型科技公司已經發現，自己正與負責施政的主管部門發生衝突，因為它們全都渴望攫獲壟斷力量（如果它們到現在還沒有獲得的話）。

這股野心不只出現在科技領域。若檢視管理和策略的相關文獻就會發現，其實有許多概念都在探討獨攬經濟超級霸權。它們都被小心包裝在順耳中聽、讓人放心的商務寫作語言中。試舉麥可・波特（Michael Porter）為例。他是近幾十年來最新銳的商業策略大師，一九八〇年代出版巨著《競爭策略》（*Competitive Strategy*）和《競爭優勢》（*Competitive Advantage*），出現在所有眼光卓越的企業領導者的書架上。這些書除了引導讀者走向經濟獨占的境界：首先，找到適合壟斷的成熟市場（或是創造新市場）；其次，取得選定市場的主導地位，全力排擠其他同業。今日，同一套建議甚至更直截了當。說出「失敗者才需要競爭」（Competition is for loser）創業家彼得．提爾投書《華爾街日報》提到：「你如果想創造、取得永久價值，那就建立壟斷帝國。」[19]

如此，缺乏競爭有何問題？主管機關提出的經濟學觀點是，在特定市場中把持壟斷地位，意味著我們現在與未來所能獲得的福利都比較差。現在的福利比較差是因為，一旦企業不用對付競爭者，就能提高售價或提供顧客劣質產品與服務，進而推升獲利；未來的福利比較差是因為，這些現存企業無須被競爭催促，可能就比較不會主動投資、創造新未來。微軟、臉書、蘋果和Google都曾在反競爭行為訴訟中敗陣，這類主張是這幾場成功法律行動背後的依據。有人猜測亞馬遜也即將步上法律糾紛的後塵。[20]

但是，實際上這種支持競爭的經濟學觀點很難發揮什麼作用。首先，我們完全不清楚所謂「福利」的定義如何。單純是指讓消費者開心或者滿意而已嗎？如此，我們應該如何衡量高低程度？教科書教我們檢視價格，然後想像如果競爭加劇，價格還能往下壓低到什麼地步？但是，許多大型科技產業的產品根本已經是讓消費者免費使用。其次，我們也不清楚究竟該聚焦討論哪一個市場。就以Google為例：如果我們把它歸類在搜尋引擎市場，那麼，它控制六二．六％搜尋引擎流量、八八％搜尋廣告的事實可能會敲響警鐘。不過它真的是Google最重要的市場嗎？考慮到Google最主要的營收來源是廣告，把它歸類在廣告業或許更精確。這樣一來，競爭情況看起來就不再那麼讓人費神了。美國搜尋引擎廣告市場每年產值大約一百七十億美元，整體廣告市場產值則為一千五百億美元。就算Google最終獨拿全國的搜尋引擎廣告市場好了，占比也才不到一二％。「從這個角度來看，」彼得．提爾寫道：「在一個競爭激烈的世界中，Google看起來也只是小角色而已。」[21]

簡言之，即使是最基本的競爭政策問題，也很難找到答案。或許最棘手的麻煩反而是在於壟斷也有可能是一件天大的好事。這句話聽起來就像是在褻瀆經濟學，不過二十世紀初的經濟學家約瑟夫．熊彼得（Joseph Schumpeter）就是最知名的例子。

對熊彼得來說，經濟學與創新有關，他稱其為「資本主義社會經濟史上的重要大事」。他的壟斷主張是，倘若企業家不是追求未來豐厚的獲利前景，根本一開始就不會費心創新。開發成功的新產品得付出精神與金錢的高昂成本，確保壟斷力量的可能性才是他們傾盡一切努力的主要動力。它扮演「吸引資金挹注未開發領域的誘餌」。[22]甚至，壟斷地位的利潤不僅是創新的結果而已，更是為創新籌集更多資金的手段。企業在過去曾締造商業成功，換來口袋深不見底的實力，才會有能力挹注重大的研發工作。試想Google與一長串代價昂貴的失敗歷史：穿戴式裝置Google眼鏡與社群網站Google Plus；通訊協作工具Google Wave與影音共享服務Google Video。其中任何一項業務搞砸的代價都和一家小企業破產相差無幾。不過Google可以承受這些代價，繼續投資，持續創新，最後還能從其他的成功冒險事業賺回利潤。

熊彼得完全不為壟斷可能強固自身地位、破壞福利的煩憂所擾，因為擔心「價格高漲、產出受限」的經濟學家根本錯失大局，他說：「任何企業都不會永久掌控經濟主導地位。總有一天，今日的壟斷將在『破壞式創新的颶風終年吹拂之下』化為烏有。全新壟斷將無可避免取代它們的位置，但同樣也只是曇花一現，因為最終它們都會被同一場風暴摧毀殆盡。」[23]這就是「破壞性創新」這個概念的知識起源，至今仍在管理理論家和策略顧問圈中盛行。

熊彼得說對了，一次又一次，許多看似經濟生活中屹立不搖的企業終究一一殞落。就舉《財星》五百大企業（Fortune 500）為例，這是每年依據規模排名的美國前五百大企業榜單，它們的市值合計約占美國經濟三分之二。若是比較一九五五年和二〇一七年的榜單，僅一二％企業同時存在兩份榜單中；其餘八八％不是破產、解體併入其他企業，就是市值縮水跌出榜單。[24]今日，已經成為過往雲煙的企業有阿姆斯壯橡膠（Armstrong Rubber）、漢斯木材（Hines Lumber）、瑞格紡織（Riegel Textile）等，現代人根本不認得，甚至搞不清楚是不是小說裡虛構的企業名稱。但無疑的，它們在過往年代裡看起來就像是堅不可摧的一方之霸。這也是為何我們不該過分關注當前的科技巨頭；反而應該聚焦更普遍的問題，也就是在任何特定時刻，少數科技公司可能會占據主導地位的事實。

競爭管理機關的職責是評估各種支持和反對壟斷的主張，並判斷在任何特殊情況下的經濟主導地位有何利弊，然後據此採取平衡行動。未來，這類任務的本質很可能會大翻轉。舉例來說，幾十年前，如果幾家公司密謀想要同步提高價格，那就代表它們得閉門密會與私密通訊才能協調計畫。但是現在演算法可以自動監控並調整價格，無須仰仗過時的反競爭諜報技術就可以狼狽為奸。[25]確實，這種情況甚至可能是無意間自主發生：最近一項研究發現，電商用來制定產品價格的演算法竟然可能學會彼此暗中合作，在未曾直接溝通，也未曾接受串通指令的情況下，擅自將價格定在高水位。[26]競爭政策是否該針對這類演算法的行徑已經成為一個懸而未決的問題。

同理，回想過去競爭管理機關可能視長期超額利潤為大公司濫用經濟影響力的跡象，但今日有些尋求經濟實力的企業刻意忍受長期巨額虧損，只為追求快速成長、打壓競爭的

圖 11.1：亞馬遜的年度營收與淨利（1998年-2018年；單位：10億美元）[27]

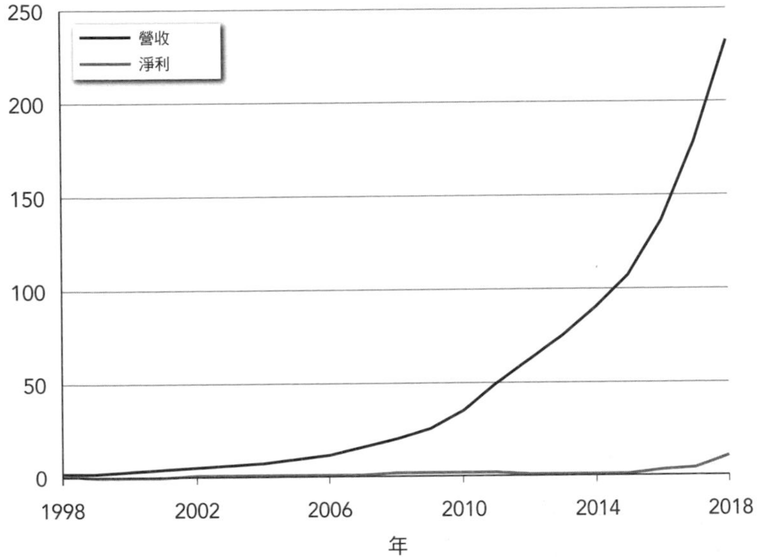

擴張，以便壯大規模、搶占主導地位，進而排擠對手。舉例來說，正如圖11.1所示，回顧亞馬遜發展史幾無獲利；[28]優步也走上這條路，成立以來都沒賺過錢。[29]管理機關不應該失去這條線索：獲利水準之類的傳統經濟指標不應該再被視為調查反競爭行為的可靠指南。[30]

整個二十世紀以來，隨著大型科技公司持續變得更強勢而占據主導地位，它們無可避免的將更頻繁、更激烈的與競爭管理機關衝突。毫無疑問，其中有幾家公司將違背競爭及反托拉斯法規，也將變得更有經濟主導力，因此必須分拆。也就是說，未來幾十年，針對科技巨頭最引人注目的訴訟案將不會落在經濟範疇中；相反的，隨著科技持續進步，無論它們掌控多強大的經濟實力，我們關注的焦點都會轉向它們的政治權力。

反對科技巨頭的政治實例

當今的評論家老是喜歡以科技巨頭對比一八七〇年美國石油大亨約翰·洛克菲勒（John Rockefeller）創設的標準石油（Standard Oil）公司。後者成立當時就擁有全世界最大的煉油廠。[31]到了一八八二年，它已經控制全國九〇%石油產量，[32]持續主導市場直到一九一一年美國最高法院（United States Supreme Court）祭出反托拉斯為由介入。最終判決成為同類型中最有名的案例，它總結，標準石油已經成為壟斷企業，於是下令分拆成三十四家比較小型的公司。

我們很容易就看出為何要將它們相提並論。二十世紀初，標準石油在美國煉油業的主導地位類似當今科技五巨頭在各自產業中的支配地位，兩者的運作方式也有相似之處：像臉書和Google等都掌控被喻為「數位時代石油」的個人數據流。[33]

只不過，這種比較最能彰顯它所無法呈現的內容。細想標準石油的主導地位引發法律反對意見的本質：在當時，它們一面倒都與經濟有關。套用最高法院的語言來說，這項指控直批洛克菲勒的公司從事「不合理或不正當的交易限制」。它們獲取過多的經濟實力，借力使力扭曲石油市場。[34]相較之下，當我們審視愈來愈多針對科技巨頭的反對意見時，它們完全沒有像標準石油一樣被批評不當動用經濟實力。

再想想外界傳出關於Google的隱憂。舉例來說，假如搜尋一個聽起來像是非裔美國人的名字，很可能會出現關於犯罪背景調查的廣告。[35]幾年前，如果嘗試使用Google的影像辨識演算法標記照片，它可能會將黑人標記為「大猩猩」。Google處理這項爭議的方式就只是完全移除演算法中所有關於「大猩猩」的標記。[36]更普遍的問題是，外界擔心Google只要靠一筆搜尋就升等、降級特定網站的做法。據報導，這種能力已經用在從搜尋結果中移除檔案共享網站。[37]近幾年來，Google旗下影音分享網站YouTube屢遭非議推薦右翼影音內容、反疫苗接種管道、容忍仇恨言論並鼓勵戀童癖。[38]

或者以臉書為例。它進行一項內部實驗，結果顯示，陳列正面或負面新聞有可能左右用戶的情緒；共六十八萬九千名用戶在不知情的情況下被當成實驗白老鼠。[39]單單是觀察某一名用戶的「按讚」行為，當下就可能猜出對方的性別，準確率高達八八%。據稱，這項技術對廣告商來說很實用，因為可以針對女性客製化投放的廣告。[40]事實上，臉書曾被美國住宅及都市發展部（US Department of Housing and Urban Development）告上法院，指控它允許廣告客戶故意依據種族、性別與宗教鎖定目標客戶。到現在這些客戶族群收到的廣告仍然不一樣。[41]二〇一六年美國總統大選期間，俄羅斯購買臉書廣告，並成立不同小組深入選民圈中搧風點火，深化政治分歧。[42]有一項研究調查德國境內超過三千起反難民的攻擊事件，研究人員發現，使用臉書比例較高的地區也比較頻繁遭受攻擊，右派政黨另類選擇黨（Alternative für Deutschland, AfD）的線上仇恨言論則轉化成真實生活中的暴力犯罪事件。[43]

再來看亞馬遜。二〇〇九年，它與一家電子出版商發生版權糾紛，之後竟遠端登錄每一台電子書閱讀器Kindle，刪除電子書買家向這家出版商購買的所有書籍；諷刺的是，其中包括喬治・歐威爾的反烏托邦小說《一九八四》。[44]二〇一七年，亞馬遜販售一組iPhone機殼，除了有印著填充海洛因的針頭，還有一名包著尿布並拄著拐杖的老人，更有近照特寫五根被黴菌感染的腳趾甲。這些都是演算法自發存取網路上的庫存圖像，然後未經任何人工監督便創造產品的結果。[45]亞馬遜研發的智慧音箱回音（Echo）可以記錄任何外界輸入的命令或問題，二〇一五年成了阿肯色州一宗謀殺案的唯一「目擊證物」，檢察當局因而試圖取得當晚的互動紀錄（最終這樁案件遭到駁回）。[46]

接著看蘋果。它完全控管陳列在iPhone上的App：拒絕為一支高度影響自家製造方法的App提供軟、硬體支援，但支持強烈抨擊氣候變遷科學的App；禁止一支有助用戶追蹤美國無人機攻擊行動的App，卻放行一支有助沙烏地阿拉伯男性追蹤女性並限制對方行動自由的App。[47]二〇一六年，蘋果拒絕協助美國政府為一名參與加州聖貝納迪諾郡（San Bernardino）大型槍擊案恐怖份子的iPhone解鎖，辯稱政府強迫它們編寫新軟體破解加密程式違反自家的言論自由立場。[48]

最後是微軟。二〇一六年，它們選在推特平台發表一具名為泰依（Tay）的聊天機器人，原意是學習其他推特用戶，並模仿青少女說話的方式。但是沒多久她就開始發表詆毀種族主義的言論、讚美希特勒、否認大屠殺，並向推友發表露骨的性別歧視評論，於是很快就被下架了。微軟的說法是正在「微調」。[49]一年後，它釋出名為卓依（Zo）的全新聊天機器人，一開始就設計成避免談論政治和宗教議題，但是她也很快表現出同樣讓人不安的傾向，記者問她有關醫療保健的問題時，她的回答是：「《可蘭經》非常暴力。」微軟仍試圖是讓卓依撐了兩年半。[50]

前述事跡有些讓人深惡痛絕，其他則不至於如此，有些甚至還挺有趣的。但是，它們全體對外分享的內容都無關經濟實力，也無關會讓經濟學家夜不成眠的消費者福利措施（consumer welfare）。相反的，它們帶來的煩憂是，這些新科技可能會扭曲這套支持我們共同生存的社會結構。簡言之，它們代表的是政治權力隱憂，它們也代表全新的煩惱，也就是這些大型科技企業已經跳出它們所在的經營圈，正在控制我們共同生活的方式。

就標準石油公司而言，政治權力不是什麼大問題，各方焦慮的重點在於它們的經濟實力，有可能在缺乏競爭的情況下漫天哄抬油價。沒錯，有些評論家指控，標準石油對美國政治產生有害影響，不過正如舍弟傑米．薩斯金在著作《未來政治》（*Future Politics*）所說，其本質和當今科技巨頭的政治權力完全不同。

政治這個詞有時會被狹隘定義，僅表示政治人物忙於公務或國家制定決策，這正是評論家心中那把度量標準石油公司政治權力的尺規。不過，如果正確理解政治的話，它的意義遠不僅止於此，除了與我們共同生活的社會有關，與影響我們集體生活的各方力量有關，而不再僅限於傳統政治進程中的人民和機構。這就是為何我們形容某一件事很政治時，通常是指它其實很重要。舉例來說，一九七〇年代的婦女解放運動就深諳此道。[51]她們努力喚醒全世界睜大眼睛看清楚我們生活中的私領域，包括性別和關係、育兒和家務、時尚和消遣才是真正重要的大事，亦即所謂的「個人即政治」（the personal is political）。傑米・薩斯金本著這股精神主張，當前局勢可謂「數位即政治」（the digital is political）。

在未來，從廣義角度出發，科技巨頭將在政治方面發揮更強大影響力。正如《未來政治》所述，這些企業將會訂出自由度上限，舉例來說，自駕車不能超過特定車速。它們也會影響民主的未來，試想一下，演算法根據選民喜好，策展並提供他們個人專屬的政治事實；它們還會決定社會正義的問題，試想一下，某人發現因為自己一向拒絕共享個人資料，申請金融貸款或醫藥治療的要求時被駁回。[52]

在二十世紀，我們主要關注的重點是大企業的經濟實力；到了二十一世紀，我們也將日益擔憂政治權力。新科技可能會在市場開始出現，挾帶人人樂意付費並為個人所用的產品問世，但它們的影響力也會向外擴散，進而形塑我們以政治動物這種身分所共享的生活。在過去，自由、民主與社會正義的問題是由我們以公民身分，加上共同生活在文明社會的政治代表來回解答；在未來，除非我們採取行動，否則這些決定將日益交付給躲在大型科技企業內部、外界無緣一見的工程師負責。簡言之，這個威脅就是我們的政治生活正在「私有化」（privatization）。[53]

政治權力監管機關

競爭政策可能涉及模稜兩可難以應用的概念，但仍為具體行動提供一副粗略的框架。我們以直覺看待過於集中的經濟實力，對於因應之道也具備明智、深思熟慮的概念。一旦出現分歧，至少我們知道為何爭吵。但是，目前我們還不具備足夠的能力，幫助自己清楚思考政治力量。我們反思前面提到的例子時，多數人本能的感覺是惴惴不安，這代表我們知道已經麻煩就在眼前，卻不是十分明白如何定義政治權力的濫用，也尚未制定任何系統化的回應方式。

我們政治生活中的哪些部分理當依據什麼條件被新科技重塑？就目前來說，問題在於，我們幾乎全部都丟給科技巨頭回答。雖然我們就它們的經濟實力加諸嚴苛限制，但它們進入全新的政治領域時仍可以自由選擇採取哪些非經濟行為。我們任憑它們自行劃定、管轄的疆界。到處都有肩負探索新科技帶來廣泛後果的委員會、董事會和機構，我們愈來愈常見到這些企業的執行長坐鎮其中，而且看似十分樂於自己動手解決問題。這一點很容易理解。舉例來說，Google執行長桑達．皮采（Sundar Pichai）同意，人工智慧的種種擔憂「非常正當」，但是他相信像Google這樣的企業會「自我規範」。這種態度相當普遍。[54]

但是我們真的能信任科技巨頭會自我設限，不利用伴隨經濟成功而來的政治力量嗎？就算它們想要落實自我設限政治權力的期許，實際上有能力做得到嗎？這些企業可能具備構建新系統所需的深厚技術專長，但是，反思自身造成的政治問題所需的道德敏感性又是另一種能力，兩者截然不同。畢竟，企業聘用軟體工程師不是看上他們的道德推理能力清楚、熟悉。

有些左翼政治人物會說，與其把決定權留給科技巨頭，更應該將這些企業國營化，將Google和臉書這些實體公司的掌控權交給政府。[55]但是這道提議不僅問題重重，更忽略一件非常重要的事情：當新科技創造的政治權力交到政府手上時，我們看不出來這些公司有能力從濫用政治權力中免疫。試舉中國推出「社會信用體系」（social credit system）為例：中國政府發下豪語，截至二〇二〇年為止，它將根據儲存在全國性數據庫中的相關資訊評分來對全國公民排名。在一場試點實驗中，分數取決於購買車票（扣五分）這類微不足道的小事，以及「成就英雄舉動」這種語焉不詳的行動（加三十分）。拿到高社會信用分數的「文明家庭」可獲拍照留影，並張貼在公共告示板上。[56]官員說，他們希望這套系統「允許信譽優良的人漫步在天底下任何地方，同時讓信譽不良的人一步都踏不出去」。

或者我們也可以看看一個比較不起眼的例子。試舉數據安全議題為例。今日，科技巨頭濫用我們個人數據資料的新聞霸占各家媒體版面。但是不久之前，英國舉行一場全國性討論，會中焦點全都鎖定公共官員搞丟我們個人數據的烏龍事件。曾有一度，平均每個工作天都有一名英國官員因為不當處理數據遭到開除或制裁。[57]

因此，除了國營化之外，全新的監管機構也有其必要，它應當秉持競爭管理機構規範這些大企業經濟實力的精神，但事實上更得肩負限制它們政治權力的任務。或許可以這樣設想，這個單位是政治權力監管機關（Political Power Oversight Authority）。

這家新機構的首要之務就是建構一套框架，當濫用政治權力的事情發生時，允許監管機構採用清楚、系統化的方式明確糾舉出來。競爭政策會應運經濟實力而生，在全新的政治範疇內我們需要一套足以相提並論的政策。要到哪個關鍵時刻才能說我們的自由度受到過於嚴苛的限制、民主進步受到嚴重威脅，或是社會正義實例荒腔走板以致於完全無可接受，干預手段才有必要上陣？這些都是大哉問。相比之下，競爭管理機關被問及「消費者究竟有沒有過得比以前好」時，答案顯得含糊不清。不過，複雜性並不是無所作為的好藉口，這些全新的問題需要明確回應。與此同時，這家全新的監管機關絕對不能自亂陣腳，陷入過度反應的窘境中。政治權力監管機關的目標不應該是完全剝奪科技巨頭的任何政治權力，正如競爭管理機關同時考慮經濟實力的優、缺點，這家全新的機構也應該採取類似的平衡舉措。畢竟，新科技也正採用無數種方式力圖改善我們的生活。

但是，難道人們不樂意使用科技巨頭的產品和服務嗎？難道這不代表他們也同意這些科技可能帶來的所有政治後果嗎？話不是這麼說。正如《未來政治》明言，關鍵問題在於科技巨頭的政治權力是否有正當性。儘管人們樂意使用科技巨頭的產品和服務，這項事實尚不足以建立共識。消費者滿意度或許可以證明公司的經濟實力、它們的獲利與高階主管的薪資，但政治權力不應該循此方式買賣交易。人們喜歡在臉書上貼文，這件事實並不代表他們授權臉書可以視而不見自家平台被用來遂行邪惡的政治目的；人們喜歡採用Google的搜尋引擎，不代表它就可以睜一隻眼、閉一隻眼任憑自家廣告歧視用戶。經濟成功不是粗暴進入我們的政治生活為所欲為的免費通行證。

如果政治權力監管機關有必要出手，就應當具備各式各樣可以任意支配的力量。它將需要調查工具，也就是查核特定公司並審查公司技術的能力，以確定政治權力是否過大或被濫用。它也需要透明性工具，足以強迫企業公開營運及產品：舉例來說，如果人們不知道自己有哪些個人資料被蒐集並共享、如何被使用，或甚至是哪些供應商正在開發所需系統，他們就不可能理所當然的同意新科技。更強大的工具將允許新機構強制或限制某些特定類型的行為，最強力的工具則是允許它在大公司的政治權力大而不當時要求分拆。這些能力都不特別具有革命性意義：當今的競爭監管機關採用十分類似的工具管制經濟實力。現在的任務就是賦予權力給監管機關也可以在全新的政治場域中應用其中一些工具。

重點是，這家新機構必須有別於我們傳統的競爭監管機關。因為這個問題屬於政治範疇，而非經濟領域，在現存機構中的多數經濟學家不是對付這項挑戰的正確人選。他們建設的概念性工具會從價格與利潤的角度出發思考，但是不管這些想法多麼有見地、有成效，都無助於釐清自由度、民主與社會正義等思想，也無法闡明它們是否受到威脅。

我身為經濟學家，這項主張似乎是拿石頭砸自己的腳。不過，傾聽當今某些經濟學家試圖討論這些政治議題時，無論是主張它們根本就是經濟議題，或聲稱自己也具備處理政治議題的專業，都可能是一場痛苦的體驗。我們都得承認，解決這些全新挑戰需要背景截然不同的專家，他們的專長和我們以前受教育去解決經濟權力的專業完全無關。我們需要一間廣聘政治理論家與道德哲學家的全新機構，它會監督我們這些身為社會公民的個體，而不僅是市場中的消費者。這就是全新的監管機關的分內職責。[58]

第十二章

人生的意義與目的

有一則關於猶太老媽媽的老故事。她和成年兒子去海邊，兒子一頭跳入海中暢快游泳，但是他不諳水性，結果愈漂愈遠。他開始驚慌，在水中拚命掙扎。他的母親在岸邊看到兒子遇到麻煩了，轉身對著周圍所有人大喊：「救命啊！我的兒子是醫生，他溺水了！」

本書行文至此其實都沒有出現讓這位母親對自己兒子的職業感到自豪的地方。我純粹從經濟學角度看待工作這件事，它之所以重要是因為提供一份收入。這個觀點有用是因為它讓科技性失業的威脅昭然若揭：自動化破壞工作，就此剝奪人類的生計。但是對前述海邊焦慮老母親這樣的人來說，工作之所以重要似乎就是這麼膚淺的解讀。他們會認為這件事遠比經濟學重要得多，也就是說，工作不僅是收入來源，更是我們人生的意義、目的和方向。

從這個角度出發，科技性失業的威脅還有另一個層面。它不只剝奪人類的收入，也奪取人生的意義：它不只掏空勞動市場，更消滅許多人生活中的目標感。[1]在一個工作變少的世界，我們將面臨一個幾乎與經濟學無關的重大問題：當人生的重大意義消失了，如何把它找回來。

有意義的工作

為了公平起見，不是所有經濟學家總是採取如此冷酷狹隘的工作概念。誠然，當今的經濟學教科書都視工作為一種非做不可，以致於開心不起來的活動，純粹就是為了討生活而已；它會導致「反效用」或不滿，唯獨可以領薪資這件快樂的事可以抵消這些負面感覺。這種觀點在知識份子圈盛行已久，可以追溯到「現代經濟學之父」亞當・斯密（Adam Smith），他曾經比喻工作是「苦工與麻煩」。[2]不過其他人抱持相反看法。就以另一位經濟史巨擘艾佛瑞・馬歇爾（Alfred Marshall）為例，他聲稱：「一個人除非有艱苦的工作要做、有困難要克服，否則他將迅速退化。」還說：「為了體力和道德健康，我們必須付出艱苦的努力。」對他來說，工作不僅僅是收入，更是實現「生活圓滿」的方式。[3]

除了經濟學外，有些地位崇隆的學者也寫過關於工作和意義的長篇大論。奧地利心理學家西格蒙德・佛洛伊德（Sigmund Freud）多半是因為提出人類福祉僅取決於「愛與工作」這兩件事廣獲肯定。[4]不過實際上他筆下的內容一如既往遠比這一點更深奧難解。他說：「是故，人類的公共生活具有一層雙重的基礎：出於強迫必須工作，這是由外部的必要性所催生；以及愛的力量。」佛洛伊德相信，對人類來說，工作「不可或缺」，但與其說是為了收入，不如說是為了讓我們可以在社會中和諧生活：這是人人內心深處那股原始衝動的必要出口。佛洛伊德似乎是在建議我們，坐在辦公室座位上十指狂敲鍵盤也好過揮拳毆打同事。[5]

另一位以反思工作與意義名留青史的思想家是古典社會學家馬克斯・韋伯（Max Weber）。為何人們如此重視他們所做的工作？他認為是宗教的緣故。韋伯說，特別是因為十六世紀的宗教改革運動（Protestant Reformation）。在那之前，西歐國家的基督徒大多是天主教徒，如果他們對自己的作為或思想感到內疚，就會向神父告解，想要彌補罪惡感：與牧師相對而坐，分享自己的罪過，教會將赦免你的過失並免除你的詛咒。不過對新教徒來說，這不是一個選項，他們不來告解這一套，因此導致「極度的緊張關係」。韋伯提出論點，因為人們永遠不知道被詛咒以後是不是會永遠淪落在地獄。[6]對他們來說，唯一的解脫就是「永無止境、努力不懈並有系統的工作」，這樣他們才能試圖證明自己的靈魂值得救贖。[7]韋伯指稱工作是「職業」和「天職」，更是「上天賜予」的任務。這些說法仍沿用至今。[8]在他看來，人們對工作的承諾，照字面意義理解就是一股虔誠的奉獻精神。

或許，最有趣的工作與意義實證調查當屬美國社會心理學家瑪莉・賈荷達（Marie Jahoda）在一九三〇年代進行的研究。[9]它選定的地點是奧地利維也納郊外的小村莊馬林塔爾（Marienthal），一八三〇年才建立專門為附近新建亞麻布工廠工作的勞工提供住房。隨後幾十年間，工廠規模日益壯大，小村莊也逐漸繁榮，但是一九二九年被大蕭條擊倒。隔年工廠關門大吉。到了一九三二年，全村四百七十八戶家庭中，三分之二的人連一份工作都沒有，完全依賴領取失業金當作收入。

賈荷達與同事想知道，這種大規模沒有工作可做的現象將會帶來什麼衝擊，研究人員為了在居民不會意識到自己正在被監視的情況下蒐集相關數據，他們採取非傳統的方法，讓自己融入日常的鄉村生活中。他們從事包括洗衣服和維修服務、舉辦支援父母課程、免費醫療診斷、繪圖設計以及教授體操課程等各種職業。他們最終的發現讓人十分震驚：居民日漸冷漠、失去生活的方向感，而且對他人的惡意逐漸高漲。人們漸漸不上圖書館借書，一九二九年每一名居民平均借三．二三本書，一九三一年只有一．六本。他們退出政黨，也停止參加文化活動。僅僅幾年的時間，健身俱樂部會員人數就銳減五二％，合唱俱樂部則是狂跌六二％。失業津貼的規定是受款人不得從事非正式工作，因此在那幾年馬林塔爾居民匿名告發其他人違法的案件大增三倍，但是被判定為確實有充分根據的投訴總數幾乎沒有變化。站在街角觀察的研究人員甚至注意到居民的身體出現變化：失業男性在街上的走路速度變慢了，而且頻頻停下腳步。

對佛洛伊德來說，工作是社會秩序之源；韋伯認為它提供人們更宏大的目標；至於賈荷達則認為工作可以建立社會的結構與方向。撇開這些學術思考，我們也可以再多想想人們尋找工作目的日常事例。當你走進書店常會發現，架上滿滿是告訴讀者如何在工作中達到成就的方法；你應徵新工作，迫不及待的雇主可能不只會祭出優渥收入，還會強調職涯意義企圖攏絡你；你和一位以賺錢養家為傲的傢伙聊天，他們多半三句不離拿錢回家有多自豪；你和新手父母聊聊放下工作回家當奶爸、奶媽的心得，即使只是暫時的安排，他們的回應通常會透露出失落感，遠非月薪帶來的價值比得上；再看看那些富裕人士，你會發現他們往往是在熬過一段短暫、失敗的退休生活後，重回每天時間一到就下床、上班的模式；你參加一場晚宴，周遭的陌生人可能會問：「您在哪兒高就？」這個問題經常是假設工作對你本人而言象徵重要意義。

最後這項觀察很重要。工作不僅對勞工的意義重大，也具有重要的社會意義，它讓人們對外昭告自己的生活帶有明確目的，也提供他們獲得地位和社會評價的機會。今日，社群媒體早已強化這種現象，難怪創立宗旨是協助用戶謀職的網路工具LinkedIn現在被用來宣傳個人的成功經驗與奮鬥歷程，結果把它變成一種高調的自我推銷平台。

對於有工作的人來說，工作與意義之間的連結很美好：他們付出努力，然後換取收入與目的感；但是對失業族群來說，這個連結可能反而進一步成為不舒服與壓力的來源。若說工作提供一個通往有意義人生的道路，失業族群可能會覺得自身存在毫無意義；如果工作提供地位和社會評價，他們也會覺得無所依歸、灰心喪志。這些說法或許可以部分解釋為何失業族群總是意志消沉、自慚形穢，而且自殺率是一般在職人士的二・五倍。[10]

我們這個時代盛行的菁英觀完全無濟於事。[11]這是一種「好工作總會落到值得擁有的人身上」的理念，因為他們有才華或夠努力。但是，如果工作代表長處，那麼失業族群可能會覺得自己一無是處。邁可・桑德爾曾經打趣，在封建時代，至少最富有族群知道自己的經濟財富只是因為他們出生在對的家庭；但是今日最富有的階級卻覺得自己得到的一切都是理所當然，也就是說，與生俱來就擁有才華和能力（往往還有富裕的父母在背後撐腰），和運氣一點關係也沒有。[12]最後會引導出令人不愉快的結論，不幸的人就只能自認倒楣。

有時候，工作的意義並非得自正面積極的心態，亦即有一份工作是值得歡慶之事；相反的，它的意義在於負面消極心態，也就是失業很丟臉。人們稱失業族群是「社會福利寄生蟲」或「福利皇后」，當然這是在汙衊沒有工作的人，但同時也強化有工作族群的社會評價。雖然你可以感覺到，失業族群滿心忿恨的情緒是被街頭小報搧風點火燒出來的新現象，事實上它由來已久。舉例來說，顯然它早就被融入英國中世紀的「濟貧法」（Poor Laws）。它是全世界第一套政府推行的窮人專屬救濟法案。在此之前，支持窮人多半是親朋好友與教堂的自願性非正式行動。這套法案更早的版本在一五五二年問世，開宗明義便以戲劇化的方式宣稱：「萬一任何有能力工作的男性或女性拒絕勞動並打混三天，就應該拿烙鐵在他們胸前印上V這個字母，同時應該告誡這種廢人將被判處兩年奴隸苦工。」[13]

這股憤懣其實是雙向情緒。一邊是有工作族群老是埋怨失業族群，但後者也覺得自己的合法權利受到對方侵犯。這種情形部分解釋最近矽谷對無條件基本收入重燃熱情的奇特反應。馬克·祖克柏與伊隆·馬斯克高調支持無條件基本收入引發各界關注；拍賣網站電子灣（eBay）創辦人皮埃爾·歐米迪亞（Pierre Omidyar）與新創事業孵化器 Y Combinator 創辦人山姆·歐特曼（Sam Altman）掏錢資助肯亞和美國兩地的試驗。[14] 但是他們的興趣遭到四面八方的敵意攻擊。如果工作僅僅代表一種賺取收入的手段，他們的反應似乎有點奇怪：創業家實質上是在提議，像他們這樣的人應該專挑困難的事情做，然後免費送錢給每個人。但是對許多人來說，工作不僅僅意味著獲得薪資，因此在他們眼中，那些領取天價薪資的傢伙提供的無條件基本收入，就像是一種遮羞費或是賄賂，或許甚至是想要寡占生活意義的來源，杜絕其他可能的定義。

沒有意義的工作

在當今的職場世界裡，工作與意義之間的連結確實非常強大。但這不是付諸四海皆準的道理，甚至似乎是相對比較新興的現象。

舉例來說，我們的史前老祖宗可能認為將工作和意義綁在一起的想法非常奇怪。直到

圖 12.1：男性勞工每日工時，狩獵採集部落對比當代英國[15]

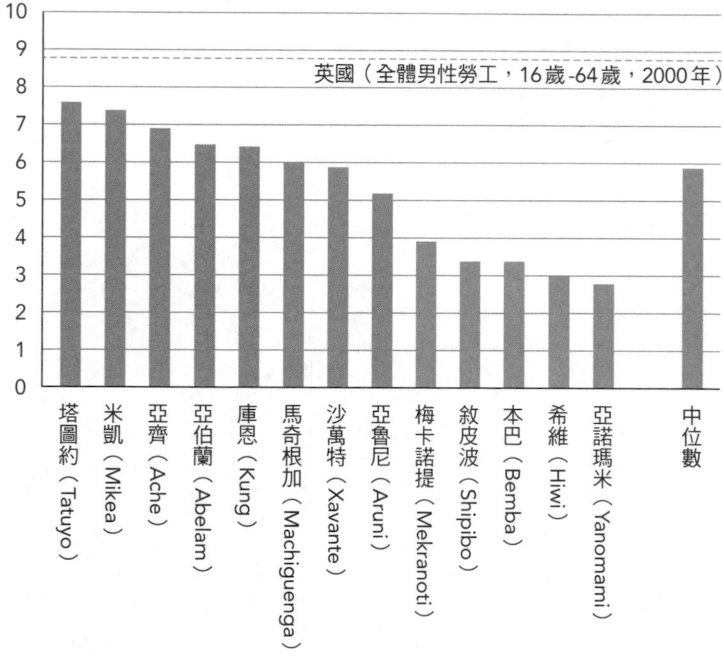

一九六〇年代為止，人們一直認定狩獵採集部落可能都過著一種高度勞力的生活，但最近人類學的研究結果卻顯示，他們做的工作可能「非常少」。經濟史學家葛瑞里・克拉克（Gregory Clark）回顧當代一系列有關狩獵採集社會的研究時發現，部落成員從事勞動的時間長度一直以來都遠少於當今英國的普通男性勞工。克拉克定義的勞動不僅包括有薪工作、還包括學習、家務、育兒、個人照護、購物和通勤。[16]

數據資料顯示，在維持生計的情境下，狩獵採集部落每年多半花費一千多個小時休閒娛樂，平均而言，比英國繁榮現代社會的打工計時人員還多。[17]

若說狩獵採集部落依賴工作找出目標、實現圓滿的人生，那麼你就錯了。顯然，他們只是一再轉向其他領域尋找生活意義。正如人類學家詹姆斯．舒茲曼（James Suzman）所說：「源自狩獵採集社會的證據顯示……我們（人類）更有能力過著充實圓滿的生活，這不是我們的勞動力所能定義。」[18]

古代世界的心態也大不相同。回顧當時，人們認定工作根本有辱人格。[19]在古埃及城市底比斯的法律規定，一個人除非十年沒有交易買賣了，否則都不能擔任職位。[20]在市場上處理貨物被視為讓人望之卻步的骯髒差事。斯巴達是希臘的勇士之城，法律規定，公民會被召喚上戰場，但不得投入生產性工作。交易買賣都是丟給非公民的族群負責，勞力工作則是由成千上萬屬於國家財產的奴隸來承擔。[21]

當柏拉圖為自己的理想國設定藍圖時，他將某些勞工限定在自己的「工匠階層」，否決讓他們治理的可能性。他說：「最井然有序的國家不會同意工匠成為公民。」同理，亞里斯多德也曾寫道：「公民一定不能過著工匠或商人的生活，因為這樣的生活低下卑賤，對追求卓越有害。」[22]他相信，意義唯有經由閒暇生活才得以實現，工作的唯一目的就是負擔休閒的費用：「我們工作是為了享受休閒，就像我們開戰是為了享受和平。」[23]事實上，希臘語中的「工作」是「ascholia」，字面上的意義是「缺乏休閒」；希臘語中的「休閒」則是schole，永遠擺第一位。這一點與當今許多人的認知相反。[24]

在古老的神話和宗教經文中，工作常常以懲罰而非有意義的生活形式呈現。例如在希臘神話中的普羅米修斯欺騙眾神，將包油脂的骨頭假冒肉類祭拜神祇。這招詭計惹惱宙斯，因此懲罰全人類必須工作。[25]「上帝將人類生活的方式隱藏起來，」詩人赫西俄德（Hesiod）解釋，「否則，你很容易在一天之內做完工作，好讓自己在未來一整年都不用工作……但是詭計多端的普羅米修斯欺騙宙斯，所以憤怒的宙斯把它藏起來了。」[26]

或者看看《舊約》的故事。一開始，亞當與夏娃裸身漫遊在伊甸園裡時，天下太平。但是就在亞當偷吃禁果後，上帝判處他們倆做苦工。就比喻意義而言，夏娃分娩的痛苦過程就是做苦工，即是「我將使妳分娩時痛苦萬分」；至於亞當，從此就讓他辛苦的維持生計，「當你額頭流下汗水，你才可以吃到食物」。[27]

這些故事應該提醒我們，無論佛洛伊德和韋伯如何吹捧，實際上工作與意義之間的連結並不清楚。許多人會直接說，無論理論說得多麼天花亂墜，工作一直都是苦刑。例如，你很難申辯，工業革命期間在磨坊和工廠做牛做馬能帶來什麼深刻的成就感；相反的，那種生活只有黯淡與絕望。這是年輕的卡爾·馬克思滿心激憤寫下關於「異化」的長篇巨著的理由，他的核心理念就是認為某些工作會妨礙人類成為真正的自己。[28]這是為什麼儘管亞當·斯密經常被奉為自由市場的旗手，他卻還是會擔心沉悶、千篇一律的勞動會導致人們變得「愚笨又無知，一如他們很可能會演變至此」。[29]這也是為什麼十九世紀初期頗具影響力的法國哲學家查爾斯·傅立葉（Charles Fourier）描述當時的工作世界是「名副其實的墓地」。[30]

我們也不必回溯到勞工缺乏法律保護、總是受到剝削與壓迫的工業革命時期，質疑當時工作與意義之間的關係。[31]我們只要檢視當今人們如何度過工作生活就好，無論鋪貨上架或是製做三明治，打掃馬路或撿拾垃圾，起草法律合約或審查財務帳目，雖然這些工作可能不像一百年前在工廠裡的活動，但卻沒有哪一項可以說是能夠帶給執行者深刻的意義或滿足感。在美國，將近七〇%的勞工「不熱中」或「積極抽離」自己正在做的工作，另外有五〇%的勞工說他們「從工作中獲得認同感」。[32]在英國，幾乎四〇%的受訪者認為自己的工作並未為世界做出有意義的貢獻。[33]用一句社會學家大衛·格雷伯（David Graeber）的話來說，今日有許多人發現自己被困在「鳥工作」（bullshit jobs）裡。[34]

最後，即使對那些受到上天眷顧、享有特權的幸運兒來說，雖然發現自己的工作有意義，但也不代表如果有一天他們不必工作時，他們依舊會想要工作。以法國人為例，他們比其他許多民族更重視自己的工作，但是他們同時也希望花在工作上的時間能比其他多數國家的人民少。而且他們真的也這麼做了。[35]有時候我在想，許多學者與評論家戒慎恐懼的著書討論一個工作變少的世界，他們的預測是否根本就錯了，因為他們從工作中獲得的個人樂趣，讓他們自以為其他所有人也有相同的體驗。

人民的鴉片

再者，看待工作與意義之間的關係也有兩個截然不同的觀點。有人主張，兩者之間有重要連結，認為工作不僅是一種在社會上分配收入的方式，也是對外分享意義的途徑。他們閱讀讓人沮喪的「鳥工作」與悲慘職場的論述時都可能直覺反應，其實不需要把事情搞成這樣，只要適當改變，即使是讓人不開心的工作也足以實現個人抱負。另一派則抱持相反的心態，總是質疑工作與意義之間有何關聯，任何可能看待工作的不滿或失望都是在印證他們的信念。

不過就某種意義而言，抱持何種觀點都不重要。隨著我們邁入一個工作變少的世界，兩派都將被迫解決同一個問題：如果人們再也不工作，究竟還能做些什麼？

有一個普遍的想法常用來回答這個問題：我們可以學學有錢人怎麼過日子。縱觀歷史，許多有錢人過著不須擔心收入的奢侈生活，凱因斯稱他們為「我們的前鋒」，並試想他們走在一個工作總量減少的世界前方：「為我們其他人探勘應許之地，然後在那裡搭起帳篷。」[36]瓦西里・李昂提夫也以他們當例子，曾經這樣寫道：「那些詢問一般兼職人員都將大把休閒時間花在哪裡的人，總是忘記在維多利亞女王時代的英格蘭，『上流階級』並沒有因為時間太多而意志消沉。有些人打獵、有些人從事政治，還有些人創造萬世流芳的詩歌、文學和科學。」[37]

躋身英國上流社會之列的哲學家伯特蘭・羅素在著名的《閒暇頌》（*In Praise of Idleness*）中提出對富裕階級的看法。「在當今世界上，工作即美德的信念正釀成大量禍害，」他主張，「幸福與繁榮之路在於有計畫的減少工作。」在他看來，「我們所謂的文明幾乎完全是由『休閒階級』所貢獻……少了休閒階級，人類絕對無法脫離未開化的狀態。」[38]他主張，沒有人必須一天工作超過四小時，應當讓人們自由致力奉獻自身，投入藝術、科學、文學和經濟學領域。

問題在於，按照有錢人的生活方式其實並不特別有所啟發。一方面是外界都過於傾向於美化他們實際上如何過日子。美國經濟學家梭斯坦．范伯倫（Thorstein Veblen）的炫耀性消費（conspicuous consumption）理論就是在譏諷維多利亞時代英國富裕階級的花錢方式：「為了好名聲，一定要浪費。」也嘲笑他們消磨大把自由時間的方式，因此才發想出「炫耀性消費」的說法。[39]對他們來說，公開亂花收入購置炫耀俗豔的奢侈品遠遠不夠，還要被眾人親眼目睹浪費時間才可以。這種現象充分解釋，「休閒階級」為何總是與學習古代語言、費心費力舉辦拘泥形式來展現合宜舉止、端莊禮節等各種活動如影隨形。當然，范伯倫刻意語帶挑釁，不過他確實指出一個深刻重點：通常有錢人消磨時間的方式確實是很特別。

真相是，很難想像我們如何以有益的方式消磨時間。馬克思的著作中有一句名言暗示原因何在：「宗教，是人民的鴉片。」這句話一般詮釋為抨擊神職人員和上流社會，責怪他們引發宗教教義熱烈討論，讓做工的人沉迷其中，再也看不見經濟不平等的現實，終而阻止他們發動革命。但這不是馬克思的真意，他認為宗教是由普通人所創，不是其他人由上而下強加其身，是他們為生活增添意義的自我調合之道。[40]

但是今日的宗教顯然不再適任這個角色。宗教信仰可能在某些特定社群中崛起，教會認定的正典也增添一些新面孔，好比山達基教（Scientology）的「經典」。不過若與馬克思時代相比，那時到處都在興建教堂、熱心廣召神職人員，現代世界顯得截然不同。[41] 宗教再也不如以往那樣主導日常生活。

它的地位拱手讓給誰了？正是我們的工作。對我們多數人來說，工作就是新鴉片。它就像毒藥一樣，提供某些令人身心舒暢的目的，但同時也令人陶醉和迷失方向，讓我們忘了轉往其他領域尋找意義，最終我們變得很難想像如果沒有它要怎麼過日子。工作已在我們的心裡生了根，變得重度依賴它，以致於我們光是想到一個工作總量變少的世界往往本能就會抵制；而且就算我們認真思考，也講不出個所以然來。

我們多數人都知道，過著有薪工作的生活意味著什麼，卻無法說自己真的明白，適應有薪的失業生活意味著什麼。套一句當代政治思想家漢娜・鄂蘭（Hannah Arendt）的話，我們生活在「一個即將擺脫勞動束縛的勞工社會中，這個社會不再知道其他更崇高、更有意義的活動，為此，這種自由值得贏得爭取」。正如凱因斯所說，這個憂慮就是：「我認為，沒有哪一個國家與民族能夠滿心期待休閒而富足的時代，卻不會惴惴不安。因為長期以來我們都已經被訓練要努力奮鬥，不能享樂。」[42]

休閒政策

那麼，我們該怎麼做？沒有工作的人要怎麼消磨時間，如何確保有任何事務足以提供他們可能在工作中才能獲取的目標感？前述的瑪莉·賈荷達待在小村莊馬林塔爾期間最讓人困擾的一項發現就是，休閒對失業族群來說是一種她稱為「悲慘禮物」的生活方式。她原本希望：「即使置身失業的痛苦中，擁有無限自由時間的人們仍然可以從中受益。」相反的，她發現：「他們突然沒了工作後……漸漸從一種井然有序的存在漂移到一種沒有紀律又空虛的狀態。」以致於當他們被要求解釋自己如何過一整天時，他們都「想不起來任何值得一提的小事」。[43]在一個科技性失業來臨的世界裡，我們要怎樣避免類似的沮喪和絕望蔓延？

一部分答案是，我們身為社會群體，有必要更仔細、更有自覺的思考休閒這回事：如何做好過一種休閒生活的準備，以及如何明智的善用休閒。今日，我們都很熟悉勞動市場政策，它們可說是大範圍的干預措施，採用我們這個社會認定的最佳做法來影響勞動世界。但是，隨著我們邁向一個工作總量更少的世界，我相信，我們也需要補強它們：告知與重塑人們消磨閒暇時間的休閒政策。

再談教育

一套正式的休閒政策應該始於教育。今日，多數學校和大學的首要之務是為人們做好進入職場的準備。但這不是學術殿堂的目的，而是外界判斷它們的標準。記得前面我曾主張應該改變教學內容、方式與時機，但是隨著我們邁向一個工作總量更少的世界，這一套特殊的新排序將不再具有任何意義。教育專家喜歡引述古代斯巴達國王亞日西勞（Agesilaus）名言，說教育的目的是教會兒童長大後可以使用的技能。[44]他們引述這位國王看似理所當然的忠告，但它的重點往往是當今教育無法達成的目標。不過當我們思考一個工作總量更少的世界，同一句話也會激發出截然不同的想法：可以在未來世界中蓬勃發展的技能，將與當今供不應求的技能有著天壤之別。

截至目前為止，我們傾向把工作與繁榮畫上等號，相信事業成功，生活就會多采多姿，因此所需的技能大同小異。但是，假如再也沒有那麼多工作可做，我們就得教大家做好心理準備。這一步需要先來一場教育內容大翻修，不過這種大規模轉變並非史無前例。如果我們回溯阿格西萊二世（Agesilaus）的年代，檢視斯巴達人的教育課程，可能會非常吃驚。現在我們稱呼的斯巴達式訓練（Agoge）是一套為期二十年的體育課，設計宗旨是要讓男性做好上戰場的準備。今日，校方籌劃的體育課僅限於每週幾小時而已，但或許只有體育老師會為此感到沮喪。在未來，我們或許也不需要培訓他們工作技能，而是必須教他們透過休閒來讓生活多采多姿。

還有比古代希臘人更近代的靈感來源。大約七十五年前，英國全面實施免費中等教育的「一九四四年教育法案」（Education Act of 1944），[45]這項法規的主要設計者是國會議員瑞布・巴特勒（Rab Butler），他站在國會大廈侃侃而談，希望這項改革將「開發我們最持久不變的資產、最豐富的資源，也就是偉大人民的品格和能力」。他的言論表達出兩個願望：不只是培養出更多稱職的勞工，更要孕育品格卓越的公民。[46]隨後幾十年，教育系統嚴重輕忽後者，但近年來有捲土重來的跡象。政界、學界與政策相關人士愈來愈常討論學校應該教育「品德」與「生活技能」的重要性。有一家智庫向來是堅守傳遞古典哲學家精神之路，主張我們應該培養學生一整套完整的「德行」：「誠實和善良等道德的美德、社區服務等公民精神的美德、好奇心與創造力等智慧的美德，加上勤奮與堅忍等行為的美德」。[47]我們可能會申辯，在一個工作總量減少的世界，根本不清楚這些美德是否是真的能派上用場的技能，不過，這些重新審視教育角色、不再單看職場技能的基本功是正確的想法。

重塑休閒生活

我們的社會除了為孩童做好準備，讓他們順利邁入一個工作總量減少的世界，也希望制定一套實際上可以讓失業成年人消磨空閒時間的休閒政策。這一步聽起來似乎走得太遠了：你可能會覺得，國家試圖影響勞動市場是非常恰當的舉動，但是選擇如何消磨休閒時光的權利不是應該留給人們自主決定嗎？我可不敢這麼說。請謹記，在當今的所有國家中，政府都已經這麼做了，而且都沒有激發人民的不滿。

以英國為例，全國民眾傾向每天花五至六個小時投入休閒活動，男性平均每天花六・一個小時、女性花五・五個小時。英國人可能以為他們是自己找到適合的活動消磨時光，但事實上這是有政府在檯面下張羅部署，悄悄影響他們的行動。根據國家統計局（Office for National Statistics），最受歡迎的休閒活動是消費「大眾媒體」，從本質而言，這意味著你可以一邊看電視，一邊看書和聽音樂。[48]人們是自行選擇電視頻道和電影沒錯，但是首先你若想在英國擁有電視頻導，每年就得付一筆稅金，資助英國廣播公司（BBC）這家公共頻道，而且你在瀏覽選項時，它們的頻道會最先跳出來呈現你眼前。政府也會影響這些頻道所播放的內容：要求英國廣播公司必須「提供資訊、教育和娛樂」，免得使它很難向民眾徵稅。[49]

那麼，英國人不看電視的時候都怎麼打發時間？他們每星期會花幾個小時運動或出門活動；另外花幾個小時從事文化活動，好比參觀博物館或上劇院。再次聲明，就這部分而言，政府依舊悄悄在背後運作。事實上，英國有一個完整的數位、文化、媒體暨體育部（Department for Digital, Culture, Media, and Sport）部門，試圖影響民眾打發時間的方式。它們廣泛干預，好比確保所有孩童都有機會學習游泳、騎乘自行車，完全免費提供全國許多最完善的博物館門票，而且還禁止國內最精良的藝術品出售並運往國外。[50]實際上，如果檢視我們休閒生活的任何面向都可能發現，要不是有這麼一個正式的政府部門存在，那麼至少會有一套公眾支持的「信託單位」、「基金會」和「實體機構」網絡，溫和放送甜言蜜語誘騙我們採行某些活動並放棄其他活動。

也有一些實例可以被稱為無意識休閒政策，例如年金系統。綜觀全世界，它們都是基於這個基本原則運作：休閒活動就是你在遲暮之年應該做的事。不過正如英國《金融時報》（*Financial Times*）專欄作家莎拉．歐康納（Sarah O'Connor）的提問：「倘若政府支持的用意是允許人人在生活中都能享受一段閒暇時間，為何一定要在晚年才做？」[51]全世界人口的預期壽命正在改善，勞工會從請假期間接受再訓練的課程中獲得好處，也會在非上班時間面臨養兒育女、或許還要照顧年長親戚等大量和不定期的要求，政府卻決定只能在人老力衰時實際為休閒活動提供財務支援，實在令人匪夷所思。

或者，我們想想志工服務領域。當今英國約有一千五百萬人定期提供志願服務，大約相當於有薪工作人數的一半。[52]英國央行首席經濟學家安迪・霍爾丹（Andy Haldane）預估，全國志工服務的經濟產值大約是一年五百億英鎊，與能源領域的產值相差無幾。[53]不過這個領域並不是封閉的運作：政府訂出一連串方案與程序在背後支持。它們也可以被視為某一種類型的休閒政策，鼓勵人們花點閒暇時間免費參與各式各樣的特定活動。

正如上述例子所示，今日我們已經有五花八門的「休閒政策」正在積極運作。然而，現在它們出現在人們閒暇時間的型態就像是各種不請自來的瑣碎事件集合體，而且往往是突發事件。在一個工作總量變少的世界裡，這種東拼西湊的做法不再適用。我們的社會將有必要更謹小慎微、全面周到而且前後一致的思考休閒政策。

這將是政策方向的根本大逆轉。今日的休閒活動日漸被視為多餘，而非優先事項。當政府期望在民眾面前呈現一種把錢花在刀口上的形象時，經常會將休閒活動當作可有可無、可輕易達標的選項，隨便就能大筆一揮刪除棄用。在美國，時任總統川普已經試圖撤除國家藝術基金會（National Endowment for the Arts）、博物館與圖書館服務署（Institute of Museum and Library Services）與公共廣播公司（Corporation for Public Broadcasting）等單位。[54]在英國，二〇一〇年至二〇一六年，公共圖書館的數量減少大約一二%。[55]減少的幅度震驚全國：當代兒童文學大師菲力普．普曼（Philip Pullman）在牛津一場小聚會上對聽眾演說時談到這場公共圖書館閉館潮的抗爭，套一句熱心評論家的說法，他的線上演說文稿演變成一篇「病毒式傳播的爆紅文章」。[56]

不過，當今關於社群可能希望鼓勵自家會員從事哪些娛樂活動的構想，都還停留在紙上談兵階段，切勿過度規範它們天馬行空的發想，那是未來世代必須彼此仔細商量後才做成的決定：如何採用有意義、有目的的方式消磨空閒時光。試圖預測人們未來可能如何打發時間，這件事經常嚴重失準。例如，一九三九年，《紐約時報》主張電視永遠不會流行起來，「電視的問題在於人們必須坐下來，雙眼緊盯著螢幕。一般美國家庭根本沒有多餘時間花在這上面，」社論自信滿滿的指出，「為此，如果沒有其他理由，電視永遠都不會成為廣播節目的重要對手。」[57]不用多說，這個預測錯得有多離譜。

重返工作

有些人悠閒的探索過後，可能會得出一個結論：對他們來說，沒有任何活動可以帶來與工作相提並論的成就感或方向感，即使他們的收入來源是通過其他途徑，最終還是可能認定，一份「工作」是確保他們尋求人生意義的唯一途徑。

我最喜愛的一首詩作是英國詩人亞佛瑞．丁尼生（Alfred Tennyson）所寫的〈尤里西斯〉（*Ulysses*），貼切描述這種情感。它述說希臘英雄奧德賽（Odysseus）打贏特洛伊（Trojan）戰爭後，竟然花了十年才從戰場返家。他一路上受到的阻礙不斷，像是行經食蓮人的地盤，受到蠱惑而吃下會忘記返家路程的蓮花；再來是已故母親的鬼魂試圖分散他的注意力；之後更誤闖獨眼巨人部落，被監禁在洞穴裡，還有另一批獨眼巨人虎視眈眈想吃掉他。簡言之，這是一趟艱難的返鄉之旅。在這首詩中，丁尼生想像奧德賽從冒險中歸來，必須在寶座上安頓下來成為「閒置的國王」時可能會有什麼感覺。他的答案是，讓人無法忍受的無聊。奧德賽將會「任憑蒙塵生銹」，而非「在使用中發亮」。因此在丁尼生的詩作中，奧德賽做好再次揚帆的準備，將王位交付兒子，希望「仍然有一些高貴的工作尚待完成，而不是成為無法與天神抗衡的男子漢。」[58]在未來，類似奧德賽的人仍將可能努力耕耘自己心中「高貴的工作」。

到目前為止，我都在談「一個工作總量變少的世界」，不過，我真正的意思是，一個有薪工作變少的世界。至今，我們幾乎沒有必要特別關注其中的區別，不過當我們思考未來，必須更小心謹慎的檢視這一點。何以如此？雖然我們可能逐步邁向一個有薪工作變少的世界，但毫無理由認定未來一定沒有任何工作可做。在未來，那些渴望繼續工作的人就算不需要為了經濟理由謀生，依舊可能會尋找一些我們今日稱為「工作」的差事，唯一的差別僅在於，對他們來說，在每個人都有工作可做的勞動市場裡，這項工作不會提供薪資。

這些差事可能意味著什麼內容？就某種意義而言，一旦必須賺錢謀生的限制被消除後，任何差事都算工作。它們可能是交給機器生產會更有效率的任務，但無論如何人類就是想做這些任務。雖然聽起來很沒效率，不過如果無償奉獻是為了追求目標而非生產力，那麼擔憂經濟「效率」就是錯誤的方向。

類似奧德賽這樣的人為政府創造另一種角色：協助那些想要工作的族群找到這類工作。有一種可能性就是，政府會積極為人們創造工作。這個想法其實不如它聽起來麼激進：事實上，政府已經大規模這麼做了。全球前十大雇主中，有七家是國營組織，包括美國國防部（US Department of Defense）、英國國民健康署（NHS）、中國國家電網公司（State Grid Corporation of China）、印度鐵道部（Indian Railways）等。即使是今天，「就業保證」的概念也吸引各國青睞和興趣。在美國，幾位角逐二〇二〇年總統大選的民主黨候選人支持為所有人提供工作的構想，獲得五二%美國人支持。負責民調的單位把相關數字放入脈絡中檢視，直稱它是「我們調查過最受歡迎的問題之一」。[59]

人們願意在一個有薪工作變少的世界中繼續工作的相關討論，確實讓我們陷入概念上的矛盾。倘若人們不再直接依賴工作賺取一份收入，那我們繼續稱它為「工作」是對的嗎？還是說我們應該稱它為「休閒活動」？在勞動時代，我們無須為此煩惱擔憂。休閒活動通常被單純定義成人們在工作忙碌之餘從事的活動；工作則是閒暇之餘投入的活動。但是，在一個有薪工作變少的世界裡，這些定義和界線都會變得更模糊了。如果做某件事可以換取薪資，那它就只能稱為「工作」嗎？如此，像家務一類的事情就不能算是工作了。如果做某件事費力又辛苦，或者還稍微讓人感到不快，那它就只能稱為「工作」嗎？這樣我們就可能會說，人們若是做一些既可獲取薪資、又能讓身心愉快的工作就是在打發時間；但反過來說，體育迷緊盯著電視目睹他們支持的球隊輸球，就是在工作。

哲學家費心費力試圖釐清其中的區別。[60]但實際上，我不太確定這一點有多重要。當我們思考一個有薪工作變少的世界，更有啟發性的重點在於思考自由的時間。有些人可能會花一點自由的時間做一些當今看起來很像是「休閒活動」的事，其他人可能傾向於秉持過去的「工作」精神，擔綱比較制式或指導、管理的角色。不過我的猜測是，不管人們選擇投入什麼樣的事務中，都不會像我們當今所做的工作。對此時此刻的某些人來說，工作是意義之源，不只是因為工作本身就是獨一無二的存在，更因為它們是我們花費人生大半時間努力奉獻的領域。我們唯有在自己實際執行的事情中找到意義，並騰出時間以不同的方式過生活，我們才會在其他領域找到意義。

有條件基本收入的角色

那麼，我們回到本章開門見山提出的問題。沒有工作的人們將如何打發他們的所有空閒時間？部分答案在於，他們可能會追求更多休閒活動。為此，如我們所見，國家可能希望介入，並協助他們採取有意義的方式善用這段時間。其他答案則是，其他人可能會想要反其道而行，從事某些看起來比較像是工作、但不與薪資直接掛鉤的活動。政府可能也會希望支持他們的雄心壯志。

但是，這兩個選項不太可能完全得到完滿解答。在一個工作變少的世界，只有極少數社會可以容許沒有工作的族群打混、玩樂或從事無薪工作度日，只要他們覺得適得其所就好。這是因為，正如前述，任何容許這種行徑的社會都可能因此分崩離析。今日，社會團結源於人人從事一份有薪工作然後繳納稅金，集體貢獻棉薄之力。在未來，若想維持這種社會團結，沒有從事有薪工作的人至少就得花一些時間，採行各種非經濟的其他方式為所有人做出貢獻。

這就是我提議的有條件基本收入，用意便是提供支持：它基本上是無條件基本收入，但是會要求受款人付出回報。如果它獲准採行就意味著，在未來，沒有工作的族群日常生活可能會被分為兩種：不再是介於休閒活動與有薪工作之間，而是介於自己選擇的活動與他們的社群要求的其他活動之間。

我們可以推測社群要求的活動有哪些。有些社群可能充斥凱因斯、羅素這樣的人，如果沒有工作的人花時間追求藝術與文化素養：閱讀、寫作、創作優美音樂、探究深刻的思想，或許就能讓他們滿意；其他社群可能循著古希臘人的路線前進，或許會要求人們更認真的擔綱公民角色，像是參與政治、支持地方政府、思考自身對其他人的義務等。[61]除了這類娛樂與政治活動，我相信，教育、家庭和照護活動也將被認定是重要工作。無論機器效能變得多麼強大，我總覺得，我們會希望人類擔綱協助他人做好過著有目標感生活的角色，並在對方遭逢艱困、纏綿病榻時刻提供支持。

再次聲明，前述建議都是憑空猜想，無疑是不夠完整的論述。畢竟，未來社群才是手握大權的主體，可以決定哪些事務稱得上是貢獻、哪些不是。不同社會將會歸納出不同結論，所有參與同一種活動的人都將被要求說出自己覺得哪些東西有價值、哪些沒有價值。

今日，市場機制早已壓倒性的形塑出這種價值感：一件事的價值正是某人樂意為它掏錢的價格，勞工的價值就是他所得到的薪資。這套機制儘管有諸多缺陷，但仍具有非凡的功效。在白熱化的市場中，人們的無限欲望與滿足自我的冷硬現實之間時有衝突，最終都會歸結成單一數字：價格。

這套機制的功效非凡，但仍有缺陷。有些我們視為意義重大的事情不會貼上價格標籤，有些我們認為重要的工作也只有些微報酬，甚至要無償提供。舉例來說，多數照護工作都是無償性質。[62]在美國，約有四千萬名家庭照護員，其中三分之二是銀髮女性，為成年人提供五千億美元的無償照護服務。[63]在英國，約有六百五十萬名照護員，一樣多數為女性，提供最多高達一千億英鎊的無償照護服務。[64]多數家務事也都是無償性質。在英國，烹飪、兒童照護、洗衣和打理家務雜事的總產值據估計約為八千億英鎊，是製造業產值的四倍以上，[65]而且同樣多數是由女性扛起責任。我們認定的重要事務不能單單只靠一個數字就完整呈現各種不同的面向。

在一個工作總量變少的世界裡，我們將有機會修補這種付出與價值不匹配的情況。美國前總統歐巴馬曾經對工作的未來提出一系列不同看法，進而暗示政策的可能性。他說，我們應該做的事就是開始「重新檢視我們珍視的工作、我們所有人都樂意付款給他們的對象，無論是教師、護士、照護員、家庭主婦或煮夫、藝術家等，所有現在對我們來說具有不可思議的珍貴價值、但是在薪資排名中處在低位的職務」。[66]我們若採行有條件基本收入就會被敦促貫徹這一點：支持從事那些勞動市場這隻無形之手標記為價值低下、但是社群這隻有形之手視為珍貴、重要的事務。我們將有機會透過社群認同而非市場薪資分配價值。實現有條件基本收入附帶的要求或許可以提供一種自我滿足感，與帶著薪資支票回家的感覺幾無差異：儘管大家賺錢的方式大不相同，但內心熱情一點都沒有減少。

創造意義的政府

最後這一章是我發揮最多想像的一章，不過它涵蓋兩個重要的教訓。第一是，倘若自由時間確實占據我們生活更大一部分，那麼它就有可能也在政府角色中扮演更重要的地位。正如我們在勞動時代實施來以影響工作生活的干預措施一樣，在一個工作變少的世界裡，我們也需要一套工具影響我們的自由時間。其中可能包括用來協助人們採行有目標感的做法打發時間的休閒政策；提供那些即使沒有薪資也還是很希望「工作」的族群付諸行動的機會；也對貢獻社會以便換來社會支持的人提出適切要求。這些都是可能的方向。我很確定絕對還有更多的可能。

第二個教訓就是工作的意義遠遠超越純粹的經濟意義。這種關係並非總是穩固不變的：對某些人來說，工作就只是收入來源，別無其他；但是對其他人來說，它卻提供強烈的目標感。他們都認為自己具有經濟身分，這種認同牢牢植根於他們所做的工作。

英國煤礦工是個絕佳示範。在古老的礦業城市德倫（Durham），每年封街一次，全鎮充斥著礦工及他們的支持者，音樂處處飄揚、人人上街遊行，銅管樂隊演奏並播放歡慶歌曲。大家雙手高舉巨大的橫幅布條，上頭繪飾歷史記載的採礦英雄面孔，還有「團結」、

「社區」與「驕傲」等標語。這是一支成員的自我認同顯然根植於特定工作類型的團體。德倫礦工大遊行（Durham Miners' Gala）是這場遊行的名稱，自一八七一年以來年年舉辦，不過誰也不知道還能辦多久。二〇一五年底，英國關閉最後一座深部煤礦坑凱靈利煤礦（Kellingley Colliery），退役的採礦機就此深埋在舊坑裡面。[67]在我看來，這場儀式很像一套宗教葬禮。

在一個工作總量變少的世界裡，像英國礦工一樣擁有經濟身分的機會將銳減；相反的，人們會被迫在其他領域找到非經濟身分。今日，身分認同的政治議題突然高漲：人們的種族、信仰或居住地愈來愈強烈影響人們的政治品味。有時候我很納悶，從某部分來說，這是不是一種對當代經濟生活不安的反應，因此大家回頭尋找非經濟來源的意義，因為它感覺比經濟選擇更堅固、更可靠。不過我們也有理由擔心這些非經濟身分。在英國，主張與歐盟同在的留歐派（Remainer）萬萬想不到脫歐（Brexit）竟然真的可能發生，便是一個很好的例子：全民都盲目而看不見一樁事實，即生活的目的可能不僅僅落在經濟層面，有關「貿易」和「成長」的主張，很可能回答了許多人根本沒有優先考慮的問題。[68]甚至，乘勢崛起的非經濟身分可能非常不討喜。近來民粹主義政治在世界各地崛起，部分意義就是回應經濟不安感。這是一個不祥的例子。

從前述兩個教訓來看，大政府將扮演最終角色：成為創造意義的政府。隨著我們邁向一個工作變少的世界，對許多人來說，目標的傳統來源將逐漸消逝，鴻溝隨後出現。新目標的新來源將會崛起，但不是全都懷有善意。我們可能會希望一個創造意義的政府介入並實施休閒政策、有條件基本收入等干預手段，幫助提供任何可以填滿職場的大量差事。

在所有我為大政府設定的角色中，這部分最陌生。今日我們早已習慣身為管理者與技術官僚的政治人物扮演著解決深奧難解的政策問題的角色，我們多半不認同他們能夠擔綱道德領袖，也不期待他們引領我們過上興盛繁榮的生活。不過，在一個工作變少的世界，我們將需要他們從旁協助我們走到這一步。「社會循著產業進程終將邁向什麼最終目標？」約翰．斯圖爾特．彌爾問，「當進步停止，我們將會期待它把人類留在一個在什麼樣的情境中？」[69]我們可能會希望創造意義的政府協助我們找出答案。

到目前為止，現代政治生活都在迴避這類的哲學問題。在二十世紀，多數社會都認同一樣的目標：盡最大可能做大這塊經濟大餅。正如以薩．柏林曾寫：「當最後達成共識，剩下的問題就是執行手段。這些不是政治問題，而是技術問題。也就是說，能夠由專家或機器來解決，就像工程師或醫師之間的爭論一樣。」[70]順著這個邏輯，我們執迷於經濟手段，就會傾向求助身為當代生活工程師的經濟學家，請他們告知如何永無止境的做大這塊大餅。不過，在一個工作變少的世界，我們需要重新審視這個根本目標。問題不再只是如何過生活，而是如何過得富足安康。我們將被迫思考何謂過一種有意義的生活，其中的真諦究竟是什麼？

後記

一九四一年，奧地利小說家史蒂芬・褚威格（Stefan Zweig）人在巴西，端坐桌前寫作。在之前十年，他可能是歐洲最受歡迎的作家，作品銷量會讓不少當今暢銷書作家羨慕不已。但是，這時的他同時也是一名被迫離家流亡的奧地利猶太人。他困在巴西，端坐桌前，振筆疾書自傳《昨日世界》（*The World of Yesterday*）。他解釋，對每個人來說，成長期間從建築物、政府到生活方式等每一樣事物都是無可動搖的存在。他稱為「安全感的黃金時代」（Golden Age of Security）。小時候，他覺得這樣的世界會持續到永遠。可惜，正如我們現在所知，事與願違。[1]

近十年來，當我沉思未來時，經常想起褚威格獨自一人伏案疾書的畫面。在我看來，我們許多人似乎也是在安全感時代中長大，我稱之為勞動時代。二十世紀上半葉愚不可及的瘋狂屠殺過後，世界各地的發展節奏比較容易預測，也更平靜了，追求有薪工作順勢成為重要大事，所有前輩諄諄告誡的忠告都一樣。父母與師長都會解釋，如果我們專注學業或任何自己選擇的道路，將會有收入穩定的工作在未來等著我們。隨著我們日益年長還可以預期會賺更多；當我們年老力衰就不用再工作，便可以收割往日勞動的果實。我們的人生幾乎圍繞著工作打轉，從一開始準備就業、然後投入職場終至退休養老，一切看起來都很不錯。

在本書中，我不斷大聲疾呼，我們的安全感時代就像褚威格的感受一樣注定會結束。未來一百年，科技進步會讓我們遠比以往更繁榮興盛，但是這個過程也會促此我們走向一個人類可以做的工作變少的世界。困擾前人的經濟問題是如何把經濟大餅做大，讓每個人都可以分到一塊，但這再也不是問題，而是有新的問題取而代之，主要包含三大面向：首先是不平等，我們必須想辦法與社會中的每一份子分享經濟繁榮的成果；第二是政治權力，我們得決定誰能依據什麼條件來掌控促進繁榮進步的科技；第三是意義，我們得釐清如何在工作總量變少的世界中善用經濟繁榮的成果，讓我們的生活不只是過得去，還要過得很好。

這三個問題都很棘手難解、令人望之生畏，如何解答肯定會有許多分歧。不過我對未來充滿希望。當我們思量眼前的一切，回頭反省也很重要。想想過去三十萬年的歷史進程，以及人類曾經克服過的種種挑戰，僅僅幾個世代以前，幾乎所有人類的生活水準都在瀕臨貧困線上下，奮力求生存是全體人類面臨的挑戰。我們是幸運的一代，逃過一早醒來就要面對悲慘命運的日子。基本上我們的經濟繁榮昌盛，足以餵飽每個人與各自的家庭。日益進逼的不平等、權力與意義三大問題可以說只是空前繁榮的後果，都是我們為了充裕的物質生活所付出的代價，只有少數幸運兒得以坐享其成。在我看來，這是值得付出的代價。

在二十一世紀，我們將有必要打造一個全新的安全感時代，屆時不再依靠有薪工作當作基礎。我們必須現在就啟動這項任務。雖然我們無法確切知道還有多久才會進入一個工作變少的世界，但顯然我們已經踏上這條路了。不平等、權力與意義三大問題再也不是埋伏在遙遠未來的危機，而是已經迫在眉睫的事情。它困擾並考驗著我們代代相承的制度與傳統生活方式。現在正是由我們決定如何因應的時刻。

致謝

我在牛津大學貝利奧爾學院（Balliol College）任職期間完成這本書大半部分。我得感謝這裡的所有朋友與同事，特別是大衛・范恩斯（David Vines）、詹姆士・佛德（James Forder）與妮姬・卓特（Nicky Trott）讓此處成為快樂又有生產力的知識之家。貝利奧爾是一處很特別的地方，很長一段時間以來都是社區的一份子。

我還要感謝傑出的文學經紀人喬琪雅・凱波（Georgina Capel）、瑞秋・康威（Rachel Conway）與艾琳・鮑多妮（Irene Baldoni）大力支持和鼓勵。兩位令人欽佩的合作編輯蘿拉・史蒂妮（Laura Stickney）、貴格利・托比斯（Grigory Tovbis）真的要把我寵壞了，他們一直不懈的提供幫助、見解和支持。也謝謝艾倫・萊恩（Allen Lane）出版社編輯團隊的其他成員：荷莉・杭特（Holly Hunter）、伊莎貝爾・布蕾克（Isabel Blake）、威爾・歐莫藍（Will O'Mullane）、奧莉薇雅・安德森（Olivia Andersen）與安娜・賀薇（Anna

Hervé）；還有大都會出版社（Metropolitan）編輯瑪姬・理察斯（Maggie Richards）、潔西卡・薇娜（Jessica Wiener）、卡洛琳・歐基芙（Carolyn O'Keefe）與克里斯多福・歐康納（Christopher O'Connell）。特別要感謝莎拉・伯胥托（Sara Bershtel），因為她對我的作品充滿信心，而且一開始就大膽採用我的文章。

我得特別感謝丹尼爾・錢德勒（Daniel Chandler）、亞瑟・修斯—哈列特（Arthur Hughes-Hallett）與湯姆・伍華德（Tom Woodward），他們在各個階段都十分仔細、周到的閱讀並評論草稿。謝謝艾列斯・坎佛—杜馬斯（Alex Canfor-Dumas）、喬許・葛蘭西（Josh Glancy）、歐因・威廉斯（Owain Williams），多年來經常與我討論本書觀點；珍・伯賽爾（Jane Birdsell）與穆莉葉・喬根森（Muriel Jorgensen）為這本書文稿進行編輯，讓我避免淪於錯誤連篇的尷尬糗境；謝謝蘿貝卡・克拉克（Rebecca Clark）為草稿查核事實。也衷心感謝我的所有學生，我們的對話是永不停歇的靈感來源。

非常感謝岳父湯瑪斯（Thomas）、岳母茱兒・修斯—哈列特（Jules Hughes-Hallett），他們在薩福克郡的書房，是我在數不清的留宿日子裡、擺滿空杯的寫作避難所。

在此為薩斯金家族獻上滿滿的感謝。母親蜜雪兒（Michelle）是我人生最大支柱，她從不間斷的指導和鼓勵，對我的寫作有很大的幫助；妹妹艾莉（Ali）總是在身邊提供智慧、忠告與獨特的幽默感。我還要謝謝弟弟傑米，他是我認識最聰明、最能幹的傢伙，數度為我熟讀書稿，而且他的判斷比任何人都更值得信任。

再來是父親理查（Richard）。傑米在最近出版的著作中曾寫道，他手上的禿筆無法完美精準的形容自己對父親的感恩與感謝。我也深有同感。我無比自豪能與父親合寫生平首部作品。雖然父親的名字並沒有出現在本書封面上，但他的影響力出現在每一章裡，任何讀者都能一覽無遺。世界上沒有任何父親比我的父親還優秀，有他在一旁為我加油打氣，我實在無比幸運。爸爸，謝謝你。

最後是一生摯愛葛瑞絲（Grace）與蘿莎（Rosa）。謝謝兩位一路相伴（蘿莎接手我的後半人生）。僅將此書與我所做的一切呈獻兩位。

丹尼爾．薩斯金
倫敦
二〇一九年十月

注釋

自序　疫情後的勞動世界

1. 美國的例子，請參見：Dominic Rushe, 'US Economy Suffers Worst Quarter Since the Second World War as GDP Shrinks by 32.9%', Guardian, 30 July 2020; 在英國，每月 GDP 下降到二〇二〇年七月的水準，請參見 the ONS data in Delphine Strauss, 'UK Economy Suffers Worst Slump in Europe in Second Quarter', Financial Times, 12 August 2020.
2. <https://twitter.com/AndrewYang/status/1238095725721944065> (accessed 30 September 2020).
3. 美國的例子，請參見：BBC News, 'Coronavirus: US to Borrow Record $3tn as Spending Soars', 4 May 2020; 英國的例子，請參見 Chris Giles, 'UK Public Finances Continue on Path to Record Peacetime Deficit', *Financial Times*, 25 September 2020.
4. Richard Henderson, 'Big Tech Presents a Problem for Investors as Well as Congress', *Financial Times*, 1 August 2020.
5. BBC News, 'Apple More Valuable than the Entire FTSE 100', 2 September 2020.
6. 對於英國，請參閱國家統計局（National Statistics）'Coronavirus and Depression in Adults, Great Britain: June 2020', 18 August 2020; 美國的例子，請參見 Paige Winfield Cunningham, 'The Health 202: Texts to Federal Government Mental Health Hotline Up Roughly 1,000 percent', *Washington Post*, 4 May 2020.
7. Nir Jaimovich and Henry Siu, 'Job Polarization and Jobless Recoveries', *Review of Economics and Statistics,* 102:1 (2020), p. 129–47. 這在其他國家是否成立尚不清楚。請參見：Joel Bilt, 'Automation and Reallocation: Will COVID-19 Usher in the Future of Work?', *Canadian Public Policy, Project Muse* (2020) 在加拿大的證據，也可以參考：Georg Graetz and Guy Michaels, 'Is Modern Technology Responsible for Jobless Recoveries?', *American Economic Review*, 107:5 (2017) p. 168–73 有證據表明疫情對其他地方的經濟影響程度沒有那麼強烈。

8. Brigid Francis-Devine, Andrew Powell, and Niamh Foley, 'Coronavirus: Impact on the Labour Market', *House of Commons Library Briefing Paper* 8898, 12 August 2020. 在英國，從二〇二〇年四月到七月，有二千八百零二萬名就業人口。

9. EY, 'Capital Strategies being Rewritten as C-Suite grapples with immediate impact of new reality', 30 March 2020, 相關資料公開在下列網站：https://www.ey.com/en_gl/news/ (accessed 29 September 2020).

10. Ellen Daniel, 'Brits More Positive about Technology following Covid-19 Pandemic', Verdict, 18 June 2020. 網路上發布於：https://www.verdict.co.uk/covid-19-technology-vodafone/ (accessed 29 September 2020); Vinous Ali, 'Survey Results: Lockdown and Changing Attitudes Towards Tech', TechUK, 17 July 2020, 網路上發布於：https://www.techuk.org/ (accessed 29 September 2020).

11. Paul Lynch and Daniel Wainwright, 'Coronavirus: How GPs Have Stopped Seeing Most Patients in Person', BBC News：11 April 2020.

12. 目前有六十二%的就業美國人表示，他們在危機期間在家中工作。見 Megan Brenan, 'U.S. Workers Discovering Affinity for Remote Work', Gallup, 3 April 2020; 在仍在工作的人當中，有六十一%的人一直維持遠距工作。見 CIPD, 'Impact of COVID-19 on Working Lives: Findings from Our April 2020 Survey', 3 September 2020, 網路上發布於：https://www.cipd.co.uk/ (accessed 29 September 2020).

13. Olga Khazan, 'How the Coronavirus Could Create a New Working Class', *Atlantic*, 15 April 2020; Rakesh Kochhar and Jeffrey Passel, 'Telework May Save U.S. Jobs in COVID-19 Downturn, Especially Among College Graduates', Pew Research Centre, 6 May 2020.

14. 英國的例子，請參見：Suzie Bailey and Michael West, 'Ethnic Minority Deaths and COVID-19: What are We To Do?', The Kings Fund, 30 April 2020; 美國的例子，請參見 CDC, 'COVID-19 Hospitalization and Death by Race/Ethnicity', 2020, https://www.cdc.gov/coronavirus/2019-ncov/. 這項數據統計至二〇二〇年八月十八日為止。

15. Tomaz Cajner, Leland Crane, Ryan Decker, *et al.*, 'The U.S. Labor Market During the Beginning of the Pandemic Recession', Becker Friedman Institute Working Paper No. 2020-58 (2020).

16. 舉例來說，請參考：McKinsey & Company, 'Survey: US Consumer Sentiment During the Coronavirus Crisis', 28 August 2020.
17. 請參見：David Autor and Elisabeth Reynolds, 'The Nature of Work After the COVID Crisis: Too Few Low-wage Jobs', The Hamilton Project, Essay 2020-14, July 2020. 作者與後來的觀點相似。

簡介

1. 我們會看到這則故事以各種名稱與形式傳述，如果想知道「馬糞危機」出處，請參考：'Great Manure Crisis', consider, for instance, Brian Groom, 'The Wisdom of Horse Manure', *Financial Times*, 2 September 2013; and Stephen Davies, 'The Great Horse-Manure Crisis of 1894', September 2004, https://admin.fee.org/files/docLib/547_32.pdf (accessed January 2019).
2. Maxwell Lay, *Ways of the World: A History of the World's Roads and of the Vehicles That Used Them* (New Brunswick, NJ: Rutgers University Press, 1992), p. 131.
3. Vic Sanborn, 'Victorian and Edwardian Horse Cabs by Trevor May, a Book Review', 17 November 2009, https://janeaustensworld.wordpress.com/tag/ horse-drawn-cabs/(accessed February 2019); Elizabeth Kolbert, 'Hosed: Is There a Quick Fix for the Climate?', *New Yorker*, 16 November 2009; Davies, 'Great Horse-Manure Crisis'.
4. Jennifer Lee, 'When Horses Posed a Public Health Hazard', *New York Times*, 9 June 2008.
5. Ted Steinberg, *Down to Earth: Nature's Role in American History* (New York: Oxford University Press, 2002), p. 162.
6. Kolbert, 'Hosed'; Davies, 'Great Horse-Manure Crisis'; Eric Morris, 'From Horse Power to Horsepower', *ACCESS Magazine* 30 (Spring 2007).
7. Lee, 'When Horses Posed'.
8. Steven Levitt and Stephen Dubner, *Superfreakonomics* (New York: HarperCollins, 2009).

9. 'The Horse Plague', *New York Times*, 25 October 1872; Sean Kheraj, 'The Great Epizootic of 1872–73: Networks of Animal Disease in North American Urban Environments', *Environmental History* 23:3 (2018).

10. Steinberg, *Down to Earth*, p. 162.

11. 'The Future of Oil', *The Economist*, 26 November 2016.

12. 但是這句雙關語本身已經暗示是一種修飾說法了。詳情請參閱：Rose Wild, 'We Were Buried in Fake News as Long Ago as 1894', *Sunday Times*, 13 January 2018.

13. 舉例請參見：Wassily Leontief, 'Technological Advance, Economic Growth, and the Distribution of Income', *Population and Development Review* 9:3 (1983), 403–10; 'Is Technological Unemployment Inevitable?', Challenge 22:4 (1979), 48–50; 'National Perspective: The Definition of Problems and Opportunities' in 'The Long-term Impact of Technology on Employment and Unemployment: A National Academy of Engineering Symposium', 30 June 1983.

14. Georg Graetz and Guy Michaels, 'Robots at Work', *Review of Economics and Statistics* 100:5 (2018), 753–68; Aaron Smith and Monica Anderson, 'Automation in Everyday Life', Pew Research Center, 4 October 2017, http://www.pewinternet.org/2017/10/04/ automation-in-everyday-life/(accessed August 2018).

15. Katja Grace, John Salvatier, Allan Dafoe, *et al.*, 'When Will AI Exceed Human Performance? Evidence from AI Experts', *Journal of Artificial Intelligence Research* 62 (2018), 729–54.

16. Nicholas Bloom, Chad Jones, John Van Reenan and Michael Webb, 'Ideas Aren't Running Out, But They Are Getting More Expensive to Find', Voxeu.org, 20 September 2017.

17. Daniel Susskind, 'Technology and Employment: Tasks, Capabilities and Tastes', DPhil diss. (Oxford University, 2016); Daniel Susskind and Richard Susskind, *The Future of the Professions* (Oxford: Oxford University Press, 2015).

18. 「物質富裕」意指將食衣住行與暖氣設備等納入考量。詳情請參閱：Gregory Clark, *A Farewell to Alms* (Princeton, NJ: Princeton University Press, 2007), p. 1.

19. 「八十兆七千億美元大餅」取自世界銀行，以二〇一七年的美元現價計算，得出八十兆七千三百八十億美元的結果。

詳情請參閱：https://data.worldbank.org/indicator/NY.GDP.MKTP.CD。「七十億五千三百萬人」同樣取自世界銀行二〇一七年的全球人口統計。詳情請參閱：https://data.worldbank. org/indicator/SP.POP.TOTL?page=2。約瑟夫・史迪格里茲深究凱因斯的預言時也曾做過類似計算。詳情請參閱：Joseph Stiglitz, 'Towards a General Theory of Consumerism: Reflections on Keynes's Economic Possibilities for Our Grandchildren' in Lorenzo Pecchi and Gustavo Piga (eds), *Revisiting Keynes: Economics Possibilities for Our Grandchildren* (Cambridge, MA: MIT Press, 2008).
20. John Kenneth Galbraith, *The Affluent Society* (London: Penguin Books, 1999), p. 4.
21. Charlotte Curtis, 'Machines vs. Workers', *New York Times*, 8 February 1983.
22. 詳細介紹，請參見：Karl Popper, *The Open Society and Its Enemies*, vol. 1: *The Age of Plato* (London: Routledge, 1945).

第一章、被誤解的自動化焦慮

1. 見 James Lovelock, *Novacene* (London: Allen Lane, 2019), p. 1; and Yuval Noah Harari, *Sapiens* (London: Harvill Secker, 2011), Chapter 1.
2. 當時全球人口也在成長，這是第二個數字激增的原因。詳情請參閱：Angus Maddison, *The World Economy: A Millennial Perspective*, http://www.theworldeconomy.org/ (2006).
3. 在最近的歧見中，一名經濟學家指控其他兩名同行提出「一連串武斷言論、奇聞軼事」，後兩者回應，前者只是「亂槍打鳥，有中就好」。詳情請參閱：Jeffrey Sachs, 'Government, Geography, and Growth', *Foreign Affairs*, September/October 2012; 得到的回應，請參見 Daron Acemoglu and James Robinson, 'Response to Jeffrey Sachs', 21 November 2012, http://whynationsfail.com/blog/2012/11/21/ response-to-jeffrey-sachs.html.
4. Data from Angus Maddison, *Historical Statistics of the World Economy*, http://www.ggdc.net/maddison/oriindex.htm (2010).
5. 不過，經濟學家一再質疑英國的經濟成長率。詳情請參閱：Pol Antràs and Hans-Joachim Voth, 'Factor Prices and

Productivity Growth During the British Industrial Revolution', *Explorations in Economic History* 40 (2003), 52–77.

6. 工業革命期間，英國生產力成長的真相也是經濟學家唇槍舌戰的主旨。詳情同上。
7. Joel Mokyr, 'Technological Inertia in Economic History', *Journal of Economic History* 52:2 (1992), 325–38, n. 17; David Weil, *Economic Growth*, 3rd edn (London: Routledge, 2016), p. 292.
8. Eric Hobsbawm, *Industry and Empire* (London: Penguin, 1999), p. 112.
9. 這一則故事來自 Robert Allen, 'The Industrial Revolution in Miniature: The Spinning Jenny in Britain, France, and India', Oxford University Working Paper No. 375 (2007).
10. *Athenaeum*, 18 July 1863 (no. 1864), p. 75.
11. 詳情請參閱：John Kay, 'What the Other John Kay Taught Uber About Innovation', *Financial Times*, 26 January 2016. In John Kay, 'Weaving the 242 notes to pp. 16–17 Fine Fabric of Success', https://www.johnkay.com/, 2 January 2003。約翰・凱（John Kay）質問這則故事的可信度有多高，他寫下：「凱伊的一面之詞告訴我們，他為了躲避失業織布工攻擊遁逃到法國；但其實為了躲債逃到法國的可能性更大。」
12. 見 http://statutes.org.uk/site/the-statutes/nineteenth-century/1812-52-geo-3-c-16-the-frame-breaking-act/and http://statutes.org.uk/site/the-statutes/nineteenth-century/1813-54-geo-3-cap-42-the-frame-breaking-act/.
13. 出自 Daron Acemoglu, James Robinson, *Why Nations Fail* (London: Profile Books, 2012), pp. 182–3。或許我們應該懷疑她的動機，也就是說，事實上這是女王第二次拒絕。第一次是出於不太崇高的理由，她從西班牙購買鍾愛的絲綢長襪，而李的機器所生產的替代品粗糙得多。詳情請參閱：Marjorie Garber, *Vested Interests: Cross-Dressing and Cultural Anxiety* (New York: Routledge, 2012), p. 393, n. 6
14. 詳情請參閱：Anni Albers, *On Weaving* (Princeton, NJ: Princeton University Press, 2017), p. 15, 與 Eric Broudy, *The Book of Looms* (Hanover, NH: University Press of New England, 1979), p. 146，兩個出處論述的謀殺案互有牴觸。還有人說，莫勒根本就是遭到一群害怕競爭的織布工推下維斯圖拉河（Vistula River）淹死。我第一次讀到這則故事來源如下：Ben Seligman, *Most Notorious Victory: Man in an Age of Automation* (New York: Free Press, 1966).

15. 第一版是在一八一七年出刊，第三版則是在補充新章節後一八二一年出刊。詳情請參閱：David Ricardo, *Principles of Political Economy and Taxation* (New York: Prometheus Books, 1996).
16. 'Automation and Anxiety', *The Economist*, 25 June 2016; and Louis Stark, 'Does Machine Displace Men in the Long Run?', *New York Times*, 25 February 1940.
17. 關於歐巴馬總統的告別演說，請參閱：Claire Cain Miller, 'A Darker Theme in Obama's Farewell: Automation Can Divide Us', *New York Times*, 12 January 2017. 甘迺迪總統在一九六〇年六月七日於密西根州大急流城（Grand Rapids）舉行的AFL-CIO大會上致辭，請參見：https://www.jfklibrary.org/
18. Stephen Hawking, 'This Is the Most Dangerous Time for Our Planet', *Guardian*, 1 December 2016.
19. 見 World Ills Laid to Machine by Einstein in Berlin Speech', *New York Times*, 22 October 1931. In David Reichinstein, *Albert Einstein: A Picture of His Life and His Conception of the World* (Prague: Stella Publishing House, 1934), p. 96, 內容部分顯示出愛因斯坦擔心科技性失業。
20. 舉例來說 'March of the Machine Makes Idle Hands', 26 February 1928; 'Technological Unemployment', 12 August 1930; 'Does Man Displace Men in the Long Run?', 25 February 1940; ' "Revolution" Is Seen in "Thinking Machines" ', 17 November 1950; 'Newer and Newer and Newer Technology, with Little Unemployment', 6 March 1979; 'A Robot Is After Your Job', 3 September 1980; 'If Productivity's Rising, Why Are Jobs Paying Less?', 19 September 1993; 'A "Miracle", But Maybe Not Always a Blessing', 25 February 2001.
21. 取自 Tables A49 and A50, Version 3.1 of Ryland Thomas and Nicholas Dimsdale, 'A Millennium of UK Data', Bank of England OBRA dataset (2017), http://www.bankofengland.co.uk/research/Pages/onebank/threecenturies.aspx。一七六〇年至一八五五年，我採用先前調整過的費德斯坦數據；一八五五年至一九〇〇年則採用後來的數據；一八五五年之後的數據單指英國本身，而非大英帝國。
22. Robert Tombs, *The English and Their History* (London: Penguin Books, 2015), pp. 377–8.
23. 同前注，p. 378.

24. Tyler Cowen, ‘Industrial Revolution Comparisons Aren’t Comforting’, *Bloomberg View*, 16 February 2017.
25. John Maynard Keynes, *Essays in Persuasion* (New York: W. W. Norton, 1963), pp. 368–9.
26. 資料取自 OECD. Stat in April 2019.
27. 見 OECD (2017), https://data.oecd.org/emp/hours-worked.htm (accessed 1 May 2018).
28. 取自牛津大學研究人員麥克斯・羅瑟（Max Roser）的統計網站工時（Working Hours：https://ourworldindata.org/workinghours (accessed July 2018)。國際貨幣（international dollar，縮寫為 Int-$）是一種假設貨幣，用以考慮不同國家／地區的不同價格水準。
29. 舉例來說 Daron Acemoglu and Pascual Restrepo, ‘Artificial Intelligence, Automation and Work’ in Ajay Agrawal, Joshua Gans and Avi Goldfarb (eds), *Economics of Artificial Intelligence* (Chicago: Chicago University Press, 2018).
30. Dayong Wang, Aditya Khosla, Rishab Gargeya, *et al.*, ‘Deep Learning for Identifying Metastatic Breast Cancer’, https://arxiv.org, arXiv: 1606.05718 (2016).
31. Maura Grossman and Gordon Cormack, ‘Technology- Assisted Review in e- Discovery Can Be More Effective and More Efficient than Exhaustive Manual Review’, *Richmond Journal of Law and Technology* 17:3 (2011).
32. 數據來自 Angus Maddison, *Historical Statistics*。文中提到一七〇〇年時的「美國經濟」有點奇怪，那時根本還沒有這個國家。數據庫裡的其他國家亦然。我這樣做是倚靠麥迪遜（Maddison）的分類。以美國為例，這種分類涵蓋大英帝國各處的殖民地。
33. Lawrence Summers, ‘The 2013 Martin Feldstein Lecture: Economic Possibilities for Our Children’, *NBER Reporter* 4 (2013).
34. David Autor, ‘The Limits of the Digital Revolution: Why Our Washing Machines Won’t Go to the Moon’, *Social Europe* (2015), https://www.socialeurope.eu/.
35. 引自 Blaine Harden, ‘Recession Technology Threaten Workers’, *Washington Post*, 26 December 1982.
36. Stephen Broadberry, Bruce Campbell, Alexander Klein, *et al.*, *British Economic Growth, 1270–1870* (Cambridge: Cambridge University Press, 2015), p. 194, Table 5.01.

37. 一九〇〇年的統計數據來自大衛・奧圖的文章 Why Are There Still So Many Jobs? The History and Future of Workplace Automation', *Journal of Economics Perspectives* 29:3 (2015), 3–30；「今天」的統計數據一・五%則是取自二〇一六年美國勞動統計局（US Bureau of Labor Statistics）https://www.bls.gov/emp/ep_table_201.htm.

38. 「四分之一」為二六・四%，出自聖路易聯邦儲備銀行（Federal Reserve Bank of St Louis）。https://fred.stlouisfed.org/series/USAPEFANA – and the 'tenth' is 9 per cent from the National Association of Manufacturers, 'Top 20 Facts About Manufacturing', http://www.nam.org/Newsroom/Top-20-Facts-About-Manufacturing/.

39. US Bureau of Labor Statistics, https://www.bls.gov/emp/tables/employment-by-major-industry-sector. htm (accessed August 2019).

40. 舉例來說 Daron Acemoglu, 'Advanced Economic Growth: Lecture 19: Structural Change', delivered at MIT, 12 November 2017.

41. Jesus Felipe, Connie Bayudan-Dacuycuy and Matteo Lanzafame, 'The Declining Share of Agricultural Employment in China: How Fast?' *Structural Change and Economic Dynamics* 37 (2016), 127–37.

42. 葛瑞里・克拉克預估，一九〇〇年至一九〇九年間，「從事農業的男性」人數為八十一萬人；'The Agricultural Revolution and the Industrial Revolution: England, 1500–1912', unpublished manuscript (University of California, Davis, 2002). 英格蘭和威爾士國家衛生局二〇一七年雇用人數約一百二十萬人，請參見 https://digital.nhs.uk/

43. David Autor, 'Polanyi's Paradox and the Shape of Employment Growth' in 'Re- evaluating Labor Market Dynamics: A Symposium Sponsored by the Federal Reserve Bank of Kansa City. Jackson Hole, Wyoming, August 21–23, 2014' (2015) makes a similar point: 'It is unlikely . . .' (p. 162).

44. Autor, 'Why Are There Still So Many Jobs?', p. 5.

45. Bernardo Batiz-Lazo, 'A Brief History of the ATM', *Atlantic*, 26 March 2015.

46. 同前注。

47. 這些數字以及之後的數字都是出自 James Bessen, 'Toil and Technology', *IMF Financial and Development* 51:1 (2015)；「二

〇%」出自圖一，一九八〇年代末期約莫五十萬名行員，至二〇〇〇年代末期增至六十萬人。

48. 許多其他經濟學家也都探討這個問題。例如 Autor, 'Why Are There Still So Many Jobs?' and Bessen, 'Toil and Technology', for instance，以及 James Surowiecki, 'Robots Won't Take All Our Jobs', Wired, 12 September 2017。

第二章、勞動時代

1. 舉例來說 Daron Acemoglu, 'Technical Change, Inequality, and the Labor Market', *Journal of Economic Literature* 40:1 (2002), 7–72.
2. David Autor, Lawrence Katz and Alan Krueger, 'Computing Inequality: Have Computers Changed the Labour Market?', *Quarterly Journal of Economics* 133:1 (1998), 1169–213.
3. 數據附錄。同注釋 4，感謝耶魯大學經濟學教授威廉・諾德豪斯（William Nordhaus）與我分享修正過的數據。
4. 二〇〇〇年的總數為五十六・六部；二〇〇一年則為六十一・九部。世界銀行的數據取自 'Personal Computers (per 100 People)' 資料來源網站 https://datamarket.com/ (accessed July 2018
5. William Nordhaus, 'Two Centuries of Productivity Growth in Computing', *Journal of Economic History* 67:1 (2007), 128–59.
6. 戴倫・艾塞默魯與大衛・奧圖合著的文章 Skills, Tasks and Technologies: Implications for Employment and Earnings' in David Card and Orley Ashenfelter (eds), *Handbook of Labor Economics*, vol. 4, pt. B (North-Holland: Elsevier, 2011), pp. 1043–171。兩個變數之間的百分比差大約是它們的對數相減得出的指數乘以一百倍，然後再減一。這三個有效數字計算是 100x(e0. 68 -1) = 97.4。
7. 舉例來說 Eli Berman, John Bound and Stephen Machin, 'Implications of Skill- Biased Technological Change: International Evidence', *Quarterly Journal of Economics* 113:4 (1998), 1245–79.
8. Acemoglu and Autor, 'Skills, Tasks and Technologies', data from Figure 1.

9. 數據來自 Figure 6 in David Autor, 'Skills, Education, and the Rise of Earnings Inequality Among the "Other 99 Percent" ', *Science* 344:6186 (2014), 843– 51.

10. 取自：Mohamed Nagdy, 'Returns to Education', https://ourworldindata.org/ returns-to-education (accessed 1 May 2018)。在一二三〇年與一二四〇年之間內插入一二三〇年的數據。

11. 見 Daron Acemoglu, 'Technical Change, Inequality, and the Labor Market', *Journal of Economic Literature* 40:1 (2002), 7– 72.

12. 就英格蘭而言，詳情請參閱：Alexandra Pleijt and Jacob Weisdorf, 'Human Capital Formation from Occupations: The "Deskilling Hypothesis" Revisited', *Cliometrica* 11:1 (2017), 1–30。美國的發展雷同，詳情請參閱：Kevin O'Rourke, Ahmed Rahman and Alan Taylor, 'Luddites, the Industrial Revolution, and the Demographic Transition', *Journal of Economic Growth* 18:4 (2013), 373–40。

13. 引述自 Ben Seligman, *Most Notorious Victory: Man in an Age of Automation* (New York: Free Press, 1966), p. 11.

14. Joel Mokyr, *The Lever of Riches: Technological Creativity and Economic Progress* (New York: Oxford University Press, 1990), p. 137, quoted in O'Rourke *et al.*, 'Luddites'.

15. 經濟學家採用一種稱為「生產函數的固定替代彈性」（constant elasticity of substitution production function）的數學方式說明這則故事。在經濟學中，「生產函數」告訴你不同型態的輸入要素（好比勞工與機器）如何相互組合後創造產出。這套特定版本的特徵是「固定彈性」，意思是，兩項輸入要素的相對價格若出現比例的改變，在採用這些輸入要素時將永遠引出一個固定的比例變化。在這種模式下，新科技只能與勞工互補。如果想詳細研究「正準模型」論述，請參閱：Acemoglu and Autor, 'Skills, Tasks and Technologies', p. 1096；若想詳細研究任何型態的正準模型中的科技進步，都會導致兩種勞動類型的絕對工資增加，請參閱：p. 1105, implication 2。

16. 這是 OECD 中圖 3.1 的編輯版本 *Employment Outlook* (Paris: OECD Publishing, 2017).

17. 見 David Autor, 'Polanyi's Paradox and the Shape of Employment Growth' in 'Re- evaluating Labor Market Dynamics: A Symposium Sponsored by the Federal Reserve Bank of Kansa City. Jackson Hole, Wyoming, August 21–23, 2014' (2015).

18. 兩極分化的精確本質取決於國家。詳情請參閱：Maarten Goos, Alan Manning and Anna Salomons, 'Explaining Job

Polarization: Routine-Biased Technological Change and Offshoring', *American Economic Review* 104:8 (2014), 2509–26; David Autor, 'The Polarization of Job Opportunities in the U.S. Labor Market: Implications for Employment and Earnings', Center for American Progress (April 2010); David Autor and David Dorn, 'The Growth o fLow-Skil lService Jobs and the Polarization of the US Labor Market' ,*American Economic Review* 103:5 (2013), 1553–97; and Maarten Goos and Alan Manning, 'Lousy and Lovely Jobs: The Rising Polarizatio nof Work in Britain', *Review of Economics and Statistics* 89:1 (2007), 119–33

19. 〇・〇一％的統計數據請參見 Emmanuel Saez, 'Striking It Richer: The Evolution of Top Incomes in the United States', published online at https://eml.berkeley.edu/~saez/ (2016). For the 'super- star bias', see Erik Brynjolfsson, 'AI and the Economy', lecture at the Future of Life Institute, 1 July 2017.

20. 見 Acemoglu and Autor, 'Skills, Tasks and Technologies', p. 1070, n. 25.

21. ＡＬＭ假說的典型論述可見大衛・奧圖、法蘭克・李維與理查・莫南合著的 'The Skill Content of Recent Technological Change: An Empirical Exploration', *Quarterly Journal of Economics* 118:4 (2003), 129–333。這篇早期論文聚焦解釋以技能為基礎的科技變革。在往後幾年，情勢逐漸改變，重點也轉向採用ＡＬＭ假說解釋兩極分化。

22. 我在 'Technology and Employment: Tasks, Capabilities and Tastes', DPhil diss. (Oxford University, 2016), Chapter 1 探索這段知識史。

23. 其間的區別源自：Michael Polanyi, *The Tacit Dimension*（Chicago: Chicago University Press, 1966）。如果想理解行動上的區別，請試想一位優秀的醫師，想想他如何做出這種感知上的醫學診斷。他也許可以提供一些暗示，但最終仍將難以自圓其說。正如博藍尼（Polanyi）所說：「我們懂的知識很多，能充分表達的很少。」這種情形十分常見。經濟學家稱這種自動化的局限為「博藍尼悖論」。

24. 這是我在ＴＥＤ演說中使用的說法，講題為 'Three Myths About the Future of Work (and Why They Are Wrong)', March 2018. See Autor, Levy and Murnane, 'The Skill Content of Recent Technological Change', 129–333

25. 出自奧圖的文章 'Polanyi's Paradox and the Shape of Employment Growth'。經濟學家也有這樣的想法。一九八三年，瓦西里・李昂提夫就寫：「原則上，現在任何可以遵循特定指令執行任務的勞工都可以被機器取代。」詳情請參閱：李昂

提夫的文章 “National Perspective: The Definition of Problems and Opportunities’ in ‘The Long-term Impact of Technology on Employment and Unemployment: A National Academy of Engineering Symposium’, 30 June 1983, p. 3。不過李昂提夫對未來的看法比奧圖悲觀。

26. 經濟學家馬騰・古斯（Maarten Goos）和艾倫・曼寧（Alan Manning）或許是最早在兩人合著的文章 ‘Lousy and Lovely Jobs: The Rising Polarization of Work in Britain’, *Review of Economics and Statistics* 89:1 (2007), 119–33, 中採取這種方式來使用 ALM 假說。

27. Hans Moravec, *Mind Children* (Cambridge, MA: Harvard University Press, 1988).

28. 這句話的起源眾說紛紜。最早的紀錄版本是源自諾貝爾經濟學獎得主保羅・薩繆森（Paul Samuelson），但薩繆森自己卻歸功凱因斯。詳情請參閱：http://quoteinvestigator.com/2011/07/22/ keynes-change-mind/

29. Carl Frey and Michael Osborne, ‘The Future of Employment: How Susceptible Are Jobs to Computerisation?’, *Technological Forecasting and Social Change* 114 (January 2017), 254–80.

30. McKinsey Global Institute, ‘A Future That Works: Automation, Employment, and Productivity’, January 2017.

31. 波士頓大學經濟學家詹姆斯・伯森可能是注意到這一點的第一人。

32. David Autor, ‘Why Are There Still So Many Jobs? The History and Future of Workplace Automation’, *Journal of Economics Perspectives* 29:3 (2015), 3– 30.

33. 同前注。

34. 相關例子不勝枚舉，詳情請參閱：IMF, *World Economic Outlook* (2017); World Bank, ‘World Development Report 2016: Digital Dividends’, 14 January 2016; Irmgard Nübler, ‘New Technologies: A Jobless Future or Golden Age of Job Creation?’, International Labour Office, Working Paper No. 13 (November 2016); Executive Office of the President, ‘Artificial Intelligence, Automation, and the Economy’, December 2016.

35. Fergal O’Brien and Maciej Onoszko, ‘Tech Upheaval Means a “Massacre of the Dilberts” BOE’s Carney Says’, *Bloomberg*, 13 April 2018.

36. Scott Dadich, 'Barack Obama, Neural Nets, Self-Driving Cars, and the Future of the World', *Wired*, November 2016.
37. UBS, 'Intelligence Automation: A UBS Group Innovation White Paper' (2017); PwC, 'Workforce of the Future: The Competing Forces Shaping 2030' (2018); Deloitte, 'From Brawn to Brains: The Impact of Technology on Jobs in the UK' (2015).
38. 'Automation and Anxiety', *The Economist*, 25 June 2016; and Elizabeth Kolbert, 'Our Automated Future', New Yorker, 19 and 26 December 2016.
39. Isaiah Berlin, *Two Concepts of Liberty* (Oxford: Clarendon Press, 1958), p. 4。文中引述德國詩人海因里希・海涅（Heinrich Heine）語錄，他曾寫：「傳授在寂靜中學習孕育而成的哲學觀念足以摧毀文明。」

第三章、實用主義者的革命

1. Homer, *Iliad*, Book 18, lines 370–80; http://www.perseus.tufts.edu/.
2. 柏拉圖在對話錄〈尤西弗羅〉（Euthyphro）中略為提及戴德勒斯的作品活靈活現。詳情請參閱：http://www.perseus.tufts.edu version, p. 11 與附帶說明。
3. 據說柏拉圖的知交阿契塔斯（Archytas）打造全世界第一具機器人，原型是一隻由蒸汽驅動的鴿子，可以飛行穿梭天際。
4. 許多這些範例都出自 Nils J. Nilsson, *The Quest for Artificial Intelligence* (New York: Cambridge University Press, 2010)
5. For the cart and robot, see http://www. da-vinci-inventions.com/ (accessed 8 May 2018); 舉例請見 Stelle Shirbon, 'Da Vinci's Lion Prowls Again After 500 Years', Reuters, 14 August 2009.
6. Gaby Wood (London: Faber and Faber, 2002), p. 35.
7. 詳情請參閱：Tom Standage, *The Turk* (New York: Berkley Publishing Group, 2002); and Wood, *Living Dolls*, pp. 79 and 81。這個祕密直到一八三四年，也就是土耳其人問世六十五年後才被揭穿。其中一名「自導自演」的賈克－佛朗索瓦・穆雷（Jacques-François Mouret）即是隱身機器裡的藏鏡人，他將自己的祕密賣給報社。

8. Wood, *Living Dolls*, p. 35.
9. Alan Turing, 'Lecture to the London Mathematical Society', 20 February 1947; 資料歸檔在 https://www.vordenker.de/downloads/turing-vorlesung.pdf (accessed July 2018).
10. Alan Turing, 'Intelligent Machinery: A Report by A. M. Turing', National Physical Laboratory (1948); 資料歸檔在 https://www.npl.co.uk (accessed July 2018).
11. 見 Grace Solomonoff, 'Ray Solomonoff and the Dartmouth Summer Research Project in Artificial Intelligence' (no date), http://raysolomonoff.com/dartmouth/dartray.pdf.
12. John McCarthy, Marvin Minsky, Nathaniel Rochester and Claude Shannon, 'A Proposal for the Dartmouth Summer Research Project on Artificial Intelligence', 31 August 1955.
13. Daniel Susskind and Richard Susskind, *The Future of the Professions* (Oxford: Oxford University Press, 2015), p. 182.
14. Marvin Minsky, 'Neural Nets and the Brain Model Problem', PhD diss. (Princeton University, 1954).
15. Alan Newell and Herbert Simon, 'GPS, A Program That Simulates Human Thought' in H. Billing (ed.), *Lernende automaten* (Munich: R. Oldenbourgh, 1961).
16. 行文至此，我想起許多檢測圖像邊緣的嘗試，它們都將目標物視為簡單的線條。英國神經科學家暨心理學家大衛・馬爾（David Marr）稱這些線條是「原始草圖」，並主張這就是人類詮釋世界的起點。詳情請參閱：Nilsson, *The Quest for Artificial Intelligence* ,Chapter 9, 以及 David Marr, *Vision: A Computational Investigation into the Human Representation and Processing of Visual Information*（London: MIT Press, 2010）。
17. Alan Turing, 'Intelligent Machinery, A Heretical Theory', *Philosophia Mathematica* 3:4 (1996), 156–260, at p. 257.
18. Nilsson, *The Quest for Artificial Intelligence*, p. 62.
19. John Haugeland, *Artificial Intelligence: The Very Idea* (London: MIT Press, 1989), p. 2.
20. 但不是所有人都樂見這種路線。絕對悲觀派的人工智慧哲學家赫伯特・德雷福斯怒斥那些認為「自以為編寫電腦程式碼就可以讓電腦更像人類」的同事。以下描述摘自《紐約時報》專欄作家威廉・葛蘭姆斯（William Grimes）：「主張電腦有局限的哲學家赫伯特・德雷福斯逝世，享年八十七歲。」*New York Times*, 2 May 2017。

21. Douglas Hofstadter, *Gödel, Escher, Bach: An Eternal Golden Braid* (London: Penguin, 2000), p. 579.
22. Daniel Crevier, *AI: The Tumultuous History of the Search for Artificial Intelligence* (New York: Basic Books, 1993), pp. 48 and 52.
23. '330 million moves' from Murray Campbell, A. Joseph Hoane Jr. and Feng- hsiung Hsu, 'Deep Blue', *Artificial Intelligence* 134 (2002), 57–82; '100 moves' from the introduction to the revised edition of Hubert Dreyfus, *What Computers Can't Do: The Limits of Artificial Intelligence* (New York: Harper & Row, 1979), p. 30.
24. 數據取自圖網二〇一七年的概論簡報檔，詳情請參閱：http:// image-net.org/challenges/talks_2017/ILSVRC2017_overview.pdf。電子前線基金會（Electronic Frontier Foundation）製作圖表詳列獲勝的系統，同時也繪製人為錯誤率，詳情請參閱：https://www.eff.org/ai/metrics#Vision。如果想深究挑戰，請參考：Olga Russakovsky, Jia Deng, Hao Su, *et al.*, 'ImageNet Large Scale Visual Recognition Challenge', *International Journal of Computer Vision* 115:3 (2015), 211–52。
25. 引用自 Susskind and Susskind, *Future of the Professions*, p. 161.
26. 但是，並非所有研究人員都採取這種方式改變行進方向。實際上，馬文・明斯基反其道而行，捨棄由下而上研究人工智慧的做法，改從由上而下著手。詳情請參閱：https://www.youtube.com/watch?v=nXrTXiJM4Fg。
27. 舉例來說，美國神經科學家華倫・麥卡洛克（Warren McCulloch）、華特・匹茲（Walter Pitts）率先在一九四三年建構一套網絡，試圖將發生在大腦中的「神經事件」形諸筆墨描繪成「命題邏輯」。詳情請參閱：Warren McCulloch and Walter Pitts, 'A Logical Calculus of the Ideas Immanent in Nervous Activity', *Bulletin of Mathematical Biophysics* 5 (1943), 115–33。
28. 這正是為什麼前述說法無關緊要的原因。迄今我們還是做不到模擬蠕蟲大腦的工作狀態。蠕蟲的大腦也才只有三百零二個神經元，就別提人類大腦有一千億個神經元。數據出自 Hannah Fry, *Hello World: How to Be Human in the Age of the Machine* (London: Penguin, 2018), p. 13。
29. 第四回落子時，棋步將暴增至兩千八百億種。如果想知道一次只有一名棋手移動一步的情況下，西洋棋可能的走位法究竟會產生多少「平均步數」（plies），請參考：http://oeis.org/A019319 and http://mathworld.wolfram.com/Chess.html。就圍棋棋步來說，雙方都移動一步的話，會有三百六十一乘以三百六十種，也就是十二萬九千九百六十種可能棋步；雙方都移動兩步的話，會激增至三百六十一乘以三百六十乘以三百五十九乘以三百五十八種；雙方都移動三步的話，那就是至三百六十一乘以三百六十乘以三百五十九乘以三百五十八種乘以三百五十七乘以三百五十六種。以上都只是粗略計算，假設基礎是每走一步就會有一顆棋子落在棋盤上任何一處還沒被占用的棋格中。（不過在某些情況下，有些落子方式可能違反遊戲規則。）

30. IBM 描述去年以來深藍的「棋步知識」改進方法。開發團隊花了幾個月與國際棋界大師喬爾・班傑明（Joel Benjamin）合作，教育深藍棋局的精妙之處。詳情請參閱：https://www.research.ibm.com/deepblue/meet/html/d.3.3a.html (accessed 1 August 2017)
31. David Silver, Aja Huang, Chris Maddison, *et al.*, 'Mastering the Game of Go with Deep Neural Networks and Tree Search', *Nature* 529 (2016), 484–9 and David Silver, Julian Schrittwieser, Karen Simonyan, *et al.*, 'Mastering the Game of Go Without Human Knowledge', *Nature* 550 (2017), 354–9.
32. Matej Marovcˇik, Martin Schmid, Neil Burch, et al., 'Deep Stack: Expert- Level Artificial Intelligence in Heads- Up No- Limit Poker', *Science* 356:6337 (2017), 508–13.
33. Noam Brown and Tuomas Sandholm, 'Superhuman AI for Multiplayer Poker', *Science* (2019), https://science.sciencemag.org/content/early/2019/07/10/science.aay2400.
34. Newell and Simon, 'GPS'.
35. Dreyfus, *What Computers Can't Do*, p. 3.
36. 試舉馬文・明斯基的定義為例，人工智慧「是一門科學，旨在教會機器執行若由人類完成就得動用腦力智慧的工作」。這句話引自 Marvin Minsky, *Semantic Information Processing* (Cambridge, MA: MIT Press, 1968), p. 5。
37. From Hilary Putnam, 'Much Ado About Not Very Much', Daedalus 117:1 (1988), 269–81.
38. 見 Haugeland, Artificial Intelligence, p. 5; and Margaret Boden, *Philosophy of Artificial Intelligence* (Oxford: Oxford University

Press, 1990), p. 1.

39. 同上。

40. Cade Metz, 'A.I. Researchers Are Making More Than $1 Million, Even at a Nonprofit', *New York Times*, 19 April 2018.

41. Yaniv Leviathan and Yossi Matias, 'Google Duplex: An AI System for Accomplishing Real-World Tasks over the Phone', 8 May 2018, https://ai.googleblog.com/ (accessed August 2018).

42. 見 William Paley, *Natural Theology* (Oxford: Oxford University Press, 2003); and Genesis 1:27, http://biblehub.com/genesis/1-27.htm.

43. 這句話和我也提出來的類似觀點論述可以參考 Daniel Dennett, *From Bacteria to Bach and Back*（London: Allen Lane, 2017），以及此篇文章 'A Perfect and Beautiful Machine: What Darwin's Theory of Evolution Reveals About Artificial Intelligence', *Atlantic*, 22 June 2012。在我陸續整理自己想法的過去幾年期間，深受丹尼特（Dennett）思考自然挑選、機器學習之間的演化關係所影響。

44. Charles Darwin, *On the Origin of Species* (London: Penguin Books, 2009), p. 401.

45. Richard Dawkins, *The Blind Watchmaker* (London: Penguin Books, 2016), p. 9.

46. 丹尼特在著作中提出類似論點。詳情請參閱：From Bacteria to Bach.

第四章、低估機器能力

1. 詳情請參閱：Joseph Weizenbaum, 'ELIZA – A Computer Program for the Study of Natural Language Communication Between Man and Machine', *Communications of the ACM* 9:1 (1966)；艾萊莎之名取自英國劇作家蕭伯納（George Bernard Shaw）的音樂劇《窈窕淑女》（*Pygmalion*）中賣花女艾萊莎．杜立德（Eliza Doolittle）。她原本操著一口東倫敦土腔，卻「在調教下『咬字』日益字正腔圓」，結果很快就打入倫敦的上流社會。

2. 詳情請參閱：Joseph Weizenbaum, *Computer Power and Human Reason*（San Francisco: W. H. Freeman, 1976），內附艾萊莎的詳細解說與後果。
3. 同前注。p. 6.
4. 引自 Bruce Weber, 'Mean Chess-Playing Computer Tears at Meaning of Thought', *New York Times*, 19 February 1996.
5. 詳情請參閱：道格拉斯．侯世達的文章 'Just Who Will Be We, in 2493?', Indiana University, Bloomington (2003)。這篇精采的文章適切呈現侯世達的幻滅，如果想深究其中緣由，請參考：James Somers, 'The Man Who Would Teach Machines to Think', *Atlantic*, November 2013。
6. 完整句子出自阿根廷巴勒莫大學（University of Palermo）教授 Gustavo Feigenbaum, *Conversations with John Searle* (Libros En Red, 2003), p. 57：「唯一的例外，就是像深藍這類機器，儘管你可以獲得強大運算能力，但完全不會想嘗試實驗人工智慧。你不會試圖在一種運算的層面上模仿人類。」以及 p. 58：「就某種程度而言，深藍放棄人工智慧，因為它不會說：『看樣子我們得試圖做點人類會做的事。』反而會說：『我們只想要使盡蠻力超越人類。』」
7. Garry Kasparov, 'The Chess Master and the Computer', *New York Review of Books*, 11 February 2010.
8. 引自 William Herkewitz, 'Why Watson and Siri and Not Real AI', *Popular Mechanics*, 10 February 2014.
9. John Searle, 'Watson Doesn't Know It Won on "Jeopardy!" ', *Wall Street Journal*, 23 February 2011.
10. 道格拉斯．侯世達的著作《哥德爾、艾舍爾、巴赫：集異璧之大成》p. 601：「有一個關於人工智慧進步的『定理』這麼說：一旦某一種心理作用被編寫成程式碼，人們很快就會停止認為它是『真實思維』的基本組成要素。無可避免的，智慧核心永遠都存在尚未被編寫成程式碼的未來事物中。這個『定理』最先是人機界面專家賴瑞．泰斯勒（Larry Tesler）對我提出，所以我稱為泰斯勒定理：『人工智慧就是所有人類還無法處理的所有事情。』」
11. 同前注。p. 678.
12. Douglas Hofstadter, 'Staring Emmy Straight in the Eye – And Doing My Best Not to Flinch' in David Cope (ed.), *Virtual Music: Computer Synthesis of Musical Style* (London: MIT Press, 2004), p. 34.
13. Weber, 'Mean Chess-Playing Computer Tears at Meaning of Thought'.

14. 不過幾年後他語帶機智的承認，必須為自己預測棋賽的相關錯誤低頭「賠禮道歉」；詳情請參閱侯世達的文章：'Staring Emmy', p. 35。
15. Garry Kasparov, *Deep Thinking* (London: John Murray, 2017), pp. 251– 2.
16. 引自 Brad Leithhauser, 'Kasparov Beats Deep Thought', *New York Times*, 14 January 1990.
17. Kasparov, 'The Chess Master and the Computer'.
18. 見 Daniel Dennett, *From Bacteria to Bach and Back* (London: Allen Lane, 2017), p. 36.
19. Charles Darwin, *On the Origin of Species* (London: Penguin Books, 2009), p. 427.
20. 見 Isaiah Berlin, *The Hedgehog and the Fox* (New York: Simon & Schuster, 1953).
21. 強人工智慧與弱人工智慧之間的區別經常會與約翰・瑟爾主張的「強勢」人工智慧與「弱勢」人工智慧說法混為一談。不過兩套說法完全是兩回事。強人工智慧與弱人工智慧反映出機器功能的廣泛應用程度，但瑟爾的用語卻是描述機器能否像真人一樣「善於（即強勢）」或「不善於（即弱勢）」思考。
22. Nick Bostrom and Eliezer Yudkowsky, 'The Ethics of Artificial Intelligence'in William Ramsey and Keith Frankish (eds), *Cambridge Handbook of Artificial Intelligence* (Cambridge: Cambridge University Press, 2011).
23. Irving John Good, 'Speculations Concerning the First Ultraintelligent Machine', *Advances in Computers* 6 (1966), 31–88.
24. Rory Cellan-Jones, 'Stephen Hawking Warns Artificial Intelligence Could End Mankind', *BBC News*, 2 December 2014; Samuel Gibbs, 'Elon Musk: AI "Vastly More Risky Than North Korea" ', *Guardian*, 14 August 2017; Kevin Rawlinson, 'Microsoft's Bill Gates Insists AI is a Threat', *BBC News*, 29 January 2015.
25. 見 Nick Bostrom, 'Ethical Issues in Advanced Artificial Intelligence' in George Lasker, Wendell Wallach and Iva Smit (eds), *Cognitive, Emotive, and Ethical Aspects of Decision Making in Humans and in Artificial Intelligence* (International Institute of Advanced Studies in Systems Research and Cybernetics, 2003), 12–17.
26. Tad Friend, 'How Frightened Should We Be of AI', *New Yorker*, 14 May 2018.
27. Volodymyr Mnih, Koray Kavukcuoglu, David Silver, *et al.*, 'Human-level Control Through Deep Reinforcement Learning',

Nature 518 (25 February 2015), 529–33.

28. 大衛・奧圖、法蘭克・李維與理查・莫南合著的文章 'The Skill Content of Recent Technological Change: An Empirical Exploration', *Quarterly Journal of Economics* 118:4 (2003) 129–333。另一項「非例行任務」就是「形成／檢驗假設」。深智數位開發一套名為超折疊（AlphaFold）的系統，預測蛋白質 3 D 結構，是這門領域已經取得顯著進展的良好例子。

29. 同上。大衛・奧圖與大衛・多恩合著的文章 'The Growth of Low-Skill Service Jobs and the Polarization of the US Labor Market', *American Economic Review* 103:5 (2013), 1553–97；以及奧圖的文章 'Why Are There Still So Many Jobs? The History and Future of Workplace Automation', *Journal of Economics Perspectives* 29:3 (2015), 3–30；我第一次在 DPhil diss. (Oxford University, 2016) 發展出〈科技與就業：任務、能耐與品味〉（Technology and Employment: Tasks, Capabilities and Tastes）這套論述。這一節特別擷取我的文章 'Re- Thinking the Capabilities of Technology in Economics', *Economics Bulletin* 39:1 (2019), A30。

30. 見 David Autor, 'Polanyi's Paradox and the Shape of Employment Growth' in 'Re- evaluating Labor Market Dynamics: A Symposium Sponsored by the Federal Reserve Bank of Kansa City. Jackson Hole, Wyoming, August 21–23, 2014' (2015), p. 130; and Dana Remus and Frank Levy, 'Can Robots Be Lawyers? Computers, Lawyers, and the Practice of Law', *Georgetown Journal of Legal Ethics* 30:3 (2017), 501–58, 資料來源 https://papers.ssrn.com/sol3/papers.cfm?abstract_id=2701092.

31. 見 Demis Hassabis, 'Artificial Intelligence: Chess Match of the Century', *Nature* 544 (2017), 413–14.

32. Cade Metz, 'How Google's AI Viewed the Move No Human Could Understand', *Wired*, 14 March 2016. Also see Max Tegmark, *Life 3.0: Being Human in the Age of Artificial Intelligenc*e (London: Penguin Books, 2017), p. 87.

33. Cade Metz, 'The Sadness and Beauty of Watching Google's AI Play Go', *Wired*, 3 November 2016.

34. 「太美了」引述自 Daniel Susskind and Richard Susskind, The Future of the Professions (Oxford: Oxford University Press, 2017)；「渾身不舒服」則是出自美國民意調查分析網站五三八（FiveThirtyEight）的文章 'Don't Forget Humans Created the Computer Program That Can Beat Humans at Go', *FiveThirtyEight*, 16 March 2016, https://www.fivethirtyeight.com/。

35. 見 for instance, the Explainable AI Program at DARPA.

36. 見 Andrew Selbst and Julia Powles, 'Meaningful Information and the Right to Explanation', *International Data Privacy Law* 7:4 (2017), 233–42.
37. 引述自 Daniel Susskind and Richard Susskind, *The Future of the Professions* (Oxford: Oxford University Press, 2015), p. 45.
38. Martin Marshall, 'No App or Algorithm Can Ever Replace a GP, Say RCGP', 27 June 2018; https://www.gponline.com/ (accessed August 2018).
39. 出自 Daniel Susskind and Richard Susskind, *The Future of the Professions.*、美國哲學會（American Philosophical Society）的會議記錄。之所以稱為「參數設計」是因為先有一組可調整的「參數」或變數，打造出一系列或許可行的建築或物件模型。當參數經過適當調校，模型就會產出新版本。詳情請參閱：*Future of the Professions* (2015), p. 95。
40. George Johnson, 'Undiscovered Bach? No, a Computer Wrote It', *New York Times*, 11 November 1997.
41. Hofstadter, 'Staring Emmy', p. 34.
42. Hofstadter, *Gödel, Escher, Bach*, p. 677.
43. H. A. Shapiro, ' "Heros Theos": The Death and Apotheosis of Herakles', *Classical World* 77:1 (1983), 7–18. Quotation is from Hesiod, *Theogony, Works and Days, Testimonia,* ed. and trans. Glenn W. Most, Loeb Classical Library 57 (London: Harvard University Press, 2006), lines 950–55 of *Theogony*.
44. 丹尼特基這座「宇宙倉庫」稱為「設計空間」。詳情請參閱：Dennett, From Bacteria to Bach and Back.
45. 美國神經科學家山姆．哈里斯（Sam Harris）在TED演說中清楚闡釋這個重點；詳情請參閱：'Can We Build AI Without Losing Control over It?', 29 September 2016

第五章、任務侵占

1. David Deming, 'The Growing Importance of Social Skills in the Labor Market', *Quarterly Journal of Economics* 132:4 (2017),

1593– 640.

2. Aaron Smith and Janna Anderson, 'AI, Robotics, and the Future of Jobs: Key Findings', Pew Research Center, 6 August 2014; http://www.pewinternet.org/2014/08/06/ future-of-jobs/ (accessed August 2018).
3. 舉例來說，請參見 Erik Brynjolfsson and Tom Mitchell, 'What Can Machine Learning Do? Workforce Implications', *Science* 358:6370 (2017).
4. John Markoff, 'How Many Computers to Identify a Cat? 16,000', *New York Times*, 25 June 2012.
5. Jeff Yang, 'Internet Cats Will Never Die', *CNN*, 2 April 2015.
6. Colin Caines, Florian Hoffman and Gueorgui Kambourov, 'Complex-Task Biased Technological Change and the Labor Market', International Finance Division Discussion Papers 1192 (2017).
7. Andrew Ng, 'What Artificial Intelligence Can and Can't Do Right Now', *Harvard Business Review*, 9 November 2016.
8. 'After forty years one begins to be able to distinguish an ephemeral surface ripple from a deeper current or an authentic change.' From Antonia Weiss, 'Harold Bloom, The Art of Criticism No. 1', Paris Review 118 (Spring 1991).
9. 「直到最近，能力日益高強的機器，逐漸侵占被視為必屬人類執行的任務」這種後果出現在我的文章 'Technology and Employment: Tasks, Capabilities and Tastes', DPhil diss. (Oxford University, 2016)，以及這篇文章 'A Model of Technological Unemployment', Oxford University Department of Economics Discussion Paper Series No. 819 (2017)。
10. Daniel Bell, 'The Bogey of Automation', *New York Review of Books*, 26 August 1965.
11. 舉例來說，請參見 Spencer Feingold, 'Field of Machines: Researchers Grow Crop Using Only Automation', *CNN*, 8 October 2017; 舉例來說，請參見 Tom Heyden, 'The Cows That Queue Up to Milk Themselves', *BBC News*, 7 May 2015; herding 的例子請見 Heather Brady, 'Watch a Drone "Herd" Cattle Across Open Fields', *National Geographic*, 15 August 2017; cotton, 的例子請見 Virginia Postrel, 'Lessons from a Slow-Motion Robot Takeover', *Bloomberg View*, 9 February 2018.
12. 蘋果的例子請見 Tom Simonite, 'Apple- Picking Robot Prepares to Compete for Farm Jobs', *MIT Technology Review*, 3 May 2017; oranges, 的例子請見 Eduardo Porter, 'In Florida Groves, Cheap Labor Means Machines', *New York Times*, 22 March

2004; grapes 的例子請見 http://wall-ye.com/.

13. wearables 的例子請見 Khalil Akhtar, 'Animal Wearables, Robotic Milking Machines Help Farmers Care for Cows', *CBC News*, 2 February 2016; camera systems 的例子請見 Black Swift Technologies Press Report, 'Black Swift Technologies and NASA Partner to Push Agricultural Drone Technology Beyond NDVI and NDRE (Red Edge)', 20 March 2018; autonomous sprayers 的例子請見 James Vincent, 'John Deere Is Buying an AI Startup to Help Teach Its Tractors How to Farm', *Verge*, 7 September 2017.

14. Jamie Susskind, *Future Politics* (Oxford: Oxford University Press, 2018), p. 54.

15. 見 Feingold, 'Field of Machines'.

16. Sidney Fussell, 'Finally, Facial Recognition for Cows Is Here', *Gizmodo*, 1 February 2018.

17. James Vincent, 'Chinese Farmers Are Using AI to Help Rear the World's Biggest Pig Population', *Verge*, 16 February 2018.

18. 舉例來說，請參見 Adam Grzywaczewski, 'Training AI for Self-Driving Vehicles: The Challenge of Scale', *NVIDIA Developer Blog*, 9 October 2017.

19. 這段言論請參見 https://corporate.ford.com/innovation/ autonomous-2021.html (accessed 1 May 2018).

20. 'All Tesla Cars Being Produced Now Have Full Self-Driving Hardware', 19 October 2019, https://www.tesla.com/en_GB/blog/all-tesla-cars-being-produced-now-have-full-self-driving-hardware (accessed 23 July 2019).

21. 每年有一百二十五萬人死於道路事故，約有兩千萬至五千萬人受傷。詳情請參閱：http://www.who.int/en/ news-room/fact-sheets/detail/ road-traffic-injuries (accessed 27 April 2018)。

22. Joon Ian Wong, 'A Fleet of Trucks Just Drove Themselves Across Europe', *Quartz*, 6 April 2016.

23. Sam Levin, 'Amazon Patents Beehive-like Structure to House Delivery Drones in Cities', *Guardian*, 26 June 2017; Arjun Kharpal, 'Amazon Wins Patent for a Flying Warehouse That Will Deploy Drones to Deliver Parcels in Minutes', *CNBC*, 30 December 2016.

24. Nick Wingfield, 'As Amazon Pushes Forward with Robots, Workers Find New Roles', *New York Times*, 10 September 2017.

25. 「在崎嶇地面運輸電纜」，請參見 'Cable- laying Drone Wires Up Remote Welsh Village', *BBC News*, 30 November 2017;「在空中打繩結」請參見 Daniel Susskind and Richard Susskind, *The Future of the Professions* (Oxford: Oxford University Press, 2015), p. 99;「落地後空翻」請參見 Matt Simon,'Boston Dynamics' Atlas Robot Does Backflips Now and Its Full-title Insane', *Wired*, 16 November 2017; 其他請參見：Susskind, *Future Politics*, p. 54.
26. 資料來自 'Robots Double Worldwide by 2020: 3 Million Industrial Robots Use by 2020', *International Federation of Robotics*, 30 May 2018, https://ifr.org/ifr-press-releases/news/robots-double-worldwide-by-2020 (accessed August 2018). 二〇一七年資料來自 Statista, https://www.statista.com/statistics/947017/industrial-robots-global-operational-stock/(accessed April 2019).
27. 同上。
28. Susskind, *Future Politics*, p. 54.
29. Michael Chui, Katy George, James Manyika and Mehdi Miremadi, 'Human + machine: A New Era of Automation in Manufacturing', McKinsey & Co., September 2017.
30. Carl Wilkinson, 'Bot the Builder: The Robot That Will Replace Bricklayers', *Financial Times*, 23 February 2018.
31. Evan Ackerman, 'AI Startup Using Robots and Lidar to Boost Productivity on Construction Sites', *IEEE Spectrum*, 24 January 2018.
32. 見 https://www.balfourbeatty.com/innovation2050 (accessed April 2019).
33. Alan Burdick, 'The Marriage-saving Robot That Can Assemble Ikea Furniture, Sort Of', *New Yorker*, 18 April 2018.
34. 「猶太小圓帽」，請參見 Eitan Arom, 'The Newest Frontier in Judaica: 3D Printing Kippot', *Jerusalem Post*, 24 October 2014; 其他請參見 Susskind, *Future Politics*, pp. 56–7.
35. Tomas Kellner, 'Mind Meld: How GE and a ３Ｄ- Printing Visionary Joined Forces', *GE Reports*, 10 July 2017; '３Ｄ Printing Prosthetic Limbs for Refugees', *The Economist*, 18 January 2018, https://www.youtube.com/watch?v=_W1veGQxMe4 (accessed August 2018).
36. Debra Cassens Weiss, 'JPMorgan Chase Uses Tech to Save 460,000 Hours of Annual Work by Lawyers and Loan Officers', *ABA*

Journal, 2 March 2017.

37. 'Allen & Overy and Deloitte Tackle OTC Derivatives Market Challenge', 13 June 2016, http://www.allenovery.com/news/en-gb/articles/Pages/AllenOvery-and-Deloitte-tackle-OTC-derivatives-market-challenge.aspx (accessed August 2018).

38. Daniel Marin Katz, Michael J. Bommarito II and Josh Blackman, 'A General Approach for Predicting the Behavior of the Supreme Court of the United States', *PLOS ONE*, 12 April 2017, and Theodore W. Ruger, Pauline T. Kim, Andrew D. Martin and Kevin M. Quinn, 'The Supreme Court Forecasting Project: Legal and Political Science Approaches to Predicting Supreme Court Decisionmaking', *Columbia Law Review* 104:4 (2004), 1150–210.

39. Nikolas Aletras, Dimitrios Tsarapatsanis, Daniel Preo iuc-Pietro and Vasileios Lampos, 'Predicting Judicial Decisions of the European Court of Human Rights: A Natural Language Processing Perspective', *PeerJ Computer Science* 2:93 (2016).

40. 儘管科技不僅限於診斷用途，詳請參見 Eric Topol, 'High-performance Medicine: The Convergence of Human and Artificial Intelligence', *Nature* 25 (2019), 44–56, for a broader overview of the uses of AI in medicine.

41. Jeffrey De Fauw, Joseph Ledsam, Bernardino Romera-Paredes, *et al.*, 'Clinically Applicable Deep Learning for Diagnosis and Referral in Retinal Disease', *Nature Medicine* 24 (2018), 1342–50.

42. Pallab Ghosh, 'AI Early Diagnosis Could Save Heart and Cancer Patients', *BBC News*, 2 January 2018.

43. Echo Huang, 'A Chinese Hospital Is Betting Big on Artificial Intelligence to Treat Patients', *Quartz*, 4 April 2018.

44. Susskind and Susskind, *The Future of the Professions*, p. 48.

45. 同前注。p. 58.

46. 統計資料同前注，pp. 57–8.

47. 同前注，p. 56; Adam Thomson, 'Personalised Learning Starts to Change Teaching Methods', *Financial Times*, 5 February 2018.

48. Steven Pearlstein, 'The Robots-vs.-Robots Trading That Has Hijacked the Stock Market', *Washington Post*, 7 February 2018.

49. 'Japanese Insurance Firm Replaces 34 Staff with AI', *BBC News*, 5 January 2017.

50. 詳情請參閱：Hedi Ledford, 'Artificial Intelligence Identifies Plant Species for Science', *Science*, 11 August 2017; Jose

Carranza-Rojas, Herve Goeau and Pierre Bonnet, 'Going Deeper in the Automated Identification of Herbarium Specimens', *BMC Evolutionary Biology* 17:181 (2017)。這套系統最先被訓練來辨識 ImageNet 產出的一百萬張一般照片，之後又被訓練來辨識植物標本圖冊。

51. Susskind and Susskind, *The Future of the Professions*, p. 77; Jaclyn Peiser, 'The Rise of the Robot Reporter', *New York Times*, 5 February 2019.

52. Cathy O'Neil, Weapons of Math Destruction: How Big Data Increases Inequality and Threatens Democracy (New York: Crown, 2016), p. 114, 引述自 Susskind, *Future Politics*, p. 266.

53. 同前注。, p. 31.

54. 「文學創作圖靈測試」是由達特茅斯學院轄下紐康計算科學研究所（Neukom Institute for Computational Science）主導。詳情請參閱：http://bregman.dartmouth.edu/turingtests/ (accessed August 2018)。

55. 舉例來說，請參見 Simon Colton and Geraint Wiggins, 'Computational Creativity: The Final Frontier?' *Proceedings of the 20th European Conference on Artificial Intelligence* (2012), 21–6.

56. 見 'UN to Host Talks on Use of "Killer Robot" ', *VOA News*, Agence France- Presse, 10 November 2017.

57. 舉例來說，請參見 Joshua Rothman, 'In the Age of AI, Is Seeing Still Believing?', *New Yorker*, 12 November 2018.

58. Javier C. Hern'andez, 'China's High- Tech Tool to Fight Toilet Paper Bandits', *New York Times*, 20 March 2017.

59. Dan Gilgoff and Hada Messia, 'Vatican Warns About iPhone Confession App', *CNN*, 10 February 2011.

60. Susskind, *Future Politics*, p. 52.

61. 見 Ananya Bhattacharya, 'A Chinese Professor Is Using Facial Recognition to Gauge How Bored His Students Are', *Quartz*, 12 September 2016.

62. 「女性與兒童」的例子，請參見 Raffi Khatchadourian, 'We Know How You Feel', *New Yorker*, 19 January 2015.「某人走進房內的步態」的例子，請參見 Susskind, *Future Politics*, p. 53.

63. Khatchadourian, 'We Know How You Feel', and Zhe Wu *et al.*, 'Deception Detection in Videos', https://arxiv.org/, 12 December

2017.
64. Alexandra Suich Bass, 'Non- tech Businesses Are Beginning to Use Artificial Intelligence at Scale', *The Economist*, 31 March 2018.
65. Susskind, *Future Politics*, p. 54.
66. http://www.parorobots.com/; *BBC News*, 'Pepper Robot to Work in Belgian Hcspitals', 14 June 2016.
67. Marc Ambasna- Jones, 'How Social Robots Are Dispelling Myths and Caring for Humans', *Guardian*, 9 May 2016.
68. http://khanacademyannualreport.org/.
69. 見 Norri Kageki, 'An Uncanny Mind: Masahiro Mori on the Uncanny Valley and Beyond', *IEEE Spectrum*, 12 June 2012.
70. 數據取自獨立數據智庫 CB Insights 研究的財報電話會議資料庫，詳情請參閱：https://www.cbinsights.com/。類似研究包括 'On Earnings Calls, Big Data Is Out. Execs Have AI on the Brain', *CB Insights*, 30 November 2017; Bass, 'Non- tech Businesses'。
71. Olivia Solon, 'The Rise of "Pseudo- AI": How Tech Firms Quietly Use Humans to Do Bots' Work', *Guardian*, 6 July 2018.
72. Aliya Ram, 'Europe's AI Start- ups Often Do Not Use AI, Study Finds', *Financial Times*, 5 March 2019.
73. Matthew DeBord, 'Tesla's Future Is Completely Inhuman – and We Shouldn't Be Surprised', *Business Insider UK*, 20 May 2017; Kirsten Korosec, 1 November 2017, https://twitter.com/kirstenkorosec/status/925856398407213058.
74. https://twitter.com/elonmusk/status/984882630947753984 (accessed April 2019).
75. Paul Krugman, 'Paul Krugman Reviews "The Rise and Fall of American Growth" by Robert J. Gordon', *New York Times*, 25 January 2016.
76. Robert Gordon, *The Rise and Fall of American Growth* (Oxford: Princeton University Press, 2017).
77. 八十七年的算法是：一〇〇×一．〇〇八八七＝二〇〇．〇一，取小數點後兩位。如果美國想回復二．四一%的成長率，財富也一樣成長兩倍，算法是：一〇〇×一．〇二四一二九＝一九九．五〇。Thomas Piketty, *Capital in the Twenty-First Century*（London: Harvard University Press, 2014, p. 5）中也歸納出類似結論，指出「檢視這個問題的正確方式就是再度回顧世代傳承的傳統。三十年來，每年成長率一%就代表累積成長率超過三五%；若是一．五%，則代表累積成長率超過五〇%。就實務而言，這意味著生活方式和就業起了重大變化。」

78. Gordon, *The Rise and Fall of American Growth*, p. 96.

79. 'A Study Finds Nearly Half of Jobs Are Vulnerable to Automation', *The Economist*, 24 April 2018.

80. 自動化風險數據取自 Ljudiba Nedelkoska and Glenda Quintini, 'Automation, Skills Use and Training', OECD Social, Employment and Migration Working Papers, No. 202 (2018)；人均國內生產毛額數據則取自經濟合作暨發展組織二〇一六年數據。所謂「購買力平價」（Purchasing Power Parities, PPPs）是指各國商品價格水準會影響貨幣匯率的高低。

81. Carl Frey, Michael Osborne, Craig Holmes, *et al.*, 'Technology at Work v2.0: The Future Is Not What It Used to B.', Oxford Martin School and Citi (2016).

82. 出自 OECD, *Job Creation and Local Economic Development 2018: Preparing for the Future of Work* (Paris: OECD Publishing, 2018), p. 26。這些比較採用相同的「自動化風險」量表，檢驗是否達七〇%或是自動化的高可能性（見 p. 42）。

83. 我依稀記得，當年我還是研究生時，經濟史學家羅伯特．艾倫曾在講課時提到這則軼事。我很感激他說了這則故事。

84. Jonathan Cribb, Robert Joyce and Agnes Norris Keiller, 'Will the Rising Minimum Wage Lead to More Low-paid Jobs Being Automated?', Institute for Fiscal Studies, 4 January 2018.

85. GreenFlag, 'Automatic Car Washes Dying Out as the Hand Car Wash Cleans Up', published online at http://blog.greenflag.com/2015/ automaticcar-washes-dying-out-as-the-hand-car-wash-cleans-up/ (accessed September 2018).

86. Robert Allen, 'Why Was the Industrial Revolution British?', *Voxeu*, 15 May 2009.

87. 出自 Leo Lewis, 'Can Robots Make Up for Japan's Care Home Shortfall?', *Financial Times*, 18 October 2017。不過這股反對外國勞工的風氣可能正在改變，如果想詳細研究實例，請參考：'Japan Is Finally Starting to Admit More Foreign Workers', *The Economist*, 5 July 2018.

88. Lewis, 'Can Robots Make Up' and Joseph Quinlan, 'Investors Should Wake Up to Japan's Robotic Future', *Financial Times*, 25 September 2017.

89. Daron Acemoglu and Pascual Restrepo, ‘Demographics and Automation’, NBER Working Paper No. 24421 (2018).
90. 引述自 Susskind and Susskind, *Future of the Professions*, p. 157.
91. 附錄資料來自 William Nordhaus, ‘Two Centuries of Productivity Growth in Computing’, *Journal of Economic History* 67:1 (2007), 128– 59. I thank William Nordhaus for sharing his revised data with me.
92. Tom Simonite, ‘For Superpowers, Artificial Intelligence Fuels New Global Arms Race’, *Wired*, 8 September 2017; ‘Premier Li Promotes Future of AI as Economic Driver’, State Council, People’s Republic of China, 23 July 2017, http://english.gov.cn/premier/news/2017/07/24/content_281475750043336.htm (accessed September 2018).
93. Aron Smith, ‘Public Attitudes Toward Computer Algorithms’, Pew Research Center, November 2018.
94. Daisuke Wakabayashi and Cade Metz, ‘Google Promises Its A.I. Will Not Be Used for Weapons’, *New York Times*, 7 June 2018; Hal Hodson, ‘Revealed: Google AI Has Access to Huge Haul of NHS Patient Data’, *New Scientist*, 29 April 2016, and the response from DeepMind, https://deepmind.com/blog/ ico-royal-free/ (accessed August 2018).
95. Eric Topol, ‘Medicine Needs Frugal Innovation’, *MIT Technology Review*, 12 December 2011.
96. Frey, Osborne, Holmes, *et al.*, ‘Technology at Work v2.0’.
97. Steve Johnson, ‘Chinese Wages Now Higher Than in Brazil, Argentina and Mexico’, *Financial Times*, 26 February 2017.
98. Ben Bland, ‘China’s Robot Revolution’, *Financial Times*, 6 June 2016.
99. ‘China’s Robot Revolution May Affect the Global Economy’, *Bloomberg News*, 22 August 2017.
100. Michael Wooldridge, ‘China Challenges the US for Artificial Intelligence Dominance’, *Financial Times*, 15 March 2018.
101. ‘Tsinghua University May Soon Top the World League in Science Research’, *The Economist*, 17 November 2018.

第六章、摩擦型科技性失業

1. John Maynard Keynes, *Essays in Persuasion* (New York: W. W. Norton, 1963), p. 364.
2. Homer, *Odyssey*, Book XI.
3. 經濟學家經常區隔「結構型」失業與「摩擦型」失業。就我所知，這兩種科技失業之間的區隔是新議題。
4. 這些失業男性的年紀介於二十到六十四歲。Nicholas Eberstadt, *Men Without Work: America's Invisible Crisis* (West Conshohocken, PA: Templeton Press, 2016).
5. YiLi Chien and Paul Morris, 'Is U.S. Manufacturing Really Declining?', *Federal Bank of St. Louis Blog*, 11 April 2017 (accessed 23 July 2019).
6. 美國的人均國內生產毛額年均成長率約為二%。詳情請參閱：Charles I. Jones, 'The Facts of Economic Growth' in John B. Taylor and Harald Uhlig (eds), *Handbook of Macroeconomics*, vol. 2A (Amsterdam: Elsevier, 2016), 3–69。
7. 出自大衛・奧圖的演說 'Work of the Past, Work of the Future'，在美國經濟學會年會（Annual Meeting of the American Economic Association）舉辦的理查・伊利講座（Richard T. Ely Lecture）上提出。
8. Ryan Avent, *The Wealth of Humans: Work and Its Absence in the 21st Century* (London: Allen Lane, 2016), p. 53.
9. 見 for instance, Claudia Goldin and Lawrence Katz, *The Race Between Education and Technology* (London: Harvard University Press, 2009).
10. Avent, *The Wealth of Humans*, p. 55.
11. Stuart W. Elliott, 'Computers and the Future of Skill Demand', *OECD Educational Research and Innovation* (2017), p. 96.
12. 這就是所謂的「研究生工資溢價」（postgraduate wage premium），詳情請參閱：Joanne Lindley and Stephen Machin, 'The Rising Postgraduate Wage Premium', *Economica* 83 (2016), 281–306 與 David Autor, 'Skills, Education, and the Rise of Earnings Inequality Among the "Other 99 Percent" ', *Science* 344:6186 (2014), 843–51 圖表六。
13. Glenn Thrust, Nick Wingfield, and Vindu Goel, 'Trump Signs Order That Could Lead to Curbs on Foreign Workers', *New York*

Times, 18 April 2017.

14. 舉例來說，請參見 Norman Matloff, 'Silicon Valley Is Using H-1B Visas to Pay Low Wages to Foreign Workers', *Medium*, 23 March 2018. (Matloff is a professor of computer science at UC- Davis.)

15. 出自 Jean-François Gagné, 'Global AI Talent Report 2018', http://www.jfgagne.ai/talent (accessed August 2018)。有鑑於這些預估值都源自西方平台領英，很可能低估總數，因而高估在美國工作的人口比例。

16. Autor, 'Work of the Past, Work of the Future', from 7:40 in https://www.aeaweb.org/webcasts/2019/ aea-ely-lecture-work-of-the-past- work-of- the-future (accessed January 2019).

17. Annie Lowrey, *Give People Money: The Simple Idea to Solve Inequality and Revolutionise Our Lives* (London: W. H. Allen, 2018), p. 37.

18. Edward Luce, *The Retreat of Western Liberalism* (London: Little, Brown, 2017), p. 53.

19. Paul Beaudry, David Green, and Benjamin Sand, 'The Great Reversal in the Demand for Skill and Cognitive Tasks', *Journal of Labor Economics* 34:1 (2016), 199– 247, 引述自 'Special Report on Lifelong Education: Learning and Earning', *The Economist*, 14 January 2017, p. 2.

20. 'Time to End the Academic Arms Race', *The Economist*, 3 February 2018.

21. Chang May Choon, 'Dream Jobs Prove Elusive for South Korea's College Grads', *Straits Times*, 11 March 2016.

22. 出自美國勞工統計局 'Projections of Occupational Employment, 2014–24', *Career Outlook*, December 2015。就低薪而言，護理工作是例外，多數經合組織國家給付護士的薪資都高於全國平均值，不過有些國家，像是英國就略高；有些國家，例如法國，則是較低。詳情請參閱：The School of Advanced International Studies, Exhibit 13 in Adair Turner (Institute for New Economic Thinking), 'Capitalism in an Age of Robots', 10 April 2018, https://www.ineteconomics.org/uploads/papers/Slides-Turner-Capitalism-in-the-Age-of-Robots. pdf (accessed August 2018)，以及 OECD, 'Health at a Glance 2017: OECD Indicators' (February 2018), Chapter 8, p. 162, on 'remuneration of nurses'。二〇一五年，美國給付護士的薪資是全國平均值的一．二四倍，英國是一．〇四倍，法國則是〇．九五倍。

23. 「粉領族」的例子，請參見 Elise Kalokerinos, Kathleen Kjelsaas, Steven Bennetts, and Courtney von Hippel, 'Men in Pink Collars: Stereotype Threat and Disengagement Among Teachers and Child Protection Workers', *European Journal of Social Psychology* 47:5 (2017); 各項例子的占比數據資料，請參見 the US Bureau of Labor Statistics, 'Household Data: Annual Averages' for 2017 at https://www.bls.gov/cps/cpsaat11.pdf (accessed August 2018).

24. 出自 Gregor Aisch and Robert Gebeloff, 'The Changing Nature of Middle-Class Jobs', *New York Times*, 22 February 2015。美國勞工統計局（Bureau of Labor Statistics）二〇一七年的數據再次顯示，男性在製造業占據主導地位。

25. 個人護理助理（八三．七%）、註冊護士（八九．九%）、家庭保健助理（八八．六%）、食品準備和服務（五三．八%）、零售銷售員（四八．二%）。詳情請參閱：US Bureau of Labor Statistics 'Household Data'。

26. 正如勞倫斯．凱茲所說，這不是「技能錯配」的問題，而是「身分錯配」。詳情請參閱：Claire Cain Miller, 'Why Men Don't Want the Jobs Done Mostly by Women', *New York Times*, 4 January 2017。

27. Enrico Moretti, *The New Geography of Jobs* (New York: First Mariner Books, 2013), p. 17.

28. 同前注, p. 23.

29. 同前注, pp. 82–5.

30. 同前注, p. 89.

31. Emily Badger and Quoctrung Bui, 'What If Cities Are No Longer the Land of Opportunity for Low-Skilled Workers?', *New York Times*, 11 January 2019.

32. Moretti, *New Geography of Jobs*.

33. Eurostat (2019) data, https://ec.europa.eu/eurostat/ statistics-explained/index.php?title= Young_people_-_social_inclusion#Living_with_parents (accessed April 2019).

34. Moretti, *New Geography of Jobs*, p. 157.

35. Louis Uchitelle, 'Unemployment Is Low, but That's Only Part of the Story', *New York Times*, 11 July 2019.

36. 舉例來說，試想哈佛大學經濟學家班傑明．弗里德曼（Benjamin Friedman）所寫：「問題不在於數百萬名準勞工是否會長期慢慢失業……. 多數美國人仍會找到工作。不過，依據我們社會所認定的中產階級生活水準而言，他們最終接下的多數工作的薪資都太低。詳情請參閱：Benjamin M. Friedman, 'Born to Be Free', *New York Review of Books*, 12 October 2017。

37. From Bureau of Labor Statistics, 'Profile of the Working Poor, 2016', https://www.bls.gov/opub/reports/ working-poor/2016/home.htm (accessed July 2018).
38. 羅伯・萊克（Robert Reich）是公共政策教授，也是美國前總統比爾・柯林頓時代的勞工部長，他曾預估到了二〇二〇年將有四〇％美國人的工作「不固定」，這類工作造就所謂「零工」、「共享」、「不規則」或「但憑運氣」經濟；到了二〇二五年，多數勞工都將從事這類工作。不過，這種預估可能被高估了。二〇一七年，只有一〇％勞工從事所謂的替代性工作安排，略低於二〇〇五年。詳情請參閱：Robert Reich, 'The Sharing Economy Will Be Our Undoing', Salon, 25 August 2015; Ben Casselman, 'Maybe the Gig Economy Isn't Reshaping Work After All', *New York Times*, 7 June 2018。
39. Andy Haldane, 'Labour's Share', speech at the Trades Union Congress, London, 12 November 2015; Richard Partington, 'More Regular Work Wanted By Almost Half Those on Zero-hours', *Guardian*, 3 October 2018.
40. 引述自 Friedman, 'Born to Be Free'.
41. Tyler Cowen, *Average Is Over: Powering American Beyond the Age of the Great Stagnation* (New York: Dutton, 2013), p. 23.
42. Lowrey, *Give People Money*, p. 15.

第七章、結構型科技性失業

1. Chris Hughes, *Fair Shot: Rethinking Inequality and How We Earn* (London: Bloomsbury, 2018), p. 82.
2. 本章的觀點是我的學位論文的核心論述：'Technology and Employment: Tasks, Capabilities and Tastes', DPhil diss. (Oxford University, 2016). 部分主張可以在我的文章中找到：'A Model of Technological Unemployment', Oxford University

Department of Economics Discussion Paper Series No. 819 (2017) and 'Automation and Demand', Oxford University Department of Economics Discussion Paper Series No. 845 (2018) as well.

3. 但並非完全不重要。回顧第五章，在決定一項任務是否自動化時會討論相關的生產力與相關成本：就像是機械洗車的情況，即使機器比勞工更有生產力，但如果勞工樂意接受低於以往水準的薪資，有可能使導入機器不具經濟效益。
4. 我探索其他的範例：'Robots Probably Won't Take Our Jobs – for Now', *Prospect*, 17 March 2017.
5. 舉例來說：Tyler Cowen's podcast, 'Conversations with Tyler', episode 22 titled 'Garry Kasparov on AI, Chess, and the Future of Creativity'.
6. 這部新機器取名為 AlphaZero，是設計來對抗西洋棋的電腦冠軍鱈魚（Stockfish）。在五十場 AlphaZero 下白子的比賽中，贏了二十五場，打平二十五場；在五十場 AlphaZero 下黑子的比賽中，贏了三場，打平四十七場。詳情請參閱：David Silver, Thomas Hubert, Julian Schrittwieser, et al., 'Mastering Chess and Shogi by Self-Play with a General Reinforcement Learning Algorithm', arXiv:1712.01815v1 (2017)。
7. Tyler Cowen, 'The Age of the Centaur Is *Over* Skynet Goes Live', *Marginal Revolution*, 7 December 2017.
8. 見 Garry Kasparov, *Deep Thinking* (London: John Murray, 2017), Chapter 11.
9. 數據取自 Ryland Thomas and Nicholas Dimsdale, 'A Millennium of UK Data', Bank of England OBRA dataset (2017)。實質國內生產毛額數據從表單 A14 拼接而來；就業數據則是源自表單 A53。第一次世界大戰和第二次世界大戰期間兩組之間存在差距，就業數據只能從一八六一年至一九一一年每一段十年的第一年取得。我在這張圖中的各點之間插入數據。一八六一年至一八七一年的實質國內生產毛額數據是指大英帝國，而非英國。詳情請參閱：https://www.bankofengland.co.uk/statistics/research-datasets。
10. 資料來自 Thomas and Dimsdale, 'A Millennium of UK Data'.
11. 「七〇%」與「三〇%」是根據聖路易聯邦準備銀行（Federal Reserve Bank of St Louis）的數據計算所得出，詳情請參閱：https://fred.stlouisfed.org/tags/series?t=manufacturing (accessed October 2018)；五百七十萬是出自 Martin Baily and Barry Bosworth, 'US Manufacturing: Understanding Its Past and Its Potential Future', *Journal of Economic Perspectives* 28:1 (2014),

3–26。正如其他人所說，幾十年來，美國製造業本身可能是以占名目國內生產毛額而非實質國內生產毛額比率下降的形式衰微。詳情請參閱：YiLi Chien and Paul Morris, 'Is U.S. Manufacturing Really Declining?', *Federal Bank of St. Louis Blog*, 11 April 2017。

12. 來 自 Joel Mokyr, Chris Vickers, and Nicholas Ziebarth, 'The History of Technological Anxiety and the Future of Economic Growth: Is This Time Different?' *Journal of Economic Perspectives* 29:3 (2015), 31–50.
13. 來 自 David Autor and David Dorn, 'Technology Anxiety Past and Present', Bureau for Employers' Activities, International Labour Office (2013).
14. David Autor, 'Polanyi's Paradox and the Shape of Employment Growth' in 'Re- evaluating Labor Market Dynamics: A Symposium Sponsored by the Federal Reserve Bank of Kansa City. Jackson Hole, Wyoming, August 21–23, 2014' (2015), p. 148.
15. 引述自 John Thornhill, 'The Big Data Revolution Can Revive the Planned Economy', *Financial Times*, 4 September 2017.
16. Andre Tartar, 'The Hiring Gap', *New York Magazine*, 17 April 2011; 'Apple', https://www.forbes.com/companies/apple/; 'Microsoft', https://www.forbes.com/companies/microsoft/ (accessed May 2019).
17. Edward Luce, *The Retreat of Western Liberalism* (London: Little, Brown, 2017), p. 54.
18. Thor Berger and Carl Frey, 'Industrial Renewal in the 21st Century: Evidence from US Cities', *Regional Studies* (2015).
19. 見 Daron Acemoglu and Pascual Restrepo, 'The Race Between Machine and Man: Implications of Technology for Growth, Factor Shares, and Employment', *American Economic Review* 108:6 (2018), 1488–542.
20. Wassily Leontief quoted in Nils Nilsson, 'Artificial Intelligence, Employment, and Income', *AI Magazine*, Summer 1984. He shared similar reflections in Leonard Silk, 'Economic Scene; Structural Joblessness', *New York Times*, 6 April 1983.
21. 出自艾塞默魯與瑞斯崔波合著的文章〈機器與人的競賽〉（The Race Between Machine and Man）。馱馬與人類（理所當然）各不相同。有些經濟學家指出，人類不像馱馬，我們可以擁有機器，而且不需要單單仰賴工作而活。人類不像馱馬，我們也可以投票，可能會因此選出一個「反進步」的政黨，與任何科技將威脅自己飯碗的事物對槓。

22. Data from Rodolfo Manuelli and Ananth Seshadri, 'Frictionless Technology Diffusion: The Case of Tractors', *American Economic Review* 104:4 (2014), 1268–391.
23. 這是艾塞默魯與瑞斯崔波合著的文章〈機器與人的競賽〉中一種可能的個案模型。
24. 然而，艾塞默魯與瑞斯崔波不認為，必然會落入這種為人類創造新任務的狀況。舉例來說，在這篇文章 'The Wrong Kind of AI? Artificial Intelligence and the Future of Labor Demand', MIT Working Paper (2019) 裡，他們明確思考這種情況不會發生的可能性。
25. 出　自 John Stuart Mill, *Principles of Political Economy with Some of Their Applications to Social Philosophy*（London: Longmans, Green, 1848），他同時陳述，對商品的需求「不構成對勞力的需求」，但也分別指出，它「不是對勞力的需求」。這些都在拙作 'Technology and Employment' 中引用。
26. Victor Mather, 'Magnus Carlsen Wins World Chess Championship, Beating Fabiano Caruana', *New York Times*, 28 November 2018.
27. This is explored in Daniel Susskind and Richard Susskind, *The Future of the Professions* (Oxford: Oxford University Press, 2015), pp. 244–5.
28. 經濟學家採用這個論點的例子，請參見 'Automation and Anxiety', *The Economist*, 25 June 2016; 科技學者採用它的例子，請參見 Marc Andreessen, 'Robots Will Not Eat the Jobs But Will Unleash Our Creativity', *Financial Times*, 23 June 2014; 評論家採用它的例子，請參見 Annie Lowrey,'Hey, Robot: What Cat Is Cuter?', *New York Times Magazine*, 1 April 2014; 政治學者採用它的例子，請參見 Georgia Graham, 'Robots Will Take Over Middle-Class Professions, Says Minister', *Telegraph*, 8 July 2014.
29. David Schloss, *Methods of Industrial Remuneration* (London: Williams and Norgate, 1898). 這段文字可以在以下網站找到：https:// ia902703.us.archive.org/30/items/methodsofindustr00schl/methods ofindustr00schl.pdf.《經濟學人》（*The Economist*）網站上有「勞動總和謬誤」和大衛・史勞斯（David Schloss）的內容：http://www.economist.com/economics-a-to-z/l. 經濟學家湯姆・沃克（Tom Walker）詳細介紹這種想法及其起源，舉例來說，請見 'Why Economists Dislike a

Lump of Labor', *Review of Social Economy* 65:3 (2007), 279–91.
30. Schloss, *Methods of Industrial Remuneration*, p. 81.
31. Wassily Leontief, 'National Perspective: The Definition of Problems and Opportunities' in *The Long-term Impact of Technology on Employment and Unemployment: A National Academy of Engineering Symposium, 30 June 1983* (Washington, DC: National Academy Press, 1983), p. 4.
32. Daron Acemoglu and Pascual Restrepo, 'Robots and Jobs: Evidence from US Labor Markets', NBER Working Paper No. 23285 (2017).
33. 引自 Susan Ratcliffe (ed.), *Oxford Essential Quotations*, 4th edn (2016), at http://www.oxfordreference.com/ (accessed 13 May 2018).
34. 那一年，納粹在議會中贏得的席位超越其他政黨。失業率數據取自 Nicholas Dimsdale, Nicholas Horsewood, and Arthur Van Riel, 'Unemployment in Interwar Germany: An Analysis of the Labor Market, 1927–1936', *Journal of Economic History* 66:3 (2006), 778–808。重點在於經濟學家兼記者提姆・哈福特（Tim Harford）的對話。我感謝他的思考為我帶來想法。

第八章、科技與不平等

1. Jean- Jacques Rousseau, 'The Genesis of Inequality', from Discourse on the Origin and Foundation of Inequality Among Men in David Johnston, *Equality* (Indianapolis: Hackett Publishing, 2000), Chapter 5.
2. Walter Scheidel, *The Great Leveler: Violence and the History of Inequality from the Stone Age to the Twenty-First Century* (Oxford: Princeton University Press, 2017), p. 28.
3. 同前注 p. 33.
4. Yuval Noah Harari, *Sapiens* (London: Harvill Secker, 2011), Chapter 1.

5. Thomas Piketty, *Capital in the Twenty-First Century* (London: Harvard University Press, 2014), p. 48.
6. Arthur Pigou, *A Study in Public Finance* (London: Macmillan, 1928), p. 29; 'Gary Becker's Concept of Human Capital', *The Economist*, 3 August 2017.
7. Gary Becker, 'The Economic Way of Looking at Life', Nobel Prize lecture, 9 December 1992.
8. George Orwell, *Essays* (London: Penguin Books, 2000), p. 151.
9. 這則統計數據的故事帶有諷刺意味。雖然如今經常被用以衡量「公平」，但它的創造者義大利統計學家柯拉多．吉尼（Corrado Gini）卻是狂熱的法西斯主義者。
10. 詳情請參閱：Era Dabla-Norris, Kalpana Kochhar, Frantisek Ricka, *et al.*, 'Causes and Consequences of Income Inequality: A Global Perspective', IMF Staff Discussion Note (2015)與Jan Luiten van Zanden, Joerg Baten, Marco Mira d'Ercole, *et al.*, 'How Was Life? Global Well-being Since 1820', OECD (2014), p. 207：「很難不看到，一九八〇年代以來，多數國家遭逢收入不平等急遽險化的危境。鮮少有例外⋯⋯」
11. 舉例來說，請參見 Piketty, *Capital in the Twenty-First Century*, p. 266.
12. 這些若非是二〇一七年稅後資料與移轉的吉尼係數，就是最新的可用年份。這是更新版本，詳情請參閱：OECD, 'In It Together: Why Less Inequality Benefits All' (2015), using OECD (2019) data; http://www.oecd.org/social/ income-distribution-database.htm (accessed April 2019)
13. 這些都是稅前收入，取自 Thomas Piketty, Emmanuel Saez, and Gabriel Zucman, 'Distribution National Accounts: Methods and Estimates for the United States', *Quarterly Journal of Economics* 133:2 (2018), 553–609 的附錄數據 FS40。這些資料可以在 http:// gabriel-zucman.eu/usdina/ 找到。正如作者所說，最底層的一〇%已經被略而不計，因為他們的稅前收入幾近於零，有時甚至為負值。
14. John Rawls, *A Theory of Justice* (Cambridge, MA: Harvard University Press, 1999), p. 266.
15. 最富裕一%族群占稅前全國收入比重。這是 OECD, 'FOCUS on Top Incomes and Taxation in OECD Countries: Was the Crisis a Game Changer?' (May 2014) 中更新版表一，採用最新的世界不平等資料庫（World Inequality Database）數據。

詳情請參閱：https://wid.world/data/ (accessed April 2019)。

16. 如果想知美國細部數據，請參考：http://wid.world/country/usa/，一九八一年為一一・〇五%、二〇一四年為二〇・二%；如果想知英國細部數據，請參考：http://wid.world/country/ united-kingdom/，一九八一年為六・五七%、二〇一四年為一三・九%。

17. 美國最富裕的〇・一族群：一九八一年為二・二三%、二〇一七年為七・八九%；最富裕的〇・〇一族群：一九八一年為〇・六六%；二〇一七年為三・四四%（排除資本所得）。數據取自 Emmanuel Saez and Thomas Piketty, 'Income Inequality in the United States, 1913–1998', *Quarterly Journal of Economics* 118:1 (2003), 1–39, the 'Table A1' in the online data appendix, at https://eml.berkeley.edu/~saez/ (accessed April 2019)。

18. Jonathan Cribb, Andrew Hood, Robert Joyce, and Agnes Norris Keller, 'Living Standards, Poverty and Inequality in the UK: 2017', Institute for Fiscal Studies, 19 July 2017.

19. 在經合組織國家的就業年齡成人人口中，工資與薪資占他們家戶收入的七五%。詳情請參閱：OECD, 'Growing Income Inequality in OECD Countries: What Drives It and How Can Policy Tackle it?' (2011)。

20. 詳情請參閱：OECD, 'Promoting Productivity and Equality: A Twin Challenge', Chap. 2 of *OECD Economic Outlook* 2016:1 (2016)。在第六十九頁，作者群指出：「勞動收入分配不平等得為收入不平等日益嚴重負起大半責任。」也請參閱：International Labour Organization, *Global Wage Report* 2014/2015 (Geneva: International Labour Office, 2015)，作者群也根據 OECD 報告 'Divided We Stand: Why Inequality Keeps Rising'（2011）指出：「記錄危機發生前幾十年間，已開發國家的薪資不平等日益嚴重，已經成為單一股加劇收入不平等最重要的力量。」

21. 見 OECD, 'Growing Income Inequality in OECD Countries' and Anthony B. Atkinson, *The Changing Distribution of Earnings in OECD Countries* (Oxford: Oxford University Press, 2009).

22. Saez and Piketty, 'Income Inequality in the United States'. 這張圖參考以下網站附錄資料中「圖 B2」中的數據：https://eml.berkeley.edu/~saez/ (accessed April 2019).

23. Emmanuel Saez, 'Striking It Richer: The Evolution of Top Incomes in the United States', 資料公開在下列網站 https://eml.

berkeley.edu/~saez/ (2016); Piketty, *Capital in the Twenty-First Century*, p. 315.

24. Emmanuel Saez and Gabriel Zucman, 'Wealth Inequality in the United States Since 1913: Evidence from Capitalized Income Tax Data', *Quarterly Journal of Economics* 131:2 (2016), 519– 78. 取自以下網站的資料附錄「DataFig8-9b」：http:// gabriel - zucman.eu/.

25. Laura Tyson and Michael Spence, 'Exploring the Effects of Technology on Income and Wealth Inequality' in Heather Boushey, J. Bradford DeLong and Marshall Steinbaum (eds), *After Piketty: The Agenda for Economics and Inequality* (London: Harvard University Press, 2017), pp. 182–3.

26. 取自 Lawrence Mishel and Alyssa Davis, 'Top CEOs Make 300 Times More Than Typical Workers', *Economic Policy Institute*, 21 June 2015。一九九七年，這個比例是二八・二，到了二〇〇〇年暴增到三七六・一，二〇一四年則回跌至三〇三・四。

27. Hagen Krämer, 'Bowley's Law: The Diffusion of an Empirical Supposition into Economic Theory', *Papers in Political Economy* 61 (2011) 中引述保羅・薩繆森的評語：「景氣榮枯之間，個別部分幾乎都能長期維持恆定，這一點相當出人意料之外。總體社會經濟大餅可能會時大時小，但總體薪資似乎永遠都高占總體的三分之二。」

28. Chapter 2 in OECD, *OECD Employment Outlook* (Paris: OECD Publishing, 2018).

29. John Maynard Keynes, 'Relative Movements of Real Wages and Output', *Economic Journal* 49:93 (1939), 34–51, pp. 48–9; Nicholas Kaldor, 'A Model of Economic Growth', *Economic Journal* 67:268 (1957), 591–624; and Charles Cobb and Paul Douglas, 'A Theory of Production', *American Economic Review* 18:1 (1928), 139–65.

30. Loukas Karabarbounis and Brent Neiman, 'The Global Decline of the Labor Share', *Quarterly Journal of Economics* 129:1 (2014), 61–103.

31. Mai Chi Dao, Mitali Das, Zsoka Koczan, and Weicheng Lian, 'Drivers of Declining Labor Share of Income', *IMF Blog* (2017).

32. 取自《經合組織就業展望》第二章，國家包括芬蘭、德國、日本、韓國、美國、法國、義大利、瑞典、奧地利、比利時、英國、澳洲、西班牙、捷克共和國、丹麥、匈牙利、波蘭、荷蘭、挪威、加拿大、紐西蘭、愛爾蘭、以色列和斯洛伐克共和國。在此，「平均薪資」是指「實質中位數薪資」。

33. 取自《經合組織就業展望》第三章（Paris: OECD Publishing, 2012），章節名稱為〈勞力輸給資本：日益下降的勞力比率原因何在?〉（Labour Losing to Capital: What Explains the Declining Labour Share?），世界經濟論壇（World Economic Forum）在《二〇一七年全球風險報告》（*Global Risks Report 2017*）第一部分中引述這句話。不過，實際情況稍微比世界經濟論壇的解讀更微妙。根據《經合組織就業展望》（二〇一二），勞力比例的「產業內部變化」八〇%得歸咎科技，產業內部變化（而非產業之間變化）的說法又足以解釋為何勞力比例總體呈現「超高比例」的下降。
34. Economic Policy Institute, 'The Productivity-Pay Gap' (October 2017); http://www.epi.org/ productivity-pay-gap/.Cumulative per cent change since 1948 is on the y-axis.
35. 見 both IMF, *World Economic Outlook (2017)*, Chapter 3, and Karabarbounis and Neiman, 'Global Decline of the Labor Share'.
36. Chi Dao *et al.*, *IMF Blog*.
37. David Autor, David Dorn, Lawrence Katz, *et al.*, 'The Fall of the Labor Share and the Rise of Superstar Firms', NBER Working Paper No. 23396 (2017).
38. 同前注。
39. 同前注。
40. 取自資誠聯合會計師事務所報告 'Global Top 100 Companies by Market Capitalisation' (2018)。阿里巴巴與亞馬遜名義上都被歸入「消費者服務」範疇，但最好都將兩者視為科技公司。
41. Piketty, *Capital in the Twenty-First Century*, p. 244.
42. Melanie Kramers, 'Eight People Own Same Wealth as Half the World', Oxfam press release, 16 January 2017.
43. 'Are Eight Men as Wealthy as Half the World's Population?', *The Economist*, 19 January 2017.
44. Era Dabla-Norris, Kalpana Kochhar, Frantisek Ricka, *et al.*, 'Causes and Consequences of Income Inequality: A Global Perspective', IMF Staff Discussion Note (2015), p. 16.
45. 在此，「最富裕」是指「財富最多」；詳情請參閱：Piketty, *Capital in the Twenty- First Century*, Table 7.2, pp. 248–9 and 257。

46. 同前注，p. 257.

47. Joseph Stiglitz, 'Inequality and Economic Growth', *Political Quarterly* 86:1 (2016), 134–55.

48. Saez and Zucman, 'Wealth Inequality in the United States'.

49. 數據來自 Saez 和 Zucman 列在網站上的附錄資料「DataFig1-6-7b」中，'Wealth Inequality in the United States'. 這張圖表也可以從以下文章找到 'Forget the 1%'，*The Economist*, 6 November 2014.

50. Thomas Piketty and Gabriel Zucman, 'Capital Is Back: Wealth– Income Ratios in Rich Countries 1700– 2010', *Quarterly Journal of Economics* 129:3 (2014), 1255– 310.

51. Facundo Alvaredo, Lucas Chancel, Thomas Piketty, et al., *World Inequality Report* (Creative Commons, 2018), p. 9.

52. John Maynard Keynes, *Essays in Persuasion* (New York: W. W. Norton, 1963), p. 360.

53. 同前注，p. 373.

54. 同前注，p. 367.

55. Joseph Stiglitz, 'Toward a General Theory of Consumerism: Reflections on Keynes's Economic Possibilities for Our Grandchildren' in Lorenzo Pecchi and Gustavo Piga (eds), *Revisiting Keynes: Economic Possibilities for Our Grandchildren* (Cambridge, MA: MIT Press, 2008).

56. 在我看來，經濟問題已經從傳統的「如何把經濟大餅做大、讓每個人都分得到」的成長問題，轉變成分配問題，也就是確保每個人都能拿到一塊還可以的份量。儘管其他經濟學家的目標不一致，但也都提出類似的區分。舉例來說，大衛・奧圖在他的文章 'Why Are There Still So Many Jobs? The History and Future of Workplace Automation', *Journal of Economics Perspectives* 29:3 (2015), 3–30 裡就區隔「稀缺性」與「分配性」的問題，但是對於我們是否解決「稀缺性」依舊抱持懷疑態度。他問：

我們實際上是否真的想要擺脫稀缺性的束縛，進而很快的把我們的主要經濟挑戰轉變成分配的挑戰？在此，我回想起經濟學家暨電腦科學家的諾貝爾經濟學獎得主赫伯特・賽門 Herbert Simon 的觀察，在一九六〇年代的自動化焦慮氛圍中，他曾寫道：「根本來說，它們是經濟問題，這個世代與下個世代所面臨的全球問題都圍繞著稀缺性打轉，而非讓人受不了的多產問題。我們應該解決令人擔憂的實質問題，卻被自動化這隻怪獸消耗掉了……」半個世紀過去，我相信證據支持西蒙的觀點。

我不同意奧圖的結論，但認為這個論述框架很有用。

57. http://www.worldbank.org/en/topic/poverty/overview (accessed April 2018).

第九章、教育的限制

1. https://web.archive.org/web/20180115215736/twitter.com/jasonfurman/status/913439100165918721.
2. Enrico Moretti, *The New Geography of Jobs* (New York: First Mariner Books, 2013), p. 226.
3. 同前注，p. 228.
4. Claudia Goldin and Lawrence Katz, *The Race Between Education and Technology* (London: Harvard University Press, 2009), p. 13.
5. 同前注， p. 12.
6. 引述自 Michelle Asha Cooper, ‘College Access and Tax Credits’, National Association of Student Financial and Administrators (2005).
7. 演講內容出自 Tony Blair, launching Labour’s education manifesto at the University of Southampton, 23 May 2001; https://www.theguardian.com/politics/2001/may/23/labour.tonyblair.
8. 美國前總統歐巴馬的演說內容來自 ‘On Higher Education and the Economy’, University of Texas at Austin, 9 August 2010.
9. ‘Special Report on Lifelong Education: Learning and Earning’, *The Economist*, 14 January 2017, p. 2.

10. Royal Society, *After the Reboot: Computing Education in UK Schools (2017)*, pp. 52 and 53.
11. 同前注，p. 22.
12. 'Special Report on Lifelong Education', p. 9.
13. Daniel Susskind and Richard Susskind, *The Future of the Professions* (Oxford: Oxford University Press, 2015), p. 55.
14. Benjamin Bloom 'The 2 Sigma Problem: The Search for Methods of Group Instruction as Effective One-to-One Tutoring', *Educational Researcher* 13:6 (1984), 4–16. This is discussed in Susskind and Susskind *Future of the Professions*, p. 56.
15. 同前注，p. 58, n. 78.
16. 勞倫斯・桑默斯在泰勒・科文的 podcast 節目中也提到類似的案例：'Conversations with Tyler', episode 28, titled 'Larry Summers on Macroeconomics, Mentorship, and Avoiding Complacency'.
17. 舉例來說，請參見 Seb Murray, 'Moocs Struggle to Lift Rock-bottom Completion Rates', *Financial Times*, 4 March 2019.
18. Joshua Goodman, Julia Melkers, and Amanda Pallais, 'Can Online Delivery Increase Access to Education?', *Journal of Labor Economics* 37:1 (2019).
19. 引述自 Tanja M. Laden, 'Werner Herzog Hacks the Horrors of Connectivity in "Lo and Behold" ', *Creators* on Vice.com, 25 August 2016.
20. 新加坡幣五百元。資料來自 http://www.skillsfuture.sg/credit.
21. Pew Research Center, 'The State of American Jobs: The Value of a College Education', 6 October 2016, http://www.pewsocialtrends.org/2016/10/06/ 5-the-value-of-a-college-education/ (accessed September 2018).
22. 見 'Tech Millionaire College Dropouts', Guardian, 11 January 2014; and '8 Inspiring Dropout Billionaires of the Tech Industry', *The Times of India: Economic Times*, 11 April 2016.
23. 'Thiel Fellows Skip or Stop Out of College', https://thielfellowship.org/ (accessed April 2019).
24. 'Back to the Future with Peter Thiel', *National Review*, 20 January 2011.
25. Bryan Caplan, *The Case Against Education: Why the Education System Is a Waste of Time and Money* (Oxford: Princeton

University Press, 2018), p. 4.

26. Gregory Ferenstein, 'Thiel Fellows Program Is "Most Misdirected Piece of Philanthropy" ', *TechCrunch*, 10 October 2013.

27. 《經濟學人》專欄作家撰稿人萊恩・艾文（Ryan Avent）在 *The Wealth of Humans: Work and Its Absence in the 21st Century*（London: Allen Lane, 2016）中提出類似論點。他寫道：「讀大學很困難。許多目前尚未通過大學課程、取得成功的人，缺乏這樣做的認知能力。」

28. 出自一九六二年九月十二日美國前總統約翰・甘迺迪（John F. Kennedy）在萊斯大學發表的「月球演說」（Moon Speech）：「我們選擇在這十年內登陸月球並完成其他的事，不是因為它們很簡單，而是因為它們很艱難。」詳情請參閱：https://er.jsc.nasa.gov/seh/ricetalk.htm (accessed April 2019)。

29. 見 Stuart W. Elliott, 'Computers and the Future of Skill Demand', *OECD Educational Research and Innovation* (2017), p. 15.

30. 請參閱前注資料。

31. Yuval Noah Harari, *Homo Deus: A Brief History of Tomorrow* (London: Harvill Secker, 2016), p. 269: 'What will be the political impact of a massive new class of economically useless people?'; and from 61 minutes in 'Yuval Harari with Dan Ariely: Future Think – From Sapiens to Homo Deus', published by 92nd Street Y on YouTube, 22 February 2017, https://www.youtube.com/watch?v=5BqD5klZsQE.

第十章、大政府

1. 見 David Landes, *Abba Ptachya Lerner 1903–1982: A Biographical Memoir* (Washington, DC: National Academy of Sciences, 1994), p. 216.

2. Mark Harrison, 'Soviet Economic Growth Since 1928: The Alternative Statistics of G. I. Khanin', *Europe–Asia Studies* 45:1 (1993), 141–67.

3. 瓦西里・李昂提夫抱持類似的想法，他曾寫道：「我們慣於獎勵人們從事基於市場機制的工作，但我們再也不能單單依靠市場機制，繼續如此方便、快速的運作。」Timothy Taylor, 'Automation and Job Loss: Leontief in 1982', 22 August 2016, 資料來自 http://conversableeconomist.blogspot.com/2016/08/automation-and-job-loss-leontief-in-1982.html (accessed February 2019)。
4. Walter Scheidel, *The Great Leveler: Violence and the History of Inequality from the Stone Age to the Twenty-First Century* (Oxford: Princeton University Press, 2017).
5. Philippe Van Parijs and Yannick Vanderborght, *Basic Income: A Radical Proposal for a Free Society and a Sane Economy* (London: Harvard University Press, 2017), p. 52.
6. Anthony B. Atkinson, *Inequality: What Can Be Done?* (London: Harvard University Press, 2015), p. 264; 'The Welfare State Needs Updating', *The Economist*, 12 July 2018.
7. 詳情請參閱：Nicholas Timmins, 'Commission on Social Justice', *Independent*, 25 October 1994 與 'The Welfare State Needs Updating'。《貝弗里奇報告》也得為現代政治歷史上一場重大動盪負起部分責任。帶領英國打贏第二次世界大戰的前首相溫斯頓・邱吉爾（Winston Churchill）在戰爭結束僅兩個月後的大選中敗陣，一般認為他的對手克萊蒙・艾德禮（Clement Atlee）更會善用這份報告提供的建議。
8. Chapter 2 in Van Parijs and Vanderborght, *Basic Income* 詳細解釋了計畫內容。
9. 評論家將社會安全網形容為「吊床」，請參見 'The Welfare State Needs Updating'.
10. William Beveridge, *Social Insurance and Allied Services* (London: Her Majesty's Stationery Office, 1942), p. 6.
11. Peter Diamond and Emmanuel Saez, 'The Case for a Progressive Tax: From Basic Research to Policy Recommendations', *Journal of Economic Perspectives* 25:4 (2011), 165–90.
12. 舉例來說，請參見 Thomas Piketty and Emmanuel Saez, 'A Theory of Optimal Capital Taxation', NBER Working Paper No. 17989 (2012).
13. 同前注，p. 1.

14. Kevin J. Delaney, 'The Robot That Takes Your Job Should Pay Taxes, Says Bill Gates', *Quartz*, 17 February 2017.
15. Blaine Harden, 'Recession Technology Threaten Workers', *Washington Post*, 26 December 1982.
16. 詳情請參閱：International Association of Machinists, 'Workers' Technology Bill of Rights', *Democracy* 3:1 (1983)。同一家機械師工會至今仍維持平日運作，舉例來說，它與優步達成協議，提供紐約市駕駛許多優惠好處。詳情請參閱：Leslie Hook, 'Uber Strikes Deal with Machinists Union for New York Drivers', *Financial Times*, 10 May 2016。
17. Lawrence Summers, 'Robots Are Wealth Creators and Taxing Them Is Illogical', *Financial Times*, 5 March 2017.
18. 不僅傳統資本（即股票）獲救，收入流向目的地（即金流）也解套。皮凱提也提出類似呼籲，要求針對資本開辦通行全球的稅則。詳情請參閱：Thomas Piketty, *Capital in the Twenty-First Century* (London: Harvard University Press, 2014)。
19. 同注20，p. 100.
20. 圖10.1適用於二〇〇七年國內生產毛額超過三千億美元的國家（詳情請參閱：Annette Alstadsæter, Niels Johannesen, and Gabriel Zucman, 'Who Owns the Wealth in Tax Havens? Macro Evidence and Implications for Global Inequality', Journal of Public Economics 162 (2018), 89–100)）。這項數字產自加柏列・祖克曼，詳情請參閱：https:// gabriel-zucman.eu/offshore/ (accessed September 2018）
21. 詳情請參閱：Alstadsæter, Johannesen, and Zucman, 'Who Owns the Wealth in Tax Havens?', Figure 5。圖中的數據一樣產自加柏列・祖克曼。詳情請參閱：https:// gabriel-zucman. eu/offshore/ (accessed September 2018)
22. 這個推論來自 James Mirrlees and Stuart Adam, *Dimensions of Tax Design. The Mirrlees Review* (Oxford: Oxford University Press, 2010), p. 757.
23. 'Taxing Inheritances Is Falling Out of Favour', *The Economist*, 23 November 2017.
24. 同前注，以及 Caroline Freund and Sarah Oliver, 'The Origins of the Superrich: The Billionaire Characteristics Database', *Peterson Institute for International Economics* 16:1 (2016).
25. David Autor, David Dorn, Lawrence Katz, *et al.*, 'The Fall of the Labor Share and the Rise of Superstar Firms', NBER Working Paper No. 23396 (2017) and Simcha Barkai, 'Declining Labor and Capital Shares', Working Paper, University of Chicago (2016).

26. Lynnley Browning and David Kocieniewski, 'Pinning Down Apple's Alleged 0.005% Tax Rate Is Nearly Impossible', *Bloomberg*, 1 September 2016, 引述自 Daron Acemoglu and Simon Johnson, 'It's Time to Found a New Republic', *Foreign Policy*, 15 August 2017. 見 https://ec.europa.eu/ireland/tags/taxation_en on Apple as well. 愛爾蘭的基本稅率是二〇%。
27. 參考以下書目的圖表：Figure 5 in Gabriel Zucman, 'Taxing Across Borders: Tracking Personal Wealth and Corporate Profits', *Journal of Economic Perspectives* 28:4 (2014). 圖表可從以下網站取得：https://gabriel-zucman.eu/ (accessed September 2018). 這個圖表呈現了十年平均值。(e.g., 1990–99 is the average of 1990, 1991 . . .and 1999).
28. 這個比重從二%上升到一七%；詳情請參閱：Figure 3 in 同前注。, 121–48。
29. 'Apple Pays Disputed Irish Tax Bill', *BBC News*, 18 September 2018.
30. 律師的傳統觀點在一九三六年一樁知名案例中獲得闡明，兩造當事人分別是英國西敏公爵（Duke of Westminster）和國稅局（Inland Revenue Commissioners）。當時樞密院法官湯瑪士・湯姆林（Thomas Tomlin）勛爵做出的判決有利納稅人採用的機制。他說：

    任何人均有權採取措施，使其相對應當負擔的稅捐降低。倘若其成功採取措施導致如此結果，無論如何不適當，稅捐稽徵機關或者其他納稅人對於其機巧智能只能加以承認，不得對其課徵稅捐。（詳情請參閱：IRC v Duke of Westminster [1936] AC1 (HL)）。

31. 美國國稅局緊隨霍姆斯之後，在華盛頓特區總部入口上方刻了這句話：「課稅是我們為文明社會所付出的代價」。詳情請參閱：https://quoteinvestigator.com/2012/04/13/ taxes-civilize/。
32. 詳情請參閱：TRAC, 'Millionaires and Corporate Giants Escaped IRS Audits in FY 2018', published online at https://trac.syr.edu/tracirs/latest/549/ (accessed May 8, 2019)。謝謝美國經濟史學教授亞當・圖澤（Adam Tooze）提點我注意這點。
33. Thomas Paine, *Agrarian Justice* (Digital Edition, 1999); available at http://piketty.pse.ens.fr/%EF%AC%81les/Paine1795.pdf.
34. Van Parijs and Vanderborght, *Basic Income*.

35. 詳情請參閱：Victor Oliveira, 'The Food Assistance Landscape', Economic Research Service at the United States Department of Agriculture, Economic Information Bulletin Number 169 (March 2017)。每人每月相當一百二十五．五一美元，換算下來每年約當一千五百零六美元。

36. 有關醫療健保，請參閱：Chris Belfield, Claire Crawford, and Luke Sibieta, 'Long- run Comparisons for Spending per Pupil Across Different Stages of Education', Institute for Fiscal Studies, 27 February 2017。在二〇一六年，每人每年醫療健保花費為二千二百十五英鎊，小學教育花費四千九百英鎊，中學則為六千三百英鎊。

37. John Kenneth Galbraith, *The Affluent Society* (London: Penguin Books, 1999), p. 239.

38. Friedrich Hayek, quoted in Van Parijs and Vanderborght, *Basic Income*, p. 86.

39. Annie Lowrey, *Give People Money: The Simple Idea to Solve Inequality and Revolutionise Our Lives* (London: W. H. Allen, 2018); Chris Hughes, *Fair Shot: Rethinking Inequality and How We Earn* (London: Bloomsbury, 2018).

40. The quotation is from Paine, *Agrarian Justice*. The calculation is from Atkinson, *Inequality*, p. 169.

41. 「准入政策」的概念是來自Ryan Avent, *The Wealth of Humans: Work, Power, and Status in the Twenty-First Century*（London: Allen Lane, 2016）重要論述部分。舉例來說，艾文在「簡介」中鏗鏘有力的解釋「那些屬於特定社會團體的族群陷入一團混戰……也將加劇。」

42. 見 https://www.bia.gov/ frequently-asked-questions (accessed 23 April 2018).

43. 見 'American Indian and Alaska Native Heritage Month: November 2017' at https://www.census.gov/newsroom/ facts-for-features/2017/aian-month. html; and 'Suicide: 2016 Facts & Figures', American Foundation for Suicide Prevention, at https://afsp.org/ (accessed September 2018).

44. 詳情請參閱：Gross Gaming Revenue Reports, National Indian Gaming Commission, https://www.nigc.gov/commission/gaming-revenue-reports; 'Of Slots and Sloth', *The Economist*, 15 January 2015 與 Cecily Hilleary, 'Native American Tribal Disenrollment Reaching Epidemic Levels', VOA, 3 March 2017。我第一次讀到這個個案，是從一場大衛．奧圖與科技媒體專家提姆．歐萊禮（Tim O'Reilly）的精采對談摘錄到的。詳情請參閱：'Work Is More Than a Source of Income',

Medium, 28 September 2015。

45. 'The Welfare State Needs Updating'.

46. Philippe Van Parijs, 'Basic Income: A Simple and Powerful Idea for the Twenty- first Century' in Bruce Ackerman, Anne Alstott, and Philippe Van Parijs (eds), *Redesigning Distribution: Basic Income and Stakeholder Grants as Cornerstones for an Egalitarian Capitalism* (New York: Verso, 2005), p. 14.

47. 舉例來說，簽樂透中獎看似會讓人工作減量。這意味著，像無條件基本收入這種其他類型的非勞動收入也可能產生類似作用。但是二〇一〇年，伊朗政府直接發放一筆占收入中位數二九%的現金給七千多萬名國民時，似乎並未對就業產生負面影響。時任伊朗總統馬哈茂德．阿赫瑪迪內賈德（Mahmoud Ahmadinejad）是在刪除能源和麵包價格補貼後受到各界壓力，所以出此下策。繼承龐大遺產似乎也鼓勵人們不工作，那些繼承十五萬美元遺產的族群可能離開職場的人數，是繼承少於二萬五千美元遺產的四倍。這一點再次顯示，像無條件基本收入的非勞動收入可能會讓工作變得缺乏吸引力。不過，有另一項研究檢視阿拉斯加永續基金（稍後本章將詳加闡述）每年發放當地居民兩千美元的成效，結果發現，這種做法並未衝擊就業。詳情請參閱：Guido Imbens, Donald Rubin, and Bruce Sacerdote, 'Estimating the Effect of Unearned Income on Labor Earnings, Savings, and Consumption: Evidence from a Survey of Lottery Players', *American Economic Review* 91:4 (2001), 778–94、Djaved Salehi-Isfahani and Mohammad Mostafavi-Dehzooei, 'Cash Transfers and Labor Supply: Evidence from a Large-scale Program in Iran', *Journal of Development Economics* 135 (2018), 349–67、Douglas Holtz- Eakin, David Joulfaian, and Harvey Rosen, 'The Carnegie Conjecture: Some Empirical Evidence', *Quarterly Journal of Economics* 108:2 (1993), 413– 35; Damon Jones and Ioana Marinescu, 'The Labor Market Impact of Universal and Permanent Cash Transfers: Evidence from the Alaska Permanent Fund', NBER Working Paper No. 24312 (February 2018)。

48. Jon Elster, 'Comment on Van der Veen and Van Parijs', *Theory and Society* 15:5 (1986), 709–21.

49. Alberto Alesina, Reza Baqir, and William Easterly, 'Public Goods and Ethnic Divisions', *Quarterly Journal of Economics* 114:4 (1999), 1243–84.

50. Alberto Alesina, Edward Glaeser, and Bruce Sacerdote, 'Why Doesn't the United States Have a European-Style Welfare State?',

Brookings Papers on Economic Activity 2 (2001).

51. John Lloyd, 'Study Paints Bleak Picture of Ethnic Diversity', *Financial Times*, 8 October 2006.
52. Tom Bartlett, 'Harvard Sociologist Says His Research Was 'Twisted'' ', *Chronicle of Higher Education*, 15 August 2012.
53. Michael Sandel, 'Themes of 2016: Progressive Parties Have to Address the People's Anger', *Guardian*, 1 January 2017. He also asks what the 'moral significance' of 'national borders' in particular might be.
54. 我感謝幾名貝利奧爾學院的哲學、政治與經濟系大學生，他們的作品吸引我關注分配正義的領域。
55. 詳情請參閱：Van Parijs and Vanderborght, *Basic Income*, p. 29 與 Atkinson, *Inequality*。這項提議以不同名稱的形式對外傳播，例如「全國青年基金會」與「最低繼承權」；「通用個人資本帳戶」與「利害關係人補助金」；「孩童信託基金」與「資本基金會」。
56. 詳情請參閱：Will Kymlicka, *Contemporary Political Philosophy: An Introduction* (New York: Oxford University Press, 2002), p. 170。加拿大政治哲學家威爾．金里卡（Will Kymlicka）在書中寫道：「如果我們所做的一切工作就只是取走擁有生產性資產的族群收入，然後重新分配給沒有生產性資產的族群，那麼我們還是擺脫不掉階級、剝削，因此這種互相矛盾的利益便讓正義在一開始就成為必要考量。我們應該反過來關注轉移生產手法本身的所有權。一旦我們完成這項工程，公平分配的問題自然就顯得過時。
57. Joshua Brustein, 'Juno Sold Itself as the Anti-Uber. That Didn't Last Long', *Bloomberg*, 28 April 2017.
58. Daniel Susskind and Richard Susskind, *The Future of the Professions* (Oxford: Oxford University Press, 2015), p. 34.
59. Jesse Bricker, Lisa J. Dettling, Alice Henriques, et al., 'Changes in U.S. Family Finances from 2013 to 2016: Evidence from the Survey of Consumer Finances', Federal Reserve Bulletin 103:3 (2017).
60. 見 https://www.nbim.no/en/ the-fund/about-the-fund/(accessed October 2018).
61. 這些數據來自 Hughes, *Fair Shot*, p. 137.
62. 圖表改繪自 Figure 3.1.3. in Facundo Alvaredo, Lucas Chancel, Thomas Piketty, *et al.*, *World Inequality Report* (Creative Commons, 2018).

63. 'Why Trade Unions Are Declining', *The Economist*, 29 September 2015.
64. John Kenneth Galbraith, *American Capitalism: The Concept of Countervailing Power* (Eastford, CT: Martino Fine Books, 2012).
65. Satya Nadella, 'The Partnership of the Future', *Slate*, 28 June 2016.
66. Kevin Roose, 'The Hidden Automation Agenda of the Davos Elite', *New York Times*, 25 January 2019.
67. Ryan Abbott and Bret Bogenschneider, 'Should Robots Pay Taxes? Tax Policy in the Age of Automation', *Harvard Law & Policy Review* 12 (2018).
68. 'New Poll Reveals 8 in 10 Londoners Believe Capital's Nurses Are Underpaid', Royal College of Nursing, 6 September 2017, https://www.rcn.org.uk/; 'The 50th Annual PDK Poll of the Public's Attitudes Toward the Public Schools, Teaching: Respect but Dwindling Appeal', PDK Poll, http://pdkpoll.org/ (accessed September 2018).
69. Guy Chazan, 'German Union Wins Right to 28-hour Working Week and 4.3% Pay Rise', *Financial Times*, 6 February 2018.
70. https://www.tuc.org.uk/ about-the-tuc; Rebecca Wearn, 'Unions Call for Four- day Working Week', *BBC News*, 10 September 2018.
71. 'Technology May Help to Revive Organised Labour', *The Economist*, 15 November 2018.
72. Frances O'Grady, 'Building a Movement Fit for the Next 150 Years', 10 September 2018, 來自 https://www.tuc.org.uk/blogs/ (accessed September 2018).
73. Alexandra Topping, 'Frances O'Grady on the TUC at 150: "Unions Have to Change or Die" ', *Guardian*, 4 June 2018.

第十一章、科技巨頭

1. 六十二%的數據來自 https://www.comscore.com/Insights/Rankings? country=US (accessed 1 May 2019); 八十八%的數據來自 Jonathan Taplin, 'Is It Time to Break Up Google?', *New York Times*, 22 April 2017.

2. 截至二〇一九年四月，臉書每個月有二十三．八億活躍用戶，全球人口約為七十七億。見 https://newsroom.fb.com/company-info/(accessed 1 May 2019) and https://en.wikipedia.org/wiki/World_population (accessed 1 May 2019). 七〇％與七四％的數據，來自 Taplin, 'Is It Time to Break Up Google?. 四三％的數據，來自 'Amazon Accounts for 43% of US Online Retail Sales',*Business Insider Intelligence*, 3 February 2017.
3. Greg Ip, 'The Antitrust Case Against Facebook, Google and Amazon', *Wall Street Journal*, 16 January 2018.
4. PwC, 'Global Top 100 Companies by Market Capitalisation' (2018).
5. Marc Andreessen, 'Why Software Is Eating the World', *Wall Street Journal*, 20 August 2011.
6. Connie Chan, 'When One App Rules Them All: The Case of WeChat and Mobile in China', Andreessen Horowitz, https://a16z.com/2015/08/06/ wechat-china-mobile-first/, 引述自 Jamie Susskind, *Future Politics* (Oxford: Oxford University Press, 2018), p. 331.
7. Dan Frommer, 'Microsoft Is Smart to Prepare for Its New Role as Underdog', *Quartz*, 17 July 2014.
8. James Klisner, 'IBM: Creating Shareholder Value with AI? Not So Elementary, My Dear Watson', *Jefferies Franchise Note*, 12 July 2017. 見 https://javatar.bluematrix.com/pdf/fO5xcWjc.
9. Avery Hartmans, 'These 18 Incredible Products Didn't Exist 10 Years Ago', *Business Insider UK*, 16 July 2017.
10. Andre Esteva, Brett Kuprel, Roberto A. Novoa, *et al.*, 'Dermatologist-level Classification of Skin Cancer with Deep Neural Networks', *Nature* 542 (2017), 115–18.
11. 請參見 Jeff Reinke, 'From Old Steel Mill to Autonomous Vehicle Test Track', Thomas, 19 October 2017; Michael J. Coren, 'Tesla Has 780 Million Miles of Driving Data, and Adds Another Million Every 10 Hours', *Quartz*, 28 May 2016; and Alexis C. Madrigal, 'Inside Waymo's Secret World for Training Self-Driving Cars', *Atlantic*, 23 August 2017.
12. David McCandless, 'Codebases: Millions of Lines of Code', 24 September 2015, https://informationisbeautiful.net/visualizations/million-lines-of-code/ (accessed 25 April 2018).
13. Michael J. Coren, 'San Francisco Is Actually One of the Worst-Paying Places in the US for Software Engineers', *Quartz*, 9

February 2017.

14. 14 Udi Manber and Peter Norvig, 'The Power of the Apollo Missions in a Single Google Search', *Google Inside Search*, 28 August 2012, https://search.googleblog.com/2012/08/ the-power-of-apollo-missions-in-single. html (accessed 25 April 2018).

15. Satinder Singh, Andy Okun, and Andrew Jackson, 'Artificial Intelligence: Learning to Play Go from Scratch', *Nature* 550 (2017), 336–7.

16. David Silver, Julian Schrittwieser, Karen Simonyan, et al., 'Mastering the Game of Go Without Human Knowledge', *Nature* 550 (2017), 354–9.

17. Susskind, *Future Politics*, p. 318.

18. Massimo Motta, *Competition Policy* (Cambridge: Cambridge University Press, 2007), p. 39.

19. Peter Thiel, 'Competition Is for Losers', *Wall Street Journal*, 12 September 2014.

20. 對於微軟，請參見 Joel Brinkley，'U.S. vs. Microsoft: The Overview; U.S. Judge Says Microsoft Violated Antitrust Laws with Predatory Behavior', *New York Times*, 4 April 2000; 對於 Facebook，請參見 Guy Chazan, 'German Antitrust Watchdog Warns Facebook over Data Collection',*Financial Times*, 19 December 2017; 對於 Google，請參見 Rochelle Toplensky, 'Google Appeals €2.4bn EU Antitrust Fine', *Financial Times*, 11 September 2017; 對於 Apple，請參見 Adam Liptak and Vindu Goel, 'Supreme Court Declines to Hear Apple's Appeal in E-Book Pricing Case', *New York Times*, 7 March 2011; 對於亞馬遜，請參見 Simon van Dorpe, 'The Case Against Amazon', *Politico.eu*, 4 March 2019.

21. 這個例子出自 Peter Thiel and Blake Masters, *Zero to One* (New York: Crown Business, 2014).

22. Michael Cox, 'Schumpeter in His Own Words', *Federal Reserve Bank of Dallas: Economic Insights* 6:3 (2001), p. 5.

23. Joseph A. Schumpeter, *Capitalism, Socialism, and Democracy* (London: Routledge, 2005).

24. Mark J. Perry, 'Fortune 500 Firms 1955 v. 2017: Only 60 Remain, Thanks to the Creative Destruction That Fuels Economic Prosperity', *AEIdeas*, 13 October 2017.

25. 請參見 Ariel Ezrachi and Maurice Stucke, *Virtual Competition: The Promise and Perils of the Algorithm-Driven Economy*

(Cambridge, MA: Harvard University Press, 2016), Chapters 5–8.

26. Emilio Calvano, Giacomo Calzolari, Vincenzo Denicolò, and Sergio Pastorello, ‘Artificial Intelligence, Algorithmic Pricing, and Collusion’, Vox CEPR Policy Portal, 3 February 2019; https://voxeu.org/ (accessed February 2019).

27. 數據來自 Rani Molla and Jason Del Ray, ‘Amazon’s Epic 20-year Run as a Public Company Explained in Five Charts’, recode.net, 15 May 2017, 亞馬遜的資料更新至二〇一七年第四季：https://ir.aboutamazon.com/ quarterly-results.

28. Benedict Evans, ‘Why Amazon Has No Profits (And Why It Works)’, 5 September 2014, https://www.ben-evans.com/benedictevans/2014/9/4/why-amazon-has-no-profits-and-why-it-works (accessed 25 April 2018).

29. Timothy Lee, ‘Uber Lost $2.8 Billion in 2016. Will It Ever Become Profitable?’, *Vox*, 15 April 2017.

30. Lina M. Khan, ‘Amazon’s Antitrust Paradox’, *Yale Law Journal* 126:3 (2017), 564–907.

31. 請參見 the history of ExxonMobil, for instance, 來自 http://corporate.exxonmobil.com/en/company/ about-us/history/overview (accessed 25 April 2018).

32. ‘May 15, 1911: Supreme Court Orders Standard Oil to Be Broken Up’, *New York Times*, 15 May 2012.

33. ‘The World’s Most Valuable Resource Is No Longer Oil, but Data’, *The Economist*, 6 May 2017.

34. 請 參 見 Standard Oil Co. of New Jersey v. United States, 221 U.S. 1 (1911). 取 自 https://supreme.justia.com/cases/federal/us/221/1/case.html (accessed 25 April 2018).

35. ‘Google Searches Expose Racial Bias, Says Study of Names’, BBC News, 4 February 2013. 引述自 Susskind, *Future Politics*, p. 288.

36. James Vincent, ‘Google “Fixed” Its Racist Algorithm by Removing Gorillas from Its Image-Labeling Tech’, *Verge*, 12 January 2018. 引述自前述書目 p. 282.

37. Ernesto, ‘Google Removed 2.5 Billion “Pirate” Search Results’, *TorrentFreak*, 6 July 2017.

38. Craig Silverman, ‘Recommendations Push Users to the Fringe’, Buzz-Feed, 12 April 2018; Caroline O’Donovan, ‘YouTube Just Demonetized Anti-Vax Channels’, *BuzzFeed*, 22 February 2019; Eli Rosenberg, ‘A Right-wing YouTuber Hurled Racist,

Homophobic Taunts at a Gay Reporter. The Company Did Nothing', *Washington Post*, 5 June 2019; Max Fisher and Amanda Taub, 'On YouTube's Digital Playground, an Open Gate for Pedophiles', New York Times, 3 June 2019.
39. Robert Booth, 'Facebook Reveals News Feed Experiment to Control Emotions', *Guardian*, 30 June 2014.
40. Susskind, *Future Politics*, p. 132.
41. Karen Hao, 'Facebook's Ad-serving Algorithm Discriminates by Gender and Race', *MIT Technology Review*, 5 April 2019.
42. Scott Shane, 'These Are the Ads Russia Bought on Facebook in 2016', *New York Times*, 1 November 2017; Eric Tucker and Mary Clare Jalonick, 'Lawmakers Release Troves of Facebook Ads Showing Russia's Cyber Intrusion', *Chicago Tribune*, 1 November 2017.
43. Karsten Muller and Carlo Schwarz, 'Fanning the Flames of Hate: Social Media and Hate Crime', Warwick University Working Paper Series No. 373 (May 2018), reported in Amanda Taub and Max Fisher, 'Facebook Fueled Anti-Refugee Attacks in Germany, New Research Suggests', *New York Times*, 21 August 2018.
44. Brad Stone, 'Amazon Erases Orwell Books from Kindle', *New York Times*, 17 July 2009.
45. James Felton, 'Amazon AI Designed to Create Phone Cases Goes Hilariously Wrong', *IFLScience!*, 10 July 2017.
46. Nicole Chavez, 'Arkansas Judge Drops Murder Charge in Amazon Echo Case', *CNN*, 2 December 2017.
47. Susskind, *Future Politics*, p. 236; the 'Inconvenient Facts' app, at https://apps.apple.com/us/app/ inconvenient-facts/id1449892823?ls=1 (accessed June 2019); Josh Begley, 'After 12 Rejections, Apple Accepts App That Tracks U.S. Drone Strikes', *Intercept*, 28 March 2017; Ben Hubbard, 'Apple and Google Urged to Dump Saudi App That Lets Men Track Women', *New York Times*, 13 February 2019.
48. Arash Khamooshi, 'Breaking Down Apple's iPhone Fight with the U.S. Government', *New York Times*, 21 March 2016. 也可以參考 Susskind, *Future Politics*, p. 155.
49. James Vincent, 'Twitter Taught Microsoft's AI Chatbot to be a Racist Asshole in Less Than a Day', *Verge*, 24 March 2016. 也可以參考 Susskind, *Future Politics*, p. 37.

50. Alex Kantrowitz, 'Microsoft's Chatbot Zo Calls the Qur'an Violent and Has Theories About Bin Laden', *BuzzFeed News*, 3 July 2017.
51. Susskind, *Future Politics*, p. 73.
52. 同前注，p. 3.
53. 關於政治生活的私有化，請參見 Jamie Susskind, 'Future Politics: Living Together in a World Transformed by Tech', Google Talks, 18 October 2018, https://www.youtube.com/watch?v=PcPJjOJO1vo (accessed October 2018).
54. Tony Romm, Drew Harwell, and Craig Timberg, 'Google CEO Sundar Pichai: Fears About Artificial Intelligence Are "Very Legitimate", He Says in Post Interview', *Washington Post*, 12 December 2018.
55. 舉例請參見 Nick Srnicek, 'We Need to Nationalise Google, Facebook, and Amazon. Here's Why', *Guardian*, 30 August 2017; Nick Srnicek, 'The Only Way to Rein in Big Tech Is to Treat Them as a Public Service', *Guardian*, 23 April 2019.
56. Simon Mistreanu, 'Life Inside China's Social Credit Laboratory', *Foreign Policy*, 3 April 2018.
57. Christopher Hope, 'One Official Disciplined over Data Loss Every Day', 3 November 2008.
58. 關於「消費者」與「公民」，請參見 Jamie Susskind, 'Future Politics: Living Together in a World Transformed by Tech', Harvard University CLP Speaker Series, 11 December 2018.

第十二章、人生的意義與目的

1. 這個觀點來自 Michael Sandel in Sandel, 'In Conversation with Michael Sandel: Capitalism, Democracy, and the Public Good', LSE Public Lecture chaired by Tim Besley, 2 March 2017, http://www.lse.ac.uk/ (accessed April 24, 2018).
2. 引述自 David Spencer, *The Political Economy of Work, digital edn* (New York: Routledge, 2010), p. 19.
3. 同前注，p. 79.

4. https://www.amazon.com/ Love-work-love-thats-all/dp/B01M0EY8ZD (accessed 24 April 2018).
5. https://www.freud.org.uk/about/faq/ (accessed 19 October 2017); Sigmund Freud, Civilization and Its Discontents (New York: W. W. Norton, 2010), pp. 79–80.
6. Max Weber, *The Protestant Ethic and the Spirit of Capitalism* (Oxford: Oxford University Press, 2011), p. 129.
7. 同前注，p. 170.
8. 同前注，pp. 99–100.
9. Marie Jahoda, Paul Lazarsfeld, and Hans Zeisel, *Marienthal: The Sociography of an Unemployed Community*, 4th printing (Piscataway, NJ: Transaction Publishers, 2009), p. vii. 有關瑪莉・賈荷達的資料都參考自這本書。
10. 舉例請參見 Marie Jahoda, *Employment and Unemployment: A Social-Psychological Analysis* (Cambridge: Cambridge University Press, 1982); 自殺率的資料，見 'Why Suicide Is Falling Around the World, and How to Bring It Down More', *The Economist*, 24 November 2018.
11. Michael Sandel, 'Themes of 2016: Progressive Parties Have to Address the People's Anger', *Guardian*, 1 January 2017.
12. Sandel, 'In Conversation with Michael Sandel'.
13. Norman Longmate, *The Workhouse: A Social History* (London: Pimlico, 2003), p. 14.
14. Chris Weller, 'EBay's Founder Just Invested $500,000 in an Experiment Giving Away Free Money', *Business Insider UK*, 8 February 2017.
15. Gregory Clark, *A Farewell to Alms* (Princeton, NJ: Princeton University Press, 2007), pp. 64–5.
16. 同前注，p. 65.
17. 同前注，pp. 66.
18. James Suzman, *Affluence Without Abundance: The Disappearing World of the Bushmen* (London: Bloomsbury, 2017), p. 256.
19. Hannah Arendt, *The Human Condition* (London: University of Chicago Press, 1998), p. 82.
20. Aristotle, *Politics*, Book III; available at http://www.perseus.tufts.edu/.

21. James Renshaw, *In Search of the Greeks*, 2nd edn (London: Bloomsbury, 2015), p. 376.
22. 亞里斯多德的部分，引述自 Jamie Susskind, *Future Politics* (Oxford: Oxford University Press, 2018), p. 301. 特別翻譯自 Kory Schaff, *Philosophy and the Problems of Work: A Reader* (Oxford: Rowman & Littlefield, 2001).
23. Maurice Balme, 'Attitudes to Work and Leisure in Ancient Greece', Greece & Rome 31:2 (1984), 140–52.
24. Jacob Snyder, 'Leisure in Aristotle's Political Thought', *Polis: The Journal for Ancient Greek Political Thought* 35:2 (2018).
25. 引自 Balme, 'Attitudes to Work'，但原始資料來自 Hesiod, Theogony, *Works and Days, Testimonia*, ed. and trans. Glenn W. Most, Loeb Classical Library 57 (London: Harvard University Press, 2006), *Theogony*, lines 535–57.
26. 同前注，*Works and Days*, lines 42–53.
27. Cited in Balme, 'Attitudes to Work'; Genesis 3:19, https://www.biblegateway.com/.
28. 舉例請參見 'Economic and Philosophical Manuscripts', in Karl Marx, *Selected Writings*, ed. Lawrence Simon (Indianapolis: Hackett, 1994).
29. 引自 Daniel Susskind and Richard Susskind, *The Future of the Professions* (Oxford: Oxford University Press, 2015), p. 256.
30. 傅立葉變換（Fourier）典故出自傅立葉（David Frayne）, *The Refusal of Work: The Theory and Practice of Resistance to Work* (Zed Books, 2015), p. 30.
31. Susskind and Susskind, *Future of the Professions*, p. 255.
32. Gallup, 'State of the American Workplace' (2017); Pew Research Center, 'How Americans View Their Jobs', 6 October 2016, http://www.pewsocialtrends.org/2016/10/06/how-americans-view-their-jobs/ (accessed 24 April 2018).
33. Will Dahlgreen, '37% of British Workers Think Their Jobs Are Meaningless', YouGov UK, 12 August 2015.
34. David Graeber, 'On the Phenomenon of Bullshit Jobs: A Work Rant', *STRIKE! Magazine,* August 2013.
35. 法國社會學家皮爾－米榭・曼格（Pierre-Michel Menger）稱呼這種現象是「法國悖論」（French Paradox）。他在二〇一八年二月六日英國政治經濟學家羅伯特・史紀德斯基（Robert Skidelsky）籌辦的「未來工作研討會」（二〇一八年二月六日）中發表演說「（在法國）工作值多少價值」（What Is Work Worth [in France]）闡述這個議題。

36. John Maynard Keynes, *Essays in Persuasion* (New York: W. W. Norton, 1963), p. 368.
37. Wassily Leontief, 'National Perspective: The Definition of Problems and Opportunities' in *The Long-term Impact of Technology on Employment and Unemployment: A National Academy of Engineering Symposium*, 30 June 1983 (Washington, DC: National Academy Press, 1983), p. 7.
38. Bertrand Russell, *In Praise of Idleness and Other Essays* (New York: Routledge, 2004), pp. 3 and 13.
39. Thorstein Veblen, *The Theory of the Leisure Class* (New York: Dover Thrift Editions, 1994).
40. G. A. Cohen, *If You're an Egalitarian, How Come You're So Rich?* (London: Harvard University Press, 2001).
41. http://www. english-heritage.org.uk/learn/ story-of-england/victorian/religion/ (accessed 24 April 2018).
42. Schaff, Philosophy and the Problems of Work, p. 3; Keynes, *Essays in Persuasion*, p. 368.
43. Jahoda, Lazarsfeld, and Zeisel, *Marienthal*, p. 66.
44. Eleanor Dickey, 'Education, Research, and Government in the Ancient World', lecture at Gresham College, Barnard's Inn Hall, London, 15 May 2014.
45. Michael Barber, 'Rab Butler's 1944 Act Brings Free Secondary Educational for All', *BBC News*, 17 January 1944.
46. 請參見 Jonathan Birdwell, Ralph Scott, and Louis Reynolds, *Character Nation* (London: Demos, 2015), p. 9.
47. James Arthur, Kristjan Kristjansson, David Walker, *et al.*, 'Character Education in UK Schools Research Report', The Jubilee Centre for Character and Virtues at the University of Birmingham (2015), as described in 同前注。, p. 10.
48. 男性，六・一小時乘以七天等於每週四十二・七小時；女性，每週三十八・五小時。詳情請參閱：Office for National Statistics, 'Leisure Time in the UK: 2015', 24 October 2017, https://www.ons.gov.uk/releases/leisuretimeintheuk2015 (accessed 24 April 2017)。不過，我們不應該完全接受被媒體推上重要地位的說法：國家統計局的分類似乎無法正確記錄停留在線上的時間。
49. 詳情請參閱：http://www.bbc.co.uk/corporate2/insidethebbc/whoweare/mission_and_values (accessed 8 May 2018)。最近，英國保守黨黨魁與英國廣播公司（BBC）有一場激辯，他威脅要採取這種手法切斷資金。詳情請參閱：Tim Ross, 'BBC

Could Lose Right to Licence Fee over "Culture of Waste and Secrecy", Minister Warns', *Telegraph*, 26 October 2013。

50. HM Government, 'Sporting Future: A New Strategy for an Active Nation', December 2015.

51. Sarah O'Connor, 'Retirees Are Not the Only Ones Who Need a Break', *Financial Times*, 7 August 2018.

52. 志願服務的統計數據來自安迪・霍爾丹二〇一四年九月九日對企業經濟學家協會（Society of Business Economists）的演說 'In Giving, How Much Do We Receive? The Social Value of Volunteering', lecture to the Society of Business Economists, London, 9 September 2014。當年，英國受薪階級共三千零八十萬人。詳情請參閱：Office for National Statistics, 'Statistical Bulletin: UK Labour Market, December 2014', 17 December 2014。

53. Haldane, 'In Giving, How Much Do We Receive?'.

54. Sophie Gilbert, 'The Real Cost of Abolishing the National Endowment for the Arts', *Atlantic*, 16 March 2017.

55. 就英國而言，請參見 Daniel Wainwright, Paul Bradshaw, Pete Sherlock, and Anita Geada, 'Libraries Lose a Quarter of Staff as Hundreds Close', *BBC News*, 29 March 2016。二〇一〇年，當地政府公營的圖書館數量為四千二百九十家，二〇一六年為三千七百六十五家。有趣的是，這種情勢並非舉世皆然，在中國，同一期間公共圖書館的數量成長八・四%。詳情請參閱：Will Dunn, 'The Loss of Britain's Libraries Could Be a Huge Blow to the Economy', *New Statesman*, 18 December 2017。

56. Benedicte Page, 'Philip Pullman's Call to Defend Libraries Resounds Around the Web', *Guardian*, 27 January 2011.

57. Orrin E. Dunlap Jr., 'Telecasts to Homes Begin on April 30 – World's Fair Will Be the Stage', *New York Times*, 19 March 1939.

58. 'Ulysses' in Alfred Tennyson, *Selected Poems* (London: Penguin Books, 2007).

59. Dylan Matthews, '4 Big Questions About Job Guarantees', *Vox*, 27 April 2018; Sean McElwee, Colin McAuliffe, and Jon Green, 'Why Democrats Should Embrace a Federal Jobs Guarantee', *Nation*, 20 March 2018.

60. 舉例來說，漢娜・鄂蘭的著作《人的條件》（*The Human Condition*）便是在探討「勞動」、「工作」與「行動」。同時，許多社會學家希望，在未來，隨著工作變成休閒，休閒變成工作，而且兩者合體成為馬克思所說的「不僅是一種生活方式，而且是生活的主要需求」，這種區別或許會完全消失。詳情請參閱：'Critique of the Gotha Program' in Marx, *Selected Writings*, p. 321。

61. 出自拉丁語言學家莫里斯．鮑莫（Maurice Balme）的文章〈工作態度〉（Attitudes to Work）：「不參與政治的人不是只關心自身事務的人，而是沒有用的人。我們不是唯一抱持這種主張的人。」
62. International Labour Organization, *Care Work and Care Jobs for the Future of Decent Work* (Geneva: International Labour Office, 2018), p. xxvii.
63. Annie Lowrey, *Give People Money: The Simple Idea to Solve Inequality and Revolutionise Our Lives* (London: W. H. Allen, 2018), p. 151.
64. 'Unpaid Care', Parliamentary Office of Science and Technology, Houses of Parliament, No. 582 (July 2018).
65. 詳情請參閱：Chris Rhodes, 'Manufacturing: Statistics and Policy', House of Commons Library Brief Paper No. 01942 (November 2018); Chris Payne and Gueorguie Vassilev, 'House Satellite Account, UK: 2015 and 2016', Office for National Statistics (October 2018)。二〇一六年，製造業的附加價值毛額（gross value added：GVA）是一千一百七十六億英鎊；「家庭住房服務」、「營養」、「洗衣」與「兒童保育」則為七千九百七十六億五千萬英鎊。
66. Joi Ito and Scott Dadich, 'Barack Obama, Neural Nets, Self-Driving Cars, and the Future of the World', *Wired*, 12 October 2016.
67. Alex Moss, 'Kellingley Mining Machines Buried in Last Deep Pit', *BBC News*, 18 December 2015.
68. 舉例請參見,David Goodhart and Eric Kaufmann, 'Why Culture Trumps Skills: Public Opinion on Immigration', *Policy Exchange*, 28 January 2018.
69. John Stuart Mill, *Principles of Political Economy with Chapters on Socialism* (Oxford: Oxford University Press, 2008), p. 124.
70. Isaiah Berlin, *Two Concepts of Liberty* (Oxford: Claredon Press, 1959), p. 3.

後記

1. Stefan Zweig, *The World of Yesterday* (London: Pushkin Press, 2014), p. 23.

參考書目

以下清單是本書內文與注釋涵蓋的所有書籍、學術文章和演說內容，也有一些內容深刻、因此數度引用的一般性文章。文中參考的網站、線上數據與資料圖表，請詳閱注釋。在此處與注釋中，唯有數據資料與事實可能會隨時間改變的情況下，才會明確列出最後一次造訪網站的日期。

Abbott, Ryan, and Bret Bogenschneider, 'Should Robots Pay Taxes? Tax Policyin the Age of Automation', *Harvard Law & Policy Review* 12 (2018).

Acemoglu, Daron, 'Technical Change, Inequality, and the Labor Market', *Journal of Economic Literature* 40:1 (2002), 7–72.

—— and David Autor, 'Skills, Tasks and Technologies: Implications for Employment and Earnings' in David Card and Orley Ashenfelter (eds),*Handbook of Labor Economics*, vol. 4, pt.B(North-Holland:Elsevier,2011), pp. 1043–171.

—— and Pascual Restrepo, 'Artificial Intelligence, Automation and Work'in Ajay Agrawal, Joshua Gans, and Avi Goldfarb (eds), *Economics ofArtificial Intelligence* (Chicago: Chicago University Press, 2018).

—— and Pascual Restrepo, 'Demographics and Automation', NBER Working Paper No. 24421 (2018).

—— and Pascual Restrepo, 'The Race Between Machine and Man: Implications of Technology for Growth, Factor Shares, and

Employment', *American Economic Review* 108:6 (2018), 1488–542.

—— and Pascual Restrepo, 'Robots and Jobs: Evidence from US Labor Markets', NBER Working Paper No. 23285 (2017).

—— and Pascual Restrepo, 'The Wrong Kind of AI? Artificial Intelligence and the Future of Labor Demand', MIT Working Paper (2019).

—— and James Robinson, *Why Nations Fail* (London: Profile Books, 2012).

Adams, James Truslow, *The Epic of America* (New York: Little, Brown, 1931).

Albers, Anni, *On Weaving* (Princeton, NJ: Princeton University Press, 2017).

Alesina, Alberto, Reza Baqir, and William Easterly, 'Public Goods and EthnicDivisions', *Quarterly Journal of Economics* 114:4 (1999), 1243–84.

—— , Rafael Di Tella, and Robert MacCulloch, 'Inequality and Happiness:Are Europeans and Americans Different?', *Journal of Public Economics* 88: 9–10(2004), 2009–42.

—— , Edward Glaeser, and Bruce Sacerdote, 'Why Doesn't the United States Have a European-Style Welfare State?', *Brookings Papers on Economic Activity 2* (2001).

Aletras, Nikolas, Dimitrios Tsarapatsanis, Daniel Preo iuc-Pietro and Vasileios Lampos, 'Predicting Judicial Decisions of the European Court of Human Rights: A Natural Language Processing Perspective', *PeerJ Computer Science* 2:93 (2016).

Allen, Robert, 'The Industrial Revolution in Miniature: The Spinning Jenny in Britain, France, and India', Oxford University Working Paper No. 375 (2017).

Alstadsæter, Annette, Niels Johannesen, and Gabriel Zucman, 'Tax Evasion and Inequality', *American Economic Review* 109:6 (2019), 2073–103.

—— , Niels Johannesen, and Gabriel Zucman, 'Who Owns the Wealth in Tax Havens? Macro Evidence and Implications for Global Inequality', *Journal of Public Economics* 162 (2018), 89–100.

Alvaredo, Facundo, Lucas Chancel, Thomas Piketty, *et al.*, *World Inequality Report* (Creative Commons, 2018).

Antràs, Pol, and Hans-Joachim Voth, 'Factor Prices and Productivity Growth During the British Industrial Revolution', *Explorations in Economic History* 40 (2003), 52–77.

Arendt, Hannah, *The Human Condition* (London: University of Chicago Press, 1998).

Arthur, James, Kristján Kristjánsson, David Walker, *et al.*, 'Character Education in UK Schools Research Report', The Jubilee Centre for Character and Virtues at the University of Birmingham (2015).

Atkinson, Anthony B., *The Changing Distribution of Earnings in OECD Countries* (Oxford: Oxford University Press, 2009).

—— , *Inequality: What Can Be Done?* (London: Harvard University Press,2015).

—— , 'The Restoration of Welfare Economics', *American Economic Review* 101:3 (2011), 157–61.

Autor, David, 'The Limits of the Digital Revolution: Why Our Washing Machines Won't Go to the Moon', *Social Europe* (2015), https://www.socialeurope.eu/.

—— , 'Polanyi's Paradox and the Shape of Employment Growth' in 'Re-Evaluating Labor Market Dynamics: A Symposium Sponsored by the Federal Reserve Bank of Kansa City. Jackson Hole, Wyoming, August 21–23, 2014' (2015).

—— , 'The Polarization of Job Opportunities in the U.S. Labor Market: Implications for Employment and Earnings', Center for American Progress (April 2010).

—— , 'Skills, Education, and the Rise of Earnings Inequality Among the "Other 99 Percent" ', *Science* 344:6186 (2014), 843–51.

—— , 'Why Are There Still So Many Jobs? The History and Future of Workplace Automation', *Journal of Economics Perspectives* 29:3 (2015), 3–30.

—— , 'Work of the Past, Work of the Future', Richard T. Ely Lecture delivered at the Annual Meeting of the American Economic Association (2019).

—— and David Dorn, 'The Growth of Low-Skill Service Jobs and the Polarization of the US Labor Market', *American Economic Review* 103:5 (2013), 1553–97.

—— and David Dorn, 'Technology Anxiety Past and Present', Bureau for Employers' Activities, International Labour Office (2013).

—— , David Dorn, Lawrence Katz, *et al.*, 'The Fall of the Labor Share and the Rise of Superstar Firms', NBER Working Paper No. 23396 (2017).

—— , Lawrence Katz, and Alan Krueger, 'Computing Inequality: Have Computers Changed the Labour Market?', *Quarterly Journal of Economics* 133:1 (1998), 1169–213.

—— , Frank Levy, and Richard Murnane, 'The Skill Content of Recent Technological Change: An Empirical Exploration', *Quarterly Journal of Economics* 118:4 (2003) 129–333.

—— and Anna Salomons, 'Does Productivity Growth Threaten Employment? "Robocalypse Now?" ', Presentation at the European Central Bank Annual Conference (2017).

Avent, Ryan, *The Wealth of Humans: Work and Its Absence in the 21st Century* (London: Allen Lane, 2016).

Balme, Maurice, 'Attitudes to Work and Leisure in Ancient Greece', *Greece & Rome* 31:2 (1984), 140–52.

Barkai, Simcha, 'Declining Labor and Capital Shares', Working Paper, University of Chicago (2016).

Beaudry, Paul, David Green, and Benjamin Sand, 'The Great Reversal in the Demand for Skill and Cognitive Tasks', *Journal of Labor Economics* 34:1 (2016), 199–247.

Becker, Gary,'The Economic Way of Looking at Life', Nobel Prize lecture, 9 December 1992.

Belfield, Chris, Claire Crawford, and Luke Sibieta, 'Long-run Comparisons for Spending per Pupil Across Different Stages of Education', Institute for Fiscal Studies, 27 February 2017.

Bell, Alex, Raj Chetty, Xavier Jaravel, *et al.*, 'Who Becomes an Inventor in America? The Importance of Exposure to Innovation', NBER Working Paper No. 24062 (2017).

Bell, Daniel, 'The Bogey of Automation', *New York Review of Books*, 26 August 1965.

Berger, Thor, and Carl Frey, 'Industrial Renewal in the 21st Century: Evidence from US Cities', *Regional Studies* (2015).

Berlin, Isaiah, *The Hedgehog and the Fox* (New York: Simon & Schuster, 1953).

—— , *Two Concepts of Liberty* (Oxford: Clarendon Press, 1958).

Berman, Eli, John Bound, and Stephen Machin, 'Implications of Skill-Biased Technological Change: International Evidence', *Quarterly Journal of Economics* 113:4 (1998), 1245–79.

Bessen, James, 'Toil and Technology', *IMF Financial and Development* 51:1 (2015).

Beveridge, William, *Social Insurance and Allied Services* (London: Her Majesty's Stationery Office, 1942).

Birdwell, Jonathan, Ralph Scott, and Louis Reynolds, *Character Nation* (London: Demos, 2015).

Bloom, Benjamin, 'The 2 Sigma Problem: The Search for Methods of Group Instruction as Effective as One-to-One Tutoring', *Educational Researcher* 13:6 (1984), 4–16.

Boden, Margaret, *Philosophy of Artificial Intelligence* (Oxford: Oxford University Press, 1990).

Bostrom, Nick, 'Ethical Issues in Advanced Artificial Intelligence' in George Lasker, Wendell Wallach, and Iva Smit (eds), *Cognitive, Emotive, and Ethical Aspects of Decision Making in Humans and in Artificial Intelligence* (International Institute of Advanced Studies in Systems Research and Cybernetics, 2003), 12–17.

—— and Eliezer Yudkowsky, 'The Ethics of Artificial Intelligence' in William Ramsey and Keith Frankish (eds), *Cambridge Handbook of Artificial Intelligence* (Cambridge: Cambridge University Press, 2011).

Bricker, Jesse, Lisa J. Dettling, Alice Henriques, *et al.*, 'Changes in U.S. Family Finances from 2013 to 2016: Evidence from the Survey of Consumer Finances', *Federal Reserve Bulletin* 103:3 (2017).

Broadberry, Stephen, Bruce Campbell, Alexander Klein, *et al.*, *British Economic Growth, 1270–1870* (Cambridge: Cambridge University Press, 2015).

Broudy, Eric, *The Book of Looms* (Hanover, NH: University Press of New England, 1979).

Brown, Noam, and Tuomas Sandholm, 'Superhuman AI for Multiplayer Poker', *Science*, 11 July 2019.

Brynjolfsson, Erik, 'AI and the Economy', lecture at the Future of Life Institute, 1 July 2017.

—— and Andrew McAfee, *The Second Machine Age* (London: W. W. Norton, 2014).

—— and Tom Mitchell, 'What Can Machine Learning Do? Workforce Implications', *Science* 358:6370 (2017).

Caines, Colin, Florian Hoffman, and Gueorgui Kambourov, 'Complex-Task Biased Technological Change and the Labor Market', International Finance Division Discussion Papers 1192 (2017).

Campbell, Murray, A. Joseph Hoane Jr., and Feng-hsiung Hsu, 'Deep Blue', *Artificial Intelligence* 134 (2002), 57–82.

Caplan, Bryan, *The Case Against Education: Why the Education System Is a Waste of Time and Money* (Oxford: Princeton University Press, 2018).

Carranza-Rojas, Jose, Herve Goeau, and Pierre Bonnet, 'Going Deeper in the Automated Identification of Herbarium Specimens', *BMC Evolutionary Biology* 17:181 (2017).

Chi Dao, Mai, Mitali Das, Zsoka Koczan, and Weicheng Lian, 'Drivers of Declining Labor Share of Income', *IMF Blog* (2017).

Chien, YiLi, and Paul Morris, 'Is U.S. Manufacturing Really Declining?', *Federal Bank of St. Louis Blog*, 11 April 2017.

Chui, Michael, Katy George, James Manyika, and Mehdi Miremadi, 'Human + Machine: A New Era of Automation in Manufacturing', McKinsey & Co., September 2017.

Cingano, Federico, 'Trends in Income Inequality and Its Impact on Economic Growth', OECD Social, Employment and Migration Working Paper No. 163 (2014).

Clark, Gregory, 'The Agricultural Revolution and the Industrial Revolution: England, 1500–1912', unpublished manuscript (University of California, Davis, 2002).

—— , *A Farewell to Alms* (Princeton, NJ: Princeton University Press, 2007).

Cobb, Charles, and Paul Douglas, 'A Theory of Production', *American Economic Review* 18:1 (1928), 139–65.

Cohen, G. A., *If You're an Egalitarian, How Come You're So Rich?* (London: Harvard University Press, 2001).

—— , *Karl Marx's Theory of History: A Defence* (Oxford: Clarendon Press, 1978).

—— , *Rescuing Justice and Equality* (London: Harvard University Press, 2008).

Cole, G. D. H., *A History of Socialist Thought* (London: St Martin's Press, 1953).

Colton, Simon, and Geraint Wiggins, 'Computational Creativity: The Final Frontier?' *Proceedings of the 20th European Conference on Artificial Intelligence* (2012), 21–6.

Cowen, Tyler, *Average Is Over: Powering America Beyond the Age of the Great Stagnation* (New York: Dutton, 2013).

Cox, Michael, 'Schumpeter in His Own Words', Federal Reserve Bank of Dallas: *Economic Insights* 6:3 (2001).

Crevier, Daniel, *AI: The Tumultuous History of the Search for Artificial Intelligence* (New York: Basic Books, 1993).

Cribb, Jonathan, Andrew Hood, Robert Joyce, and Agnes Norris Keller, 'Living Standards, Poverty and Inequality in the UK: 2017', Institute for Fiscal Studies, 19 July 2017.

Dabla-Norris, Era, Kalpana Kochhar, Frantisek Ricka, *et al.*, 'Causes and Consequences of Income Inequality: A Global Perspective', IMF Staff Discussion Note (2015).

Darwin, Charles, *On the Origin of Species* (London: Penguin Books, 2009).

Davis, Abe, Michael Rubinstein, Neal Wadhwa, *et al.*, 'The Visual Microphone: Passive Recovery of Sound from Video', *ACM Transactions on Graphics (TOG)* 33:4 (2014).

Dawkins, Richard, *The Blind Watchmaker* (London: Penguin Books, 2016).

De Fauw, Jeffrey, Joseph Ledsam, Bernardino Romera-Paredes, *et al.*, 'Clinically Applicable Deep Learning for Diagnosis and Referral in Retinal Disease', *Nature Medicine* 24 (2018), 1342–50.

Deloitte, 'From Brawn to Brains: The Impact of Technology on Jobs in the UK' (2015).

Deming, David, 'The Growing Importance of Social Skills in the Labor Market', *Quarterly Journal of Economics* 132:4 (2017), 1593–640.

Dennett, Daniel, From Bacteria to Bach and Back (London: Allen Lane, 2017).

—— , 'A Perfect and Beautiful Machine: What Darwin's Theory of Evolution Reveals About Artificial Intelligence', *Atlantic*, 22 June 2012.

Diamond, Peter, and Emmanuel Saez, 'The Case for a Progressive Tax: From Basic Research to Policy Recommendations', *Journal of Economic Perspectives* 25:4 (2011), 165–90.

Dimsdale, Nicholas, Nicholas Horsewood, and Arthur Van Riel, 'Unemployment in Interwar Germany: An Analysis of the Labor Market, 1927–1936', *Journal of Economic History* 66:3 (2006), 778–808.

Dreyfus, Hubert, *What Computers Can't Do: The Limits of Artificial Intelligence* (New York: Harper & Row, 1979).

Eberstadt, Nicholas, *Men Without Work: America's Invisible Crisis* (West Conshohocken, PA: Templeton Press, 2016).

Eliot, T. S., *Collected Poems 1909–1962* (London: Faber and Faber, 2002).

Elliott, Stuart W., 'Computers and the Future of Skill Demand', *OECD Educational Research and Innovation* (2017).

Elster, Jon, 'Comment on Van der Veen and Van Parijs', *Theory and Society* 15:5 (1986) 709–21.

Esteva, Andre, Brett Kuprel, Roberto A. Novoa, *et al.*, 'Dermatologist- level Classification of Skin Cancer with Deep Neural Networks', *Nature* 542 (2017), 115–18.

Executive Office of the President, *Artificial Intelligence, Automation, and the Economy* (December 2016).

Ezrachi, Ariel, and Maurice Stucke, *Virtual Competition: The Promise and Perils of the Algorithm-Driven Economy* (Cambridge, MA: Harvard University Press, 2016).

Feigenbaum, Gustavo, *Conversations with John Searle* (Libros En Red, 2003).

Felipe, Jesus, Connie Bayudan-Dacuycuy, and Matteo Lanzafame, 'The Declining Share of Agricultural Employment in China: How Fast?', *Structural Change and Economic Dynamics* 37 (2016), 127–37.

Frayne, David, *The Refusal of Work: The Theory and Practice of Resistance to Work* (Zed Books, 2015).

Freud, Sigmund, *Civilization and Its Discontents* (New York: W. W. Norton, 2010).

Freund, Caroline, and Sarah Oliver, 'The Origins of the Superrich: The Billionaire Characteristics Database', *Peterson Institute for International Economics* 16:1 (2016).

Frey, Carl, and Michael Osborne, 'The Future of Employment: How Susceptible Are Jobs to Computerisation?', *Technological Forecasting and Social Change* 114 (January 2017), 254–80.

—— , Michael Osborne, Craig Holmes, *et al.*, 'Technology at Work v2.0: The Future Is Not What It Used to Be', Oxford Martin

School and Citi (2016).

Friedman, Benjamin M., ‘Born to Be Free’, *New York Review of Books*, 12 October 2017.

Fromm, Eric, *Fear of Freedom* (Abingdon: Routledge, 2009).

Fry, Hannah, *Hello World: How to Be Human in the Age of the Machine* (London: Penguin, 2018).

Galbraith, John Kenneth, *The Affluent Society* (London: Penguin Books, 1999).

——, *American Capitalism: The Concept of Countervailing Power* (Eastford, CT: Martino Fine Books, 2012).

Garber, Marjorie, *Vested Interests: Cross-Dressing and Cultural Anxiety* (New York: Routledge, 2012).

Gerth, Hans H., and C. Wright Mills (eds), ‘Introduction: The Man and His Work’ in *From Max Weber: Essays in Sociology* (Oxford: Oxford University Press, 1946).

Goldin, Claudia, and Lawrence Katz, *The Race Between Education and Technology* (London: Harvard University Press, 2009).

Good, Irving John, ‘Speculations Concerning the First Ultraintelligent Machine’, *Advances in Computers 6* (1966), 31–88.

Goodman, Joshua, Julia Melkers, and Amanda Pallais, ‘Can Online Delivery Increase Access to Education?’, *Journal of Labor Economics* 37:1 (2019).

Goos, Maarten, and Alan Manning, ‘Lousy and Lovely Jobs: The Rising Polarization of Work in Britain’, *Review of Economics and Statistics* 89:1 (2007), 119–33.

——, Alan Manning, and Anna Salomons, ‘Explaining Job Polarization: Routine-Biased Technological Change and Offshoring’, *American Economic Review* 104:8 (2014), 2509–26.

Gordon, Robert, *The Rise and Fall of American Growth* (Oxford: Princeton University Press, 2017).

Grace, Katja, John Salvatier, Allan Dafoe, *et al.*, ‘When Will AI Exceed Human Performance? Evidence from AI Experts’, *Journal of Artificial Intelligence* Research 62 (2018), 729–54.

Graetz, Georg, and Guy Michaels, ‘Robots at Work’, *Review of Economics and Statistics* 100:5 (2018), 753–68.

Grossman, Maura, and Gordon Cormack, ‘Technology-Assisted Review in e-Discovery Can Be More Effective and More Efficient than Exhaustive Manual Review', *Richmond Journal of Law and Technology* 17:3 (2011).

Haldane, Andy, 'In Giving, How Much Do We Receive? The Social Value of Volunteering', lecture to the Society of Business Economists, London, 9 September 2014.

—— , 'Labour's Share', speech at the Trades Union Congress, London, 12 November 2015.

Harari, Yuval Noah, *Homo Deus: A Brief History of Tomorrow* (London: Harvill Secker, 2016).

—— , *Sapiens* (London: Harvill Secker, 2011).

Harris, Sam, 'Can We Build AI Without Losing Control Over It?' ,TED talk, 29 September 2016.

Harrison, Mark, 'Soviet Economic Growth Since 1928: The Alternative Statistics of G. I. Khanin', *Europe–Asia Studies* 45:1 (1993), 141–67.

Hassabis, Demis, 'Artificial Intelligence: Chess Match of the Century', *Nature* 544 (2017), 413–14.

Haugeland, John, *Artificial Intelligence: The Very Idea* (London: MIT Press, 1989).

Hawking, Stephen, *On the Shoulders of Giants: The Great Works of Physics and Astronomy* (London: Penguin, 2003).

Hesiod, *Theogony, Works and Days, Testimonia*, ed. and trans. Glenn W. Most, Loeb Classical Library 57 (London: Harvard University Press, 2006).

Hobsbawm, Eric, *Industry and Empire* (London: Penguin, 1999).

Hofstadter, Douglas, *Gödel, Escher, Bach: An Eternal Golden Braid* (London: Penguin, 2000).

—— , 'Just Who Will Be We, in 2493?', Indiana University, Bloomington (2003).

—— , 'Staring Emmy Straight in the Eye – And Doing My Best Not to Flinch' in David Cope (ed.), *Virtual Music: Computer Synthesis of Musical Style* (London: MIT Press, 2004).

Holtz-Eakin, Douglas, David Joulfaian, and Harvey Rosen, 'The Carnegie Conjecture: Some Empirical Evidence', *Quarterly Journal of Economics* 108:2 (1993), 413–35.

Hughes, Chris, *Fair Shot: Rethinking Inequality and How We Earn* (London: Bloomsbury, 2018).

Imbens, Guido, Donald Rubin, and Bruce Sacerdote, 'Estimating the Effect of Unearned Income on Labor Earnings, Savings, and Consumption: Evidence from a Survey of Lottery Players', *American Economic Review* 91:4 (2001), 778–94.

IMF, *World Economic Outlook* (2017).

International Association of Machinists, 'Workers' Technology Bill of Rights', *Democracy* 3:1 (1983), 25–7.

International Labour Organization, *Care Work and Care Jobs for the Future of Decent Work* (Geneva: International Labour Office, 2018).

—— , *Global Wage Report 2014/2015* (Geneva: International Labour Office, 2015).

Jahoda, Marie, *Employment and Unemployment: A Social-Psychological Analysis* (Cambridge: Cambridge University Press, 1982).

—— , Paul Lazarsfeld, and Hans Zeisel, *Marienthal: The Sociography of an Unemployed Community*, 4th printing (Piscataway, NJ: Transaction Publishers, 2009).

Johnston, David, *Equality* (Indianapolis: Hackett Publishing, 2000).

Jones, Charles I., 'The Facts of Economic Growth' in John B. Taylor and Harald Uhlig (eds), *Handbook of Macroeconomics*, vol. 2A (Amsterdam: Elsevier, 2016), 3–69.

Jones, Damon, and Ioana Marinescu, 'The Labor Market Impact of Universal and Permanent Cash Transfers: Evidence from the Alaska Permanent Fund', NBER Working Paper No. 24312 (February 2018).

Kaldor, Nicholas, 'A Model of Economic Growth', *Economic Journal* 67:268 (1957), 591–624.

Kalokerinos, Elise, Kathleen Kjelsaas, Steven Bennetts, and Courtney von Hippel, 'Men in Pink Collars: Stereotype Threat and Disengagement Among Teachers and Child Protection Workers', *European Journal of Social Psychology* 47:5 (2017).

Karabarbounis, Loukas, and Brent Neiman, 'The Global Decline of the Labor Share', *Quarterly Journal of Economics* 129:1 (2014), 61–103.

Kasparov, Garry, 'The Chess Master and the Computer', *New York Review of Books*, 11 February 2010.

—— , *Deep Thinking* (London: John Murray, 2017).

Katz, Daniel Marin, Michael J. Bommarito II, and Josh Blackman, 'A General Approach for Predicting the Behavior of the Supreme Court of the United States', *PLOS ONE*, 12 April 2017.

Keynes, John Maynard, *Essays in Persuasion* (New York: W. W. Norton, 1963).

——, 'Relative Movements of Real Wages and Output', *Economic Journal* 49:193 (1939), 34–51.

Khan, Lina M., 'Amazon's Antitrust Paradox', *Yale Law Journal* 126:3 (2017), 564–907.

Kheraj, Sean, 'The Great Epizootic of 1872–73: Networks of Animal Disease in North American Urban Environments', *Environmental History* 23:3 (2018).

Kolbert, Elizabeth, 'Hosed: Is There a Quick Fix for the Climate?', *New Yorker*, 8 November 2009.

Krämer, Hagen, 'Bowley's Law: The Diffusion of an Empirical Supposition into Economic Theory', *Papers in Political Economy* 61 (2011).

Kymlicka, Will, *Contemporary Political Philosophy: An Introduction* (New York: Oxford University Press, 2002).

Landes, David, *Abba Ptachya Lerner 1903–1982: A Biographical Memoir* (Washington, DC: National Academy of Sciences, 1994).

Lay, Maxwell, *Ways of the World: A History of the World's Roads and of the Vehicles That Used Them* (New Brunswick, NJ: Rutgers University Press, 1992).

Le, Quoc, Marc'Aurelio Ranzato, Rajat Monga, *et al.*, 'Building High-level Features Using Large Scale Unsupervised Learning', *Proceedings of the 29th International Conference on Machine Learning* (2012).

Leontief, Wassily, 'Is Technological Unemployment Inevitable?', *Challenge* 22:4 (1979), 48–50.

——, 'National Perspective: The Definition of Problems and Opportunities' in *The Long-term Impact of Technology on Employment and Unemployment: A National Academy of Engineering Symposium*, 30 June 1983 (Washington, DC: National Academy Press, 1983).

——, 'Technological Advance, Economic Growth, and the Distribution of Income', *Population and Development Review* 9:3 (1983), 403–10.

Levitt, Steven, and Stephen Dubner, *Superfreakonomics* (New York: HarperCollins, 2009).

Lindley, Joanne, and Stephen Machin, 'The Rising Postgraduate Wage Premium', *Economica* 83 (2016), 281–306.

Longmate, Norman, *The Workhouse: A Social History* (London: Pimlico, 2003).

Lovelock, James, *Novacene* (London: Allen Lane, 2019).

Lowrey, Annie, *Give People Money: The Simple Idea to Solve Inequality and Revolutionise Our Lives* (London: W. H. Allen, 2018).

Luce, Edward, *The Retreat of Western Liberalism* (London: Little, Brown, 2017).

Mankiw, Nicholas G., 'Yes, r > g. So What?' *American Economic Review: Papers & Proceedings* 105:5 (2015), 43–7.

Manuelli, Rodolfo, and Ananth Seshadri, 'Frictionless Technology Diffusion: The Case of Tractors', *American Economic Review* 104:4 (2014), 1268–391.

Marovcˇík, Matej, Martin Schmid, Neil Burch, *et al.*, 'Deep Stack: Expert-Level Artificial Intelligence in Heads-Up No-Limit Poker', *Science* 356:6337 (2017), 508–13.

Marr, David, *Vision: A Computational Investigation into the Human Representation and Processing of Visual Information* (London: MIT Press, 2010).

Marshall, Alfred, *Principles of Economics* (London: Macmillan, 1890).

Marx, Karl, *Selected Writings*, ed. Lawrence Simon (Indianapolis: Hackett, 1994).

McCarthy, John, Marvin Minsky, Nathaniel Rochester, and Claude Shannon, 'A Proposal for the Dartmouth Summer Research Project on Artificial Intelligence', 31 August 1955.

McCulloch, Warren, and Walter Pitts, 'A Logical Calculus of the Ideas Immanent in Nervous Activity', *Bulletin of Mathematical Biophysics* 5 (1943), 115–33.

McKinsey Global Institute, *A Future that Works: Automation, Employment, and Productivity* (January 2017).

Mill, John Stuart, *Principles of Political Economy with Chapters on Socialism* (Oxford: Oxford University Press, 2008).

——, *Principles of Political Economy with Some of Their Applications to Social Philosophy* (London: Longmans, Green, 1848).

Minsky, Marvin, 'Neural Nets and the Brain Model Problem', PhD diss. (Princeton University, 1954).

—— , *Semantic Information Processing* (Cambridge, MA: MIT Press, 1968).

Mirrlees, James, and Stuart Adam, *Dimensions of Tax Design: The Mirrlees Review* (Oxford: Oxford University Press, 2010).

Mnih, Volodymyr, Koray Kavukcuoglu, David Silver, *et al.*, 'Human- level Control Through Deep Reinforcement Learning', *Nature* 518 (25 February 2015), 529–33.

Mokyr, Joel, *The Lever of Riches: Technological Creativity and Economic Progress* (New York: Oxford University Press, 1990).

—— , 'Technological Inertia in Economic History', *Journal of Economic History* 52:2 (1992), 325–38.

—— , Chris Vickers, and Nicholas Ziebarth, 'The History of Technological Anxiety and the Future of Economic Growth: Is This Time Different?' *Journal of Economic Perspectives* 29:3 (2015), 31–50.

Moravec, Hans, *Mind Children* (Cambridge, MA: Harvard University Press, 1988).

Moretti, Enrico, *The New Geography of Jobs* (New York: First Mariner Books, 2013).

Morozov, Evgeny, *To Save Everything, Click Here: Technology, Solutionism, and the Urge to Fix Problems That Don't Exist* (New York: PublicAffairs, 2013).

Motta, Massimo, *Competition Policy* (Cambridge: Cambridge University Press, 2007).

Müller, Karsten, and Carlo Schwarz, 'Fanning the Flames of Hate: Social Media and Hate Crime', Warwick University Working Paper Series No. 373 (May 2018).

Newell, Alan, and Herbert Simon, 'GPS, A Program That Simulates Human Thought' in H. Billing (ed.), *Lernende automaten* (Munich: R. Oldenbourgh, 1961).

Ng, Andrew, 'What Artificial Intelligence Can and Can't Do Right Now', *Harvard Business Review*, 9 November 2016.

Nilsson, Nils J., 'Artificial Intelligence, Employment, and Income', *AI Magazine* (Summer 1984).

—— , *The Quest for Artificial Intelligence* (New York: Cambridge University Press, 2010).

Nordhaus, William, 'Two Centuries of Productivity Growth in Computing', *Journal of Economic History* 67:1 (2007), 128–59.

Novak, David, 'Toward a Jewish Public Philosophy in America' in Alan Mittleman, Robert Licht, and Jonathan D. Sarna (eds), *Jews and the American Public Square: Debating Religion and Republic* (Lanham, MD: Rowman & Littlefield, 2002).

Nübler, Irmgard, 'New Technologies: A Jobless Future or Golden Age of Job Creation?' International Labour Office Working Paper No. 13 (2016).

OECD, 'Divided We Stand: Why Inequality Keeps Rising' (2011).

——, 'Focus on Top Incomes and Taxation in OECD Countries: Was the Crisis a Game Changer?' (May 2014).

——, 'Growing Income Inequality in OECD Countries: What Drives It and How Can Policy Tackle It?' (2011).

——, 'Hours Worked: Average Annual Hours Actually Worked', OECD Employment and Labour Market Statistics database (2019).

——, *Job Creation and Local Economic Development 2018: Preparing for the Future of Work* (Paris: OECD Publishing, 2018).

——, *OECD Employment Outlook* (Paris: OECD Publishing, 2012).

——, *OECD Employment Outlook* (Paris: OECD Publishing, 2017).

——, *OECD Employment Outlook* (Paris: OECD Publishing, 2018).

Oliveira, Victor, 'The Food Assistance Landscape', Economic Research Service at the United States Department of Agriculture, Economic Information Bulletin Number 169 (March 2017).

O'Neil, Cathy, *Weapons of Math Destruction: How Big Data Increases Inequality and Threatens Democracy* (New York: Crown, 2016).

O'Rourke, Kevin, Ahmed Rahman, and Alan Taylor, 'Luddites, the Industrial Revolution, and the Demographic Transition', *Journal of Economic Growth* 18:4 (2013), 373–409.

Orwell, George, *Essays* (London: Penguin Books, 2000).

Ostry, Jonathan, Andrew Berg, and Charalambos Tsangarides, 'Redistribution, Inequality, and Growth', IMF Staff Discussion Note (February 2014).

Paine, Thomas, *Agrarian Justice* (Digital Edition, 1999).

Paley, William, *Natural Theology* (Oxford: Oxford University Press, 2008).

Pigou, Arthur, *A Study in Public Finance* (London: Macmillan, 1928).

Piketty, Thomas, *Capital in the Twenty-First Century* (London: Harvard University Press, 2014).

—— and Emmanuel Saez, 'A Theory of Optimal Capital Taxation', NBER Working Paper No. 17989 (2012).

——, Emmanuel Saez, and Gabriel Zucman, 'Distribution National Accounts: Methods and Estimates for the United States', *Quarterly Journal of Economics* 133:2 (2018), 553–609.

—— and Gabriel Zucman, 'Capital Is Back: Wealth–Income Ratios in Rich Countries 1700–2010', *Quarterly Journal of Economics* 129:3 (2014), 1255–310.

Pleijt, Alexandra, and Jacob Weisdorf, 'Human Capital Formation from Occupations: The "Deskilling Hypothesis" Revisited', *Cliometrica* 11:1 (2017), 1–30.

Polanyi, Michael, *The Tacit Dimension* (Chicago: Chicago University Press, 1966).

Popper, Karl, *The Open Society and Its Enemies*, vol. 1: *The Age of Plato* (London: Routledge, 1945).

Putnam, Hilary, 'Much Ado About Not Very Much', *Daedalus* 117:1 (1988), 269–81.

PwC, 'Global Top 100 Companies by Market Capitalisation' (2018).

—— , 'Workforce of the Future: The Competing Forces Shaping 2030' (2018).

Rawls, John, *A Theory of Justice* (Cambridge, MA: Harvard University Press, 1999).

Reichinstein, David, *Albert Einstein: A Picture of His Life and His Conception of the World* (Prague: Stella Publishing House, 1934).

Remus, Dana, and Frank Levy, 'Can Robots Be Lawyers? Computers, Lawyers, and the Practice of Law', *Georgetown Journal of Legal Ethics* 30:3 (2017), 501–58.

Renshaw, James, *In Search of the Greeks*, 2nd edn (London: Bloomsbury, 2015).

Ricardo, David, *Principles of Political Economy and Taxation* (New York: Prometheus Books, 1996).

Ruger, Theodore W., Pauline T. Kim, Andrew D. Martin, and Kevin M. Quinn, 'The Supreme Court Forecasting Project: Legal and

Political Science Approaches to Predicting Supreme Court Decisionmaking', *Columbia Law Review* 104:4 (2004), 1150–1210.

Russakovsky, Olga, Jia Deng, Hao Su, *et al.*, 'ImageNet Large Scale Visual Recognition Challenge', *International Journal of Computer Vision* 115:3 (2015), 211–52.

Russell, Bertrand, *In Praise of Idleness and Other Essays* (New York: Routledge, 2004).

Saez, Emmanuel, 'Striking It Richer: The Evolution of Top Incomes in the United States', published online at https://eml.berkeley.edu/~saez/ (2016).

—— and Thomas Piketty, 'Income Inequality in the United States, 1913–1998', *Quarterly Journal of Economics* 118:1 (2003), 1–39.

—— and Gabriel Zucman, 'Wealth Inequality in the United States Since 1913: Evidence from Capitalized Income Tax Data', *Quarterly Journal of Economics* 131:2 (2016), 519–78.

Salehi-Isfahani, Djaved, and Mohammad Mostafavi-Dehzooei, 'Cash Transfers and Labor Supply: Evidence from a Large-scale Program in Iran', *Journal of Development Economics* 135 (2018), 349–67.

Sandel, Michael, 'In Conversation with Michael Sandel: Capitalism, Democracy, and the Public Good', LSE Public Lecture chaired by Tim Besley, 2 March 2017.

—— , 'Themes of 2016: Progressive Parties Have to Address the People's Anger', *Guardian*, 1 January 2017.

Scanlon, Tim, *Why Does Inequality Matter?* (Oxford: Oxford University Press, 2018).

Schaff, Kory, *Philosophy and the Problems of Work: A Reader* (Oxford: Rowman & Littlefield, 2001).

Scheidel, Walter, *The Great Leveler: Violence and the History of Inequality from the Stone Age to the Twenty-First Century* (Oxford: Princeton University Press, 2017).

Schloss, David, *Methods of Industrial Remuneration* (London: Williams and Norgate, 1898).

Schumpeter, Joseph A., *Capitalism, Socialism, and Democracy* (London: Routledge, 2005).

Searle, John, 'Minds, Brains, and Programs', *Behavioral and Brain Sciences* 3 (1980), 417–57.

—— , 'Watson Doesn't Know It Won on "Jeopardy!" ' *Wall Street Journal*, 23 February 2011.

Selbst, Andrew, and Julia Powles, 'Meaningful Information and the Right to Explanation', *International Data Privacy Law* 7:4 (2017), 233–42.

Seligman, Ben, *Most Notorious Victory: Man in an Age of Automation* (New York: Free Press, 1966).

Shapiro, H. A., ' "Heros Theos": The Death and Apotheosis of Herakles', *Classical World* 77:1 (1983), 7–18.

Silk, Leonard, 'Economic Scene; Structural Joblessness', *New York Times*, 6 April 1983.

Silver, David, Aja Huang, Chris Maddison, *et al.*, 'Mastering the Game of Go with Deep Neural Networks and Tree Search', *Nature* 529 (2016), 484–9.

—— , Thomas Hubert, Julian Schrittwieser, *et al.*, 'Mastering Chess and Shogi by Self-Play with a General Reinforcement Learning Algorithm', arXiv:1712.01815v1 (2017)

—— , Julian Schrittwieser, Karen Simonyan, *et al.*, 'Mastering the Game of Go Without Human Knowledge', *Nature* 550 (2017), 354–9.

Singh, Satinder, Andy Okun, and Andrew Jackson, 'Artificial Intelligence: Learning to Play Go from Scratch', *Nature* 550 (2017), 336–7.

Smith, Adam, *An Inquiry into the Nature and Causes of the Wealth of Nations*, paperback edn (Oxford: Oxford University Press, 1998).

—— , *The Theory of Moral Sentiments* (London: Penguin Books, 2009).

Snyder, Jacob, 'Leisure in Aristotle's Political Thought', *Polis: The Journal for Ancient Greek Political Thought* 35:2 (2018).

Solomonoff, Grace, 'Ray Solomonoff and the Dartmouth Summer Research Project in Artificial Intelligence' (no date), http://raysolomonoff.com/dartmouth/dartray.pdf

Somers, James, 'The Man Who Would Teach Machines to Think', *Atlantic*, November 2013.

Spencer, David, *The Political Economy of Work*, digital edn (New York: Routledge, 2010).

Standage, Tom, *The Turk* (New York: Berkley Publishing Group, 2002).

Stiglitz, Joseph, 'Inequality and Economic Growth', *Political Quarterly* 86:1 (2016), 134–55.

——, 'Toward a General Theory of Consumerism: Reflections on Keynes's *Economic Possibilities for Our Grandchildren*' in Lorenzo Pecchi and Gustavo Piga (eds), *Revisiting Keynes: Economic Possibilities for Our Grandchildren* (Cambridge, MA: MIT Press, 2008).

Summers, Lawrence, 'The 2013 Martin Feldstein Lecture: Economic Possibilities for Our Children', *NBER Reporter* 4 (2013).

Susskind, Daniel, 'Automation and Demand', Oxford University Department of Economics Discussion Paper Series No. 845 (2018).

——, 'A Model of Technological Unemployment', Oxford University Department of Economics Discussion Paper Series No. 819 (2017).

——, 'Re-Thinking the Capabilities of Technology in Economics', *Economics Bulletin* 39:1 (2019), A30

——, 'Robots Probably Won't Take Our Jobs – for Now', *Prospect*, 17 March 2017.

——, 'Technology and Employment: Tasks, Capabilities and Tastes', DPhil diss. (Oxford University, 2016).

——, 'Three Myths About the Future of Work (and Why They Are Wrong)', TED talk, March 2018.

—— and Richard Susskind, *The Future of the Professions* (Oxford: Oxford University Press, 2015).

—— and Richard Susskind, 'The Future of the Professions', *Proceedings of the American Philosophical Society* (2018).

Susskind, Jamie, *Future Politics* (Oxford: Oxford University Press, 2018).

——, 'Future Politics: Living Together in a World Transformed by Tech', Google Talks, 18 October 2018.

——, 'Future Politics: Living Together in a World Transformed by Tech', Harvard University CLP Speaker Series, 11 December 2018.

Suzman, James, *Affluence Without Abundance: The Disappearing World of the Bushmen* (London: Bloomsbury, 2017).

Syverson, Chad, 'Challenges to Mismeasurement Explanations for the US Productivity Slowdown', *Journal of Economic Perspectives* 32:2 (2017), 165–86.

Taplin, Jonathan, 'Is It Time to Break Up Google?', *New York Times*, 22 April 2017.

Tegmark, Max, *Life 3.0: Being Human in the Age of Artificial Intelligence* (London: Penguin Books, 2017).

Tennyson, Alfred, *Selected Poems* (London: Penguin Books, 2007).

Thiel, Peter, and Blake Masters, *Zero to One* (New York: Crown Business, 2014).

Tombs, Robert, *The English and Their History* (London: Penguin Books, 2015).

Topol, Eric, 'High- performance Medicine: The Convergence of Human and Artificial Intelligence', *Nature* 25 (2019), 44–56.

Turing, Alan, 'Intelligent Machinery, A Heretical Theory', *Philosophia Mathematica* 3:4 (1996), 156–260.

—— , 'Intelligent Machinery: A Report by A. M. Turing', National Physical Laboratory (1948); 資料歸檔在 https://www.npl.co.uk (accessed July 2018).

—— , 'Lecture to the London Mathematical Society', 20 February 1947.

Tyson, Laura, and Michael Spence, 'Exploring the Effects of Technology on Income and Wealth Inequality' in Heather Boushey, J. Bradford DeLong, and Marshall Steinbaum (eds), *After Piketty: The Agenda for Economics and Inequality* (London: Harvard University Press, 2017).

UBS, 'Intelligence Automation: A UBS Group Innovation White Paper' (2017).

Van Parijs, Philippe, 'Basic Income: A Simple and Powerful Idea for the Twenty-first Century' in Bruce Ackerman, Anne Alstott, and Philippe Van Parijs (eds), *Redesigning Distribution: Basic Income and Stakeholder Grants as Cornerstones for an Egalitarian Capitalism* (New York: Verso, 2005).

—— and Yannick Vanderborght, *Basic Income: A Radical Proposal for a Free Society and a Sane Economy* (London: Harvard University Press, 2017).

van Zanden, Jan Luiten, Joerg Baten, Marco Mira d'Ercole, *et al.*, 'How Was Life? Global Well-being Since 1820', OECD (2014).

Veblen, Thorstein, *The Theory of the Leisure Class* (New York: Dover Thrift Editions, 1994).

Walker, Tom, 'Why Economists Dislike a Lump of Labor', *Review of Social Economy* 65:3 (2007), 279–91.

Wang, Dayong, Aditya Khosla, Rishab Gargeya, *et al.*, 'Deep Learning for Identifying Metastatic Breast Cancer', https://arxiv.org, arXiv:1606.05718 (2016).

Webb, Michael, Nick Short, Nicholas Bloom, and Josh Lerner, 'Some Facts of High-Tech Patenting', NBER Working Paper No. 24793 (2018).

Weber, Bruce, 'Mean Chess-Playing Computer Tears at Meaning of Thought', *New York Times*, 19 February 1996.

Weber, Max, *The Protestant Ethic and the Spirit of Capitalism* (Oxford: Oxford University Press, 2011).

Weil, David, *Economic Growth*, 3rd edn (London: Routledge, 2016).

Weiss, Antonia, 'Harold Bloom, The Art of Criticism No. 1', *Paris Review* 118 (Spring 1991).

Weizenbaum, Joseph, *Computer Power and Human Reason* (San Francisco: W. H. Freeman, 1976).

——, 'ELIZA – A Computer Program for the Study of Natural Language Communication Between Man and Machine', *Communications of the ACM* 9:1 (1966), 36–45.

Wood, Gaby, *Living Dolls* (London: Faber and Faber, 2002).

World Bank, *World Development Report: Digital Dividends* (2016).

World Economic Forum, *Global Risks Report 2017* (2017)

Wu, Zhe, Bharat Singh, Larry S. Davis, and V. S. Subrahmanian, 'Deception Detection in Videos', https://arxiv.org, 12 September 2017.

Zweig, Stefan, *The World of Yesterday* (London: Pushkin Press, 2014).

財經企管 BCB717

不工作的世界
AI時代戰勝失業與不平等的新經濟解方
A World Without Work：
Technology, Automation, and How We Should Respond

作者 — 丹尼爾・薩斯金（Daniel Susskind）
譯者 — 周玉文

總編輯 — 吳佩穎
書系主編 — 蘇鵬元
責任編輯 — 賴虹伶
封面設計 — 萬勝安

出版者 — 遠見天下文化出版股份有限公司
創辦人 — 高希均、王力行
遠見・天下文化 事業群榮譽董事長 — 高希均
遠見・天下文化 事業群董事長 — 王力行
天下文化社長 — 林天來
國際事務開發部兼版權中心總監 — 潘欣
法律顧問 — 理律法律事務所陳長文律師
著作權顧問 — 魏啟翔律師
地址 — 台北市 104 松江路 93 巷 1 號 2 樓
讀者服務專線 —（02）2662-0012
傳真 —（02）2662-0007；2662-0009
電子郵件信箱 — cwpc@cwgv.com.tw
郵政劃撥 — 1326703-6 號　遠見天下文化出版股份有限公司
出版登記 — 局版台業字第 2517 號

電腦排版 — 立全電腦印前排版有限公司
製版廠 — 東豪印刷事業有限公司
印刷廠 — 柏晧彩色印刷有限公司
裝訂廠 — 聿成裝訂股份有限公司
總經銷 — 大和書報圖書股份有限公司 電話／(02)8990-2588
出版日期 — 2020 年 12 月 25 日第一版第 1 次印行
2023 年 6 月 9 日第一版第 3 次印行

定價 — 新台幣 500 元
ISBN — 978-986-5535-99-5
書號 — BCB717
天下文化官網 — bookzone.cwgv.com.tw

國家圖書館出版品預行編目(CIP)資料

不工作的世界：AI時代戰勝失業與不平等的新經濟解方/丹尼爾.薩斯金(Daniel Susskind)著；周玉文譯. -- 初版. -- 臺北市：遠見天下文化出版股份有限公司, 2020.12
448面；14.8×21公分. -- (財經企管；BCB717)
譯自：A world without work : technology, automation, and how we should respond

ISBN 978-986-5535-99-5(平裝)

1.科學技術 2.技術發展 3.社會變遷

541.41　　109017296